Ute Guzzoni

Gegensätze, Gegenspiele

VERLAG KARL ALBER

Ute Guzzoni

Gegensätze, Gegenspiele

Verlag Karl Alber Freiburg / München

Gedruckt auf alterungsbeständigem Papier (säurefrei)
Printed on acid-free paper

Originalausgabe

Alle Rechte vorbehalten – Printed in Germany
© Verlag Karl Alber GmbH Freiburg / München 2009
www.verlag-alber.de
Satz und Umschlaggestaltung: SatzWeise, Föhren
Druck und Bindung: AZ Druck und Datentechnik, Kempten
ISBN 978-3-495-48337-4

Inhalt

Einführung

Gegensätze, – das Denken der abendländischen Tradition denkt von seinen Anfängen an bis heute in Gegensätzen: vom »wie es ist« und »wie es nicht ist« des Parmenides und den gegensätzlichen Grundprinzipien der vorsokratischen Naturdenker über die Gegenstände außerhalb und innerhalb der Höhle bei Platon zu den teilweise von Aristoteles geprägten und dann das ganze metaphysische Denken bestimmenden gegensätzlichen Verhältnissen von Stoff und Form, Substanz und Akzidentien, Wesen und Erscheinung, von Sinnlichkeit und Vernunft, Natur und Geist, Leib und Seele, Leben und Tod. Oder man kann an Wirklichkeit und Möglichkeit, Notwendigkeit und Zufall, Raum und Zeit denken, an apriorisch und aposteriorisch, sterblich und unsterblich, faktisch und kontrafaktisch, an Theorie und Praxis, Ich und Du, Subjekt und Objekt. Die schwindelerregende Reihe läßt sich fast beliebig weiter fortsetzen.

In all diesen Gegensätzen artikulierten sich als ein gemeinsames Grundthema in immer neuer Weise die Differenzen Sein und Seiendes, Sein und Denken, Sein und Nichts. Sowohl inhaltlich wie formal oder strukturell wurden die Gegensätze zu verschiedenen Zeiten und in verschiedenen Denkansätzen oder -entwürfen immer wieder unterschiedlich konzipiert. Die Dialektik war nicht die einzige, wenn auch bis in unsere Tage eine immer wieder bevorzugte Weise, sie zu denken und von ihnen Gebrauch zu machen.

Gegenspiele, – in keinem der Texte, die ich für den vorliegenden Sammelband ausgewählt habe, geht es thematisch um eine systematische oder auch nur punktuelle Auseinandersetzung mit den Gegensätzen als solchen. Und doch kommt eine Beschäftigung mit bestimmten Gegensätzen in den meisten auf die eine oder andere Weise mit ins Spiel. Fast immer geschieht das im Zusammenhang mit einem Blick auf ein gewandeltes *Denken*, das in der Lage sein könnte, der heutigen – immer noch als »nachmetaphysisch« zu titulierenden – philosophischen Situation zu entsprechen. Diese Situation scheint mir vornehmlich dadurch gekennzeichnet zu sein, daß das Denken sich zum einen nicht mehr dem bestimmenden Gegensatz von Subjekt und Objekt fügt und daß es sich zum anderen nicht mehr als die Frage nach den allgemeinen Gründen und Prinzipien dessen, was ist, verstehen kann. Gibt es seinen überkommenen absoluten Charakter auf, so sind die meisten der in seiner langen Geschichte entwickelten, gemeinhin gegensätzlichen Grundkategorien in Frage zu stellen.

Genauer sind es zumeist nicht die tradierten Begriffe selbst, die auf neue Weise in den Blick zu fassen sind, sondern die Beziehung, in der sie zueinander stehen, die Konstellationen, die sie bilden, die Weise, wie sie für unser In-der-Welt-sein bedeutsam sind. Diese Beziehungen, Konstellationen und Weisen können nicht mehr in traditioneller Manier durch begriffliche Über- und Unterordnungen erläutert und geklärt werden. Ich denke, daß sich die Besonderheit dessen, wie etwas uns Begegnendes sich räumlich und zeitlich verhält, wie es unseren Sinn und unsere Sinne angeht, wie sich Notwendiges und Zufälliges in seinem Ankommen verschränken, nicht so sehr in rationalen Begriffen, eher in Bildern, Anklängen, Entsprechungen aufzeigen oder evozieren läßt.

Was das etwa ist, die erfahrbare Zusammengehörigkeit und zugleich Differenz von Sinnlichem und solchem, was über das sinnlich Wahrnehmbare hinausreicht, und der Gegensatz, in dem beide zur rationalen Vernunft stehen bzw. in den sie in einer langen Geschichte der Abgrenzung und Trennung hineingeraten sind, das können wir, so scheint mir, nicht angemessen verständlich machen, solange wir es in rein begrifflichen Deduktionen aufzeichnen wollen. Wir sollten vielmehr versuchen, es *sichtbar* zu machen, ihm eine anschauliche Gestalt zu geben, z. B. indem wir jenen Gegensatz zwischen der Vernunft und ihrer Tendenz zur bedingungslosen Selbsterhaltung und der bunten und Anderes wissenden Sinnlichkeit, die sie immer schon aus sich ausgeschlossen hat, ausmalen; etwa in der Weise, daß wir ihm eine Geschichte unterlegen, wie ich es hier mit der Erzählung von Odysseus und den Sirenen tue.

Oder: was sind Andersheit und Fremdheit in ihrem unaufhebbaren Gegensatz zu Vertrautheit und Gleichheit einerseits oder in ihrem geheimnisvollen Verhältnis zum Nichtsein andererseits? Zweifellos hat z. B. Hegel mit seinen Erörterungen zu »Etwas und ein Anderes« oder zu »Identität« und »Unterschied« in der »Wissenschaft der Logik« Wichtiges und Spannendes zu diesen Begriffen und zu ihrer Struktur und Bedeutung gesagt. Aber es ging ihm nicht darum, sie *erfahrbar* zu machen, sie im Bereich von Nähe und Ferne, von menschlichem Zusammen- und Getrenntsein oder etwa in ihrer Relevanz für das Suchen und Finden aufzusuchen. Wenn es jedoch nicht mehr darauf ankommt, die Begriffe in ihrer unanfechtbaren Abstraktheit, als »Gedanken Gottes vor der Schöpfung« zu erfassen, sondern sie in ihrer immer wieder erstaunlichen und zugleich doch auch alltäglichen Relevanz für das menschliche Dasein nachzuvollziehen, so lohnt es sich vielleicht, sie aus einem Gedicht sprechen zu lassen, z. B. aus Rilkes »Die Brandstätte«.

In Gedichten, Geschichten, Bildern, Erfahrungen von Landschaften u. ä. lassen sich grundsätzliche Sachverhalte und Beziehungen unseres In-der-Welt-seins in ihrem konstellativen Zusammenspiel zum Sprechen bringen. Diese Zusammenspiele sind zugleich *Gegenspiele* in dem Sinne, daß die einzelnen Momente oder Begriffe oder auch Kommunikati-

9

onspartner sich in ihnen aufeinanderzubewegen und zugleich auseinanderhalten, sich gegenseitig spiegeln und sich dabei jeweils ineins mit ihrer Vorder- wie ihrer Kehrseite, mit ihrer Tag- wie ihrer Nachtseite einander zuwenden, sich einander anähneln und doch auch wieder getrennt voneinander zeigen. Vielfalt und Einzigkeit z. B. spielen ineinander und gegeneinander und spielen sich einander zu, indem sie sowohl sich widersprechen wie doch auch das jeweils andere als Raum ihrer Entfaltung und Erfahrung brauchen, so daß sich in einer scheinbar bloßen Vielfalt die Einzigartigkeit eines Einzelnen ergeben, daß in einer scheinbar isolierten Einzelnheit eine innere Vielfalt erwachsen kann.

* * *

Die neun aus einer Vielzahl von veröffentlichten (vergriffenen) und unveröffentlichten Texten ausgewählten Stücke haben sich mir fast zwanglos in drei Gruppen gefügt. In den ersten drei geht es in besonderer Weise um das erfahrende In-der-Welt-sein und das »andere« Denken, das diesem entspricht.

In »Landschaftliche Allgemeinheit« habe ich zum ersten Mal über den seither wiederholt verwandten Begriff des *landschaftlichen Denkens* nachgedacht, der als Titel auch über dieser Aufsatz-Sammlung im Ganzen stehen könnte. Ich meine, daß das Gehen durch eine Landschaft, bei dem sich unserem Blick im Fortschreiten jeweils unterschiedliche Ansichten und Perspektiven einer einheitlich erscheinenden Vielfalt darbieten, ein sprechendes Bild ist für die Weise, wie wir im Denken jeweils wechselnde Einsichten von der Welt gewinnen. Wie sich im Weitergehen und im immer erneuten Anhalten die Nähen und Fernen, die Farben und Zusammenklänge, die Konstellationen von Wäldern und Feldern, von Höhen und Ebenen verändern, ergänzen oder verdecken, wie Licht und Schatten

z. B. einen Fluß einmal mehr, einmal weniger aus seiner Umgebung herauszeichnen, so zeigt sich uns auch im Weiterdenken das mannigfaltig Begegnende und Erfahrene in je anderen Zusammenstellungen, spricht uns zu Zeiten an und bleibt uns zu Zeiten wieder fremd, weckt Assoziationen und Erinnerungen, lockt uns zu Vermutungen und Spekulationen, mahnt uns an Vergessenes und Versäumtes, fordert uns ins Unbegangene heraus.

Insgesamt können wir in der Landschaft eine Form von Allgemeinheit sehen, die sich von der gattungsmäßigen, auf Über- bzw. Unterordnung gegründeten Allgemeinheit unserer philosophischen und wissenschaftlichen Allgemeinheit ums Ganze unterscheidet. Sie ist ein jeweiliges, zufallend-zufälliges Wechselspiel von Bezügen, ihr Besonderes steht in vielfältigem Gespräch miteinander und mit dem, der sich ihm mit »exakter Phantasie« (Adorno) zu öffnen vermag.

Der Aufsatz »Wege« stellt den Versuch dar, die Bildhaftigkeit des Denkens gewissermaßen bis an ihre Grenze auszureizen. Aus einer Aneinanderreihung von Weg-Assoziationen wird anschaulich deutlich, was es mit der Rede von *Wegen des Denkens* oder *Denkwegen* auf sich haben kann; auf diesen Bildern bauen dann aber auch kritische Gedanken über das metaphysische Denken sowie Reflexionen über das Denken als *Weg durch die Zeit* und *Weg über die Erde* auf.

Der dritte Aufsatz unternimmt es, den wechselseitigen Bezug von Welt und Menschen in der zwiefältigen Einheit des menschlichen *Wohnens und Wanderns* in der Welt aufzuzeigen, und zwar auf zwei jeweils ziemlich unterschiedlichen Wegen. Das Wandern zeichne ich an den Beispielen von *Sternen* und von *Steinen* nach: ich trage eine Vielzahl von Bildern zusammen, in denen sich den Dichtern und unserer alltäglichen Erfahrung die Eigenart des Wanderns darstellt. Bezüglich des Wohnens konzentriere ich mich insbesondere auf Aspekte, die einerseits in späten Jahreszeitengedichten von

Hölderlin, andererseits in einigen japanischen Gedichten sichtbar werden. Zusammengenommen zeigen sie das Ineinanderverschränktsein von *Zuhausesein* und *Unterwegssein* im »Haus der Welt«.

* * *

Die nächsten drei Texte thematisieren auf je unterschiedliche Weise das Anderssein, das in besonderer Weise das Denken des zwanzigsten Jahrhunderts berührt und beunruhigt hat, – ich erinnere nur an Adornos *Nichtidentität* und Derridas *différance*. Ein Denken, das sich nicht so sehr der begrifflichen Allgemeinheit und ihrem Versuch der Angleichung und Identifizierung unterstellt, sondern das der Besonderheit des jeweils Begegnenden gerecht zu werden sucht, muß sich mit den Aneignungstendenzen insbesondere des neuzeitlichen Subjekts auseinandersetzen und sich fragen, wie es mit der Eigenart des ihm gegenüber Anderen umgehen kann und soll.

Der Aufsatz »Aneignung und Anderssein« fragt, was es besagt, sich auf den Anderen und das Andere wirklich einzulassen und es zugleich in seiner erstaunlichen Andersheit zuzulassen. Es käme darauf an, eine konstellative Kommunikation zu denken und einzuüben, in der nicht jedes Verstehen – wie z. B. auch jedes Lernen und Finden – wieder zu einem Tilgen von Fremdheit gerät, damit zu einer gewissen Aneignung, Integration und Assimilation, – und d. h. eben doch wieder zu Identifikation.

Wie die Differenz, das Anderssein, die Nichtidentität ist auch die *Vielfalt*, um die es in »Vielheit, Einheit, Einzigkeit« geht, ein wichtiges Moment der Kritik am Einheitsdenken der metaphysischen Tradition. Die Pluralität und die Unübersichtlichkeit, die mit ihr einherzugehen pflegt, erscheinen als herausragende, verwirrende Kennzeichen unserer Gegenwart. Vielheit muß aber nicht im ausschließenden Gegensatz zur

Einheit verstanden werden, – so wenig wie das Anderssein eine Vertrautheit des Zusammengehörens ausschließen muß. Sie kann sich durchaus zu einem einheitlichen Zusammenspiel zusammenfügen, in dem die Vielen als je Einzelne und für sich Einzigartige eine Balance unter sich aufrechterhalten. Entsprechend muß ihre Erfahrung keine irritierende und auflösende sein, sie kann vielmehr spannend sein und Lust machen.

Im Mittelpunkt von »Anderssein und Nichthaftigkeit« steht Rilkes Gedicht »Die Brandstätte«. Es mündet in die Zeile: »Und er war anders. Wie aus fernem Land.« Sie malt das Anderssein als einen Raum der Ferne und Nichthaftigkeit, in dem der nach dem Brand eines Hauses übriggebliebene Sohn verloren und einsam um sich schaut. In diesem Raum sind die gewohnten und vertrauten Bedeutungen verlorengegangen. Eben darum bietet er die Chance für die Erfahrung von Erstaunlichem, nie Gesehenem, Rätselhaftem, das seine Kraft und Sprache aus der Nichthaftigkeit des Andersseins selbst bezieht, – eines Andersseins, das sich jenseits des Gegensatzes von Sein und Nichtsein ergibt und zeigt. Das Andere in diesem Sinne ist »nichts Besonderes« und ist doch »wie aus fernem Land«.

* * *

Sind die mittleren drei Stücke trotz aller Nähe zum Literarischen und zum Bildhaften mehr begrifflicher Art, so spielen in den letzten drei die Bilder und Erfahrungen und Geschichten wieder eine deutlich größere Rolle. Der Aufsatz »Odysseus und die Sirenen« brachte mich auf den Titel des Gesamtbandes. Es geht hier um den Gegensatz von *Vernunft und Sinnlichkeit,* der nicht nur in der Philosophie seit Parmenides gewissermaßen den Horizont des Denkens abgegeben hat, sondern der für das – z. B. auch religiöse – Selbstverständnis des abendländischen Menschen generell eine Leitfunktion gehabt hat. Indem ich genauer darauf achte, *wie* die Geschichte von Odysseus' Vorbeifahrt an den Sirenen bei Homer aus mehreren Perspektiven und mit unterschiedlichen Konnotationen erzählt wird, ergibt sich eine Möglichkeit, jenen Gegensatz in seiner Gegensätzlichkeit selbst, d. h. in der Weise, wie die Gegensätzlichen in ihm als gegensätzlich verstanden werden, fragwürdig zu machen. Die selbstherrliche, zweckrationale Vernunft auf der einen Seite und die weiblich-tierhafte, übersinnlich-wissende, Lust und Tod bringende Sinnlichkeit auf der anderen Seite erscheinen in einem falschen Licht, solange sie als solche und d. h. eben in ihrer Gegensätzlichkeit und nicht vielmehr als *Gegenspieler* in einem sich zuspielenden Zusammenspiel genommen werden, in dem sie sich in gegenseitiger Balance und Ergänzung halten und miteinander und aneinander verändern würden.

In dem Vortrag »Zur Gegensätzlichkeit von Wasser-Erfahrungen« sind es insbesondere die Gegensätze von *Sein und Nichtsein, Leben und Tod*, die ich am Bild des Wassers evident machen möchte. Die Gegensätze suche ich hier in einigen Landschaften und in landschaftlich geprägten Erscheinungsweisen des Wassers auf, *Mangel und Überfluß* von Wasser in der Wüste, *Anfang und Ende des Lebens* in Quelle und Mündung; und ich schaue auf Mythen und Gedichte, in denen das Wasser sowohl mit dem *Anfang* von allem und mit dem *Leben* wie umgekehrt mit dem *Tod* und der *Vergänglichkeit* zusammengedacht wird. Daß in dem selben, wenn auch in sich überaus vielschichtigen Bild des Wassers so mannigfach Gegensätzliches gesehen zu werden vermag, bezeugt auf seine Weise, daß auch diese Gegensätze eher als Momente eines in sich gegenwendigen Zusammenspiels denn als einander ausschließende Pole zu verstehen sind.

»Cette immense fortune d'être deux«, – diese Zeile aus einem Chanson von Edith Piaf gab den Anstoß zu dem letzten Aufsatz dieser Sammlung. »Das ungemessene Glück, zwei zu

14

sein« impliziert ein ganz besonderes Anderssein, das Anderssein zweier einander im Tiefsten zugeneigter Menschen. Deren *Zweisein* meint weder einfach die Summe aus zwei Einzelnen noch ein Drittes, das sich aus deren unlösbarer
Verbindung ergeben könnte. Hier bleiben zwei Einzelne sowohl je sie selbst, also Einzelne, wie sie miteinander auch ein
Neues bilden, in geteiltem Raum, geteilter Zeit, geteilter Sprache. Ihr Miteinander ist augenblicklich und ephemer, wie
Brecht es in seinem Lied von den Kranichen besingt, und ist
zugleich doch und gerade darin eine Fülle, »ein Halt« und, ein
»unausmeßbares Glück«. Sie vermögen allein darum Eines zu
sein, weil sie zwei sind, also Andere, je Eigene, gegeneinander/
miteinander, gegen einen Anderen und mit einem Anderen.

* * *

– »Landschaftliches Denken« stammt aus »Wege im Denken«
  (Alber, 1990), dort mit dem Titel »Landschaften. *J'aime les*
  nuages ...«.
– »Wege« habe ich ebenfalls für »Wege im Denken« geschrie-
  ben.
– In »Wohnen und Wandern« habe ich zwei ursprünglich zu-
  sammengehörige, in kleinerem Kreis gehaltene Vorträge zu
  einem einheitlichen Text umgeschrieben. Vgl. auch mein
  Buch »Wohnen und Wandern« (ParErga, 1999).
– »Aneignung und Anderssein« ist unter dem Titel »Anders-
  sein« in »Wendungen« (Alber, 1982) erschienen.
– »Vielfalt, Einheit, Einzigkeit« ist die Überarbeitung eines
  Vortrags, den ich in der Evangelischen Akademie in Bad
  Boll unter dem Titel »Lust und Not der Vielfalt« auf einer
  gleichnamigen Tagung gehalten habe.
– Dem Text »Anderssein und Nichthaftigkeit« liegt ein Vor-
  trag zugrunde, den ich auf der Tagung »Das Andere und das
  Denken der Verschiedenheit« in Rotterdam gehalten habe;
  er erschien in »Wege im Denken«.

- »Odysseus und die Sirenen« ist die stark gekürzte Fassung eines Aufsatzes, der ursprünglich als Einleitung zu einem geplanten Bildband zu diesem Thema gedacht war. Andere Auseinandersetzungen mit Odysseus' (Un)Verhältnis zu Glück und Sinnlichkeit finden sich in »Wendungen« (»Odysseïsche Vernunft und sirenische Sinnlichkeit – Sinn und Sinne«), »Wege im Denken« (»Odysseus und die Frauen – Die Frauen und Odysseus«) und »Sieben Stücke zu Adorno« (»Das Glück der Lotophagen«. Alber, 2003).
- »Zur Gegensätzlichkeit von Wasser-Erfahrungen« ist ein Vortrag, den ich im Sommer 2008 anläßlich des Ebneter Kultursommers in Freiburg gehalten habe. Er verarbeitet Gedanken meines Buches »Wasser. Das Meer und die Brunnen, die Flüsse und der Regen« (ParErga, 2006) und des Vortrags »Wasser und Tod«, gehalten 2002 auf der Tagung der Académie du Midi in Alet-les-Bains zum Thema »Tod – Ost und West«.
- »Das Zweisein« erschien mit dem Titel »Cette immense fortune d'être deux« in »Wendungen«.

Landschaftliche Allgemeinheit

J'aime les nuages …[1]

Wie sind Landschaften Landschaften?

Das scheint eine merkwürdige Frage zu sein. Wie etwas es selbst ist, das klingt nach der Frage, die den Grund dafür sucht, daß etwas selbst es selbst ist, und die schon Aristoteles als sinnlos, weil unspezifisch abgelehnt hat.[2] Ist etwas nicht allein auf die Weise es selbst, wie es eben und d. h. als was es ist? Eine Landschaft ist eine Landschaft, indem sie eine Landschaft ist. Und auch wenn es sich bei der Landschaft um einen für eine philosophische Thematisierung ungewohnten Gegenstand handelt, so braucht darum doch noch keine sinnlose, weil rein tautologische Frage gestellt zu werden.

Dennoch möchte ich insistieren: wie sind Landschaften Landschaften? Darauf antwortet keine Bestimmung aus dem Konversationslexikon oder dem Grimmschen Wörterbuch, aus einer Kunstgeschichte oder einem Geographie-Lehrbuch.[3] Gesucht wird aber auch nicht nach dem Spezifischen einer Landschaft, nach dem, was sie zu einer Landschaft macht und was man traditionell ihr Wesen genannt hätte. Überhaupt geht es der Frage danach, wie Landschaften Landschaften sind, nicht

---

[1] Baudelaire, Le Spleen de Paris, 1, L'Étranger. Die letzten Zeilen dieser »Träumerei« lauten: »– Eh! qu'aimes-tu donc, extraordinaire étranger? – J'aime les nuages … les nuages qui passent … là-bas … là-bas … les merveilleux nuages!«
[2] Met. Z17, 1041a10ff.
[3] Zum allgemeinen, in sich vielschichtigen Begriff der Landschaft vgl. z. B. das Heft:»Landschaft« als interdisziplinäres Forschungsproblem, vor allem den Beitrag von G. Hard, Zu den Landschaftsbegriffen der Geographie, 13 ff.

um eine philosophische Besinnung auf die Landschaft als solche.[4] Vielmehr frage ich, was eigentlich geschieht, wenn etwas eine Landschaft ist.[5] Ich verstehe die Landschaft damit selbst als ein Geschehen, als eine bestimmte Weise des Miteinandervorkommens von Dingen und Orten und Gegenden, von Nähen und Fernen, Stimmungen und Atmosphären; in ihm gehört dies alles jeweils in eine bestimmte Einheit, vielleicht besser: in ein einstimmiges Bild zusammen.[6] Welcher Art ist diese Einstimmigkeit? Wie gehört das Viele in die eine Landschaft?

Meine Überlegungen sind motiviert und geleitet von der Vermutung, daß ein eigenes Aufmerken auf die Landschaft Grundzüge einer gewandelten Form von *Allgemeinheit* vor den Blick bringen könnte, einer Allgemeinheit, die nicht mehr hierarchisch dem Einzelnen übergeordnet wäre und nicht mehr notwendig von dessen Besonderheit und Eigenheit abstrahieren würde, die vielmehr als Einstimmigkeit oder Zusammenstimmen ihrer einzelnen Komponenten begriffen werden könnte.

✳ ✳ ✳

---

[4] Als eine solche versteht sich die Untersuchung von Rainer Piepmaier, Das Ende der ästhetischen Kategorie »Landschaft«, in der er zeigen möchte, daß jene Kategorie heute ihren »Realitätsgehalt verloren hat und durch einen neuen Landschaftsbegriff abgelöst werden muß, der nicht in der philosophischen Disziplin Ästhetik, sondern in der der praktischen Philosophie seinen Platz hat.« (3)

[5] Es ist dies in etwa die Art von Frage, die Heidegger stellt, wenn er nach dem verbal verstandenen »Wesen« von etwas fragt.

[6] Daß die Einheitlichkeit eines Bildes ursprünglich zum Begriff der »Landschaft« gehört, verweist wohl auch darauf, daß dessen heutiger Gebrauch sich von der Landschaftsmalerei her entwickelt hat. »So erhielt auch der bildfähige *Vorwurf* des Landschaftsbildes den Namen *Landschaft*, wurde auch der mit landschaftlichem Auge wahrgenommene Wirklichkeitsausschnitt (und nicht nur sein künstlerisches Abbild) *Landschaft* genannt.« (Hard, Zu den Landschaftsbegriffen der Geographie, in: »Landschaft« als interdisziplinäres Forschungsproblem, 14)

Um uns eine bestimmte Landschaft beispielhaft vor Augen zu führen – und nicht etwa um der Besonderheit eines dichterischen Zugangs zur Landschaft nachzufragen – zitiere ich, in durchlaufendem Text gesetzt, drei Ausschnitte aus Gedichten des späten Hölderlin. Zunächst:

»Über dem Stege beginnen Schafe den Zug, der fast in dämmernde Wälder geht. Die Wiesen aber, welche mit lautrem Grün bedeckt sind, sind wie jene Heide, welche gewöhnlicher Weise nah ist dem dunkeln Walde. Da, auf den Wiesen auch verweilen diese Schafe. Die Gipfel, die umher sind, nackte Höhen sind mit Eichen bedecket und seltnen Tannen. Da, wo des Stromes regsame Wellen sind, daß einer, der vorüber des Weges kommt, froh hinschaut, da erhebt der Berge sanfte Gestalt und der Weinberg hoch sich. Zwar gehn die Treppen unter den Reben hoch herunter, wo der Obstbaum blühend darüber steht und Duft an wilden Hecken weilet, wo die verborgenen Veilchen sprossen; Gewässer aber rieseln herab, und sanft ist hörbar dort ein Rauschen den ganzen Tag; die Orte aber in der Gegend ruhen und schweigen den Nachmittag durch.« (Wenn aus dem Himmel …)

Und zwei weitere Stücke aus dem selben Umkreis und zur selben Landschaft[7]: »Ihr lieblichen Bilder im Tale, zum Beispiel Gärten und Baum, und dann der Steg, der schmale, der Bach zu sehen kaum, wie schön aus heiterer Ferne glänzt einem das herrliche Bild der Landschaft, die ich gerne besuch'

---

[7] Die Neckar-Landschaft, die Hölderlin von seinem Turmzimmer aus vor Augen hatte, und die Gegend vor der Stadt waren in den letzten 36 Jahren seines Lebens für ihn gleichsam die Landschaft schlechthin. Die drei Landschaftsbilder, die ich hier zitiere, unterscheiden sich dennoch, d. h. obgleich sie die selbe Gegend betreffen, deutlich voneinander, etwa nach Stimmung, Perspektive, Wetter usw. Ich kann sie im Folgenden zusammennehmen, da es mir hier nicht um die Nachzeichnung eines bestimmten Bildes geht. Es bleibt aber festzuhalten, daß eine scheinbar selbe Landschaft durchaus verschiedene Züge annehmen kann, also im Grunde viele Landschaften ist.

19

in Witterung mild. Die Gottheit freundlich geleitet uns erstlich mit Blau, hernach mit Wolken bereitet, gebildet wölbig und grau, mit sengenden Blitzen und Rollen des Donners, mit Reiz des Gefilds, mit Schönheit, die gequollen vom Quell ursprünglichen Bilds.« (Der Spaziergang)

Und: »Holde Landschaft! wo die Straße mitten durch sehr eben geht, wo der Mond aufsteigt, der blasse, wenn der Abendwind entsteht, wo die Natur sehr einfaltig, wo die Berg erhaben stehn, geh ich heim zuletzt, haushältig, dort nach goldnem Wein zu sehn!« (Das fröhliche Leben)

Wie ist eine Landschaft eine Landschaft? Eine Schafherde zieht gemächlich einen Hang hinauf, von dem schmalen Steg aus, der über den fast zugewachsenen Bach führt, bis an den Saum der Wälder, wo sie zu verweilen scheint. Dahinter steigen die Berge an, hier und dort sieht man kahle Felsen, sonst Eichenwälder, ab und zu eine Tanne. Nahebei ziehen sich Weinberge die Hänge hinauf, von denen herab und durch die hindurch Treppen ins Tal führen, an blühenden Obstbäumen entlang und an duftenden Hecken; in deren Schatten blühen Veilchen. Ständig läßt sich das Rauschen der Bäche und rieselnden Quellen hören, ohne daß die Ruhe der tiefen durchsonnten Nachmittagsstille gestört würde. Am Horizont türmen sich Wolken auf, der Himmel wird düster und grau, es entlädt sich ein Gewitter. Als dann der Abend naht, steigt hinter den Wäldern und Höhen ein blasser Mond herauf, und die Menschen kehren heim in die Orte, in die Häuser, wo allmählich die Lichter angehen.

Die Landschaft liegt vor uns, wie der Wanderer oder der Heimkehrende sie sieht, der sich »aus heiterer Ferne« naht. Er kommt auf der Straße gegangen, die aus der Ebene, vom Strom und von den Obstgärten her zu den Wäldern und Bergen führt. Ruhe und Bewegung, Nähe und Ferne, Stille und leise Laute; Nachmittag und einbrechende Dämmerung, milde Luft und aufkommender Wind, sengende Blitze und rollender Donner; das Duften der wilden Blüten und das Rauschen der rieselnden Gewässer; absteigende Treppen, die ziehende Herde, der heimkehrende Wanderer: »das herrliche Bild der Landschaft«. Ein Bild stiller Bewegtheit, sowohl aus heiterer Ferne wie zugleich im Mittendrin eines in sich verwobenen Geschehens aus Eigensein und Zueinandergehören. Es ist ein Bild, das gemalt wird, indem die Landschaft vor den Blick gerufen, nach-gezeichnet wird. Was da gerufen und gemalt wird, ist das Einstimmige der ausgebreiteten Landschaft selbst, so wie sie dem Blick sich darbietet, wie sie, genauer gesagt, mit allen Sinnen wahrnehmbar und fühlbar wird.

In dem ersten der angeführten Gedichte bezeichnet Hölderlin den Gegenstand seiner Schilderung zuvor ausdrücklich als ein »Bildnis«, und zwar als ein solches, das mit Freudigkeit erfüllt. (Entsprechend stehen in den beiden anderen Gedichten die Ausrufe »Ihr lieblichen Bilder« und »Holde Landschaft«.) Dieses »Bildnis« enthält aber weit mehr, als was im strengen optischen Sinn für die Augen sichtbar gemacht und in der Momentaneität einer Abbildung eingefangen werden kann. Das Dahinziehen und Verweilen der Herde, der Aufgang des Mondes, das Rieseln und Rauschen des Wassers und das dumpfe Rollen des Donners, das Duften wilder Kräuter, wie der Gang des freudig Gestimmten und seine Heimkehr zum goldenen Wein, das alles fügt sich mit Weg und Steg, mit Wiese und Wald, mit den Gipfeln der Berge und den schweigenden Dörfern zu der einen Landschaft, in die es gehört, und die als ganze und ganzheitlich in ihrem je Einzelnen wahrgenommen wird. Jedes Einzelne hat seinen Ort und seinen Sinn in den Gegenden und Gefilden der gemeinsamen Landschaft, jedes ist somit nur in der Bezogenheit zu Anderem. In diese Bezogenheit läßt der freudig auf das Bildnis Aufmerkende sich ein, in diese Bezogenheit wird er durch all seine Sinne hineingezogen.

»Die Orte aber in der Gegend ruhen und schweigen den

Nachmittag durch.« Das Ruhen und Schweigen antwortet kontrapunktisch dem Herabsteigen der Treppen und dem Rauschen der Gewässer. Es fängt die verschiedenen Bewegungen und Geräusche, die das Leben der Landschaft mit ausmachen, in seiner stillen Gelassenheit auf, so wie in dem dritten Stück die Rückkehr zu Haus und Keller, wo der von den Weinbergen eingebrachte goldene Wein bewahrt wird, den heiteren Zusammenhang der »holden Landschaft« hinein- und herüberzuführen und zusammenzunehmen scheint in das vertraute Innre des Hauses.

Zu dieser Landschaft – und d. h. auch dazu, wie sie eine Landschaft ist – gehört ein mehrfältiges Zugleich von räumlichen Bezügen und zeitlichen Veränderungen. Von der Intimität der verborgenen Veilchen bis zu den weither grüßenden Gipfeln, von den nahen Wiesen am Steg fast bis zu den dämmernden Wäldern, von den hoch sich erhebenden Weinbergen, deren Treppen hoch herunter gehen,[8] zu den Wegen, die vom Strom her durch die Ebene führen, von der bewegten Kulisse der Berge und Wälder zu den still und ruhig daliegenden Orten verlaufen Bahnen des »nah und fern«, »oben und unten«, »hier und dort«, »vorne und hinten«, »innen und außen«, »hin und wider«, die das Ganze zu einem Geflecht von räumlichen Beziehungen werden lassen. Die Bezüge des Miteinander-zu-tun-habens, des gegenseitigen Sich-etwas-zurufens spannen sich über den damit offengehaltenen Zwischenraum hinweg. Erst durch diese ihren Raum durchwaltenden,

---

[8] In seinen ersten Abschriften hat Mörike, dem dieses Gedicht sehr lieb war, das zweimalige »hoch« zum Anlaß »einer leichten Verbesserung« genommen (er scheint »steil« statt »hoch herunter« gesetzt zu haben), die er vor der Veröffentlichung dann wieder korrigierte. Mörike schreibt über dieses »Stück des geisteskranken Dichters«: »Eine gewisse prosaische Ausdrucksweise und Unbehülflichkeit in einzelnen Wendungen und Worten, der sonderbare präcisirende Gebrauch des *zwar*, sind Eigenheiten, welche die Poesien H.s aus jener Zeit auf eine mehr rührende als störende Art kennzeichnen.« (Hölderlin, SW 2,2, 901 f.)

hin und her gehenden Bezüge ist die Landschaft ein Eines, ist sie diese Landschaft.

Ähnliches ergibt sich durch die zeitlichen Veränderungen, die sich in ihr abspielen. Das »erstlich« heitere Wetter, das »hernach« in die Heftigkeit von Blitz und Donner übergeht, der stille Nachmittag, aus dem heraus leise der Abendwind entsteht, Beginn und Zum-verweilen-kommen des Zugs der Schafe, der Gang durch die Landschaft und die Heimkehr am Abend – »geh ich heim zuletzt« –, die kaum angedeutete Erinnerung an die Ernte im Gedanken an den goldnen Wein, das alles sind zeitliche Abläufe, die die Landschaft durchziehen und die sie als diese Landschaft sein lassen.

Und wenn wir hier über Hölderlin hinausgehen wollen: auch die Widerfahrnisse vergangener Jahrhunderte gehören mit in das gegenwärtige Bildnis der Landschaft. Sie haben sich sichtbar verkörpert in der heutigen Gestalt der Ortschaften, in der gegenseitigen Abgrenzung von Wiesen und Wäldern. Sie sind zuweilen lesbar in den Friedhöfen und Gräbern wie in den Heiligtümern und sonstigen geweihten Stätten. Unsichtbar prägen die geschichtlichen Ereignisse, die über die Landschaft hinweggegangen sind, deren Charakter mit, seien sie in Sagen und Legenden festgehalten und aufbewahrt oder längst vergessen.

Hölderlin hat seine Zeichnung der frühsommerlichen Landschaft mit einem Satz oder Ausruf eingeführt, der über zwei Strophen reicht, dann aber unvollendet bleibt. Er mündet ein in die Schilderung der nahen Landschaft und erfüllt sich gewissermaßen in ihr, so daß offenbar sonst nichts hinzuzufügen bleibt:

Wenn aus dem Himmel hellere Wonne sich
herabgießt, eine Freude den Menschen kommt,
daß sie sich wundern über manches
Sichtbares, Höheres, Angenehmes:

23

Wie tönet lieblich heiliger Gesang dazu!
Wie lacht das Herz in Liedern die Wahrheit an,
daß Freudigkeit an einem Bildnisse –

Über dem Stege beginnen Schafe …

Der verhaltene Jubel der ersten beiden Strophen des Gedichtes verstummt vor dem Wunder der im Bilde festgehaltenen Landschaft, das Erstaunen überläßt sich dem, was sich ihm an Sichtbarem, Höherem, Angenehmem aus der besungenen Landschaft heraus zuspricht.[9] Daß es diese Freudigkeit an einem Bildnis gibt, ist die Wahrheit, die das Herz im Lied anlacht. Mehr ist da nicht zu sagen. Liest man den unvollendeten Satz so, dann wird deutlich, daß die Kopula, das Übereinstimmung und damit Aussagewahrheit herstellende »ist« hinfällig wird und im Übergang zu dem landschaftlichen Bild selbst fallengelassen, gleichsam vergessen werden kann. Die zum Wundern bringende Wahrheit in »manchem Sichtbaren« ist von anderer Art als die begriffliche Wahrheit und die Anforderungen, die sie an Satzbau u. ä. stellt.

* * *

Noch einmal: Warum fragen wir nach der Landschaft? Es geht mir hier nicht – so viel dürfte deutlich sein – um eine Besinnung oder gar Rückbesinnung auf die Natur und unser Verhältnis zu ihr. Vielmehr ist es mir um so etwas wie ein *land-*

---

[9] Dieses Verstummen mit Mörike der »Geisteskrankheit« des Dichters zuzuschreiben, scheint mir ein Mißverstehen seiner inneren Bewegung zu sein. Mörike schreibt in der schon zitierten Fußnote: »Man darf es [dieses Gedicht] ohne Frage zu dem Lieblichsten zählen, was sich unter dem Wust dieser traurigen Spätlinge fand. Von Krankheitsspuren fällt am stärksten das unwillkührliche Abreißen der schwungvollen Reflexion, bei dem jähen Eintreten des landschaftlichen Bildes, in der zweiten Strophe auf. Es ist hier keine Lücke, die der Dichter etwa noch auszufüllen gedacht hätte; die Zeilen stehn im Manuskr. genau so regelrecht hintereinander wie ich sie gebe.« (Ebd.)

schaftliches Denken zu tun: Ich meine, es gelte ein Denken zu
suchen und zu versuchen, das sich mit seinen Gegenständen so
beschäftigt, wie sich das Gehen in einer und durch eine Landschaft bewegt, wie es das erfährt, was ihm auf seinem Weg
begegnet, wie es das sieht, was sich ihm von seinem jeweiligen
Gang und Stand aus in der Nähe oder Ferne zeigt, nämlich als
etwas der Landschaft um ihn herum Zugehöriges, einer Landschaft, von der es selbst ein Teil oder Moment ist.

Die Landschaft nehmen wir also in den Blick als ein je
Umfassendes, das alles, was ihr zugehört, d. h. alles, was in
ihrem jeweiligen Umkreis seinen Ort und seine Zeit und seine
Bestimmtheit hat, in einer einheitlichen Weise prägt, ohne daß
sie ihm begrifflich übergeordnet wäre. In Frage steht die bestimmte Weise von Allgemeinheit, Zusammengehörigkeit,
Ganzheit, wie sie sich in einer Landschaft ausdrückt. Dazu gehört z. B. auch, ob es eine, und welche Relevanz es für »einzelne« Dinge hat, daß sie »in« einer Landschaft sind, – oder »in«
einer entsprechenden anderen »Allgemeinheit«. Und welches
Verhältnis sich zwischen dem Verstehen und dieser Art von
Allgemeinheit ergeben kann.

Ich verlasse hier – auf dem Weg zu einer Besinnung auf
ihre Allgemeinheit – vorübergehend die Landschaft, um zum
einen einige Überlegungen über Einzelnes und Allgemeines
anzustellen und damit deutlich zu machen, in welche Richtung
die Frage nach einer anderen, einer »landschaftlichen« Allgemeinheit geht; sowie um zum anderen – in einem kurzen phi-
losophiegeschichtlichen Rückblick und zugleich in einem Hinblick auf gewisse Grundzüge unserer gegenwärtigen, durch die
Metaphysikgeschichte mitbestimmten Situation – an einiges
zu erinnern, was wir über das Einzelne und das Allgemeine wissen und gelernt haben und wogegen sich dieser Versuch über
die Landschaft richtet. Diese Überlegungen sind weder syste-
matisch noch umfassend; sie wollen lediglich in eine bestimmte
Richtung zeigen, einen bestimmten Bereich andeuten.

Dinge sind einzeln. Aber diese einzelnen Dinge sind, was sie sind, gerade wenn und weil sie für etwas anderes da sind, z. B. insofern sie hergestellt sind zum Gebrauch: ein Tisch, ein Teller; ein Fahrzeug, eine Laterne; ein Kleid und ein Buch, ein Cello und ein Spiegel; eine Maschine, ein Werkzeug. Jedes ist es selbst, indem es seinen Zweck erfüllt, als Einzelnes gehört es in einen Bewandtniszusammenhang. Als dieses Einzelne wird es gebraucht, der Umgang mit ihm hebt es, auch wenn es eine Massenware ist, aus der Menge des Gleichartigen heraus: nur dieser Spiegel hier wirft mir jetzt mein Bild zurück, ich arbeite an »meiner« Maschine, ich sitze vor diesem bestimmten Manuskript, und: »wer hat von meinem Tellerchen gegessen?«

Wir umgeben unser Dasein und füllen unsere Umgebung an mit einzelnen Dingen. Auch wo wir sie in einer Vielzahl gebrauchen, sind sie zumeist Einzelne. Ihr Plural ist gewöhnlich ein Plural von Singularen. Das Haus, in dem wir wohnen, das Buch, das wir lesen, das Glas, aus dem wir trinken, selbst der Geldschein, den wir ausgeben, sie alle sind einzeln im Gebrauch. Auch wenn sie uns zugleich als viele, als alle begegnen. Die Häuser an der Straße, die Bücher in der Bibliothek, die Gläser im Regal, das Geld auf der Bank, die Autos im Verkehr, – eine Reihe, eine Menge, eine Vielzahl, ein Haufen, ein Gewühl, unübersehbar, zusammengewürfelt, riesig, vielfältig, maßlos, und doch ein Plural von potentiellen Singularen.

Und all das andere? Pflanzen und Tiere, Wolken und Steine, das Gras auf der Wiese und das Wasser im Fluß, die Gebirge und die Meere, der Himmel und die Erde? Ist ein Baum ein Einzelner, oder gehört er zur Wiese, in den Wald, an die Böschung? Ist ein Schaf ein Einzelnes, außer der Herde? Sicher, der Himmel und die Erde, auch das Meer oder das Gebirge, wenn sie und wie sie vorliegen, sind sie je nur eines, nicht viele. Aber sie sind zugleich von sich aus keine Einzelnen im Sinne des fest Umgrenzten, dessen, was man vor sich hat als ein Hier und Jetzt und Dieses, wie man ein Buch vor sich hat oder

eine Scheibe Brot. Und eine Wolke, ein Fels, ein Tautropfen, –
sie werden erst zu Einzelnen in der Betrachtung. Indem ich
diesen Grashalm, diesen Käfer, diesen Kieselstein eigens be-
achte und beobachte, ist er ein Dieser und Einzelner. Ebenso
werden Pflanzen und Tiere generell zu Einzelnen, wenn Menschen mit ihnen umgehen, sie vor ihr Haus pflanzen, sie in
ihre Gemeinschaft holen. Wie das Einzelne des menschlichen
Gebrauchs vervielfacht auftreten kann, so kann umgekehrt das
nicht von Menschenhand Seiende vereinzelt werden durch den
menschlichen Umgang mit ihm.[10]

Was und wie ist aber das, was nicht von sich aus und nicht
als von Menschen Gemachtes oder Gebrauchtes ein Einzelnes
ist? Die gewohnte Alternative von Einzelnem und Allgemeinem[11] scheint da nicht mehr zu greifen. Der Baum, der einer
von vielen Bäumen im Wald ist, die Wolke, die sich aus anderen Wolken herauslöst, um dann wieder mit ihnen zusammen-
zufließen zu anderen Gestalten, die Mücke im Schwarm, –
vom gängigen Verhältnis von Einzelnem und Allgemeinem
her gesehen, wären sie zwar eher Einzelne als Allgemeine zu
nennen. Aber sie sind »Einzelne« von der Art, daß sie in ihrem
konkreten Sein primär mit Anderen zusammen sind und mit
ihnen in ein allen Gemeinsames hineingehören, indem sie gemeinsam dieses Andere als ihr »Allgemeines« mit ausmachen

---

[10] Sind es vielleicht letztlich gar nicht die Dinge, die an ihnen selbst einzeln
sind, sondern erhalten sie ihre Einzelheit erst dadurch, daß Menschen sie zu
Einzelnen, nämlich als Einzelne entweder machen oder aber gebrauchen, und
ihnen damit ihre eigene Einzelheit mitteilen? Ist Einzelheit etwas ganz und
gar Menschliches? Sind im strengen Sinne eigentlich nur wir selbst, die sich
als Einzelne – als Individuen – wissenden Menschen der Neuzeit, einzeln zu
nennen? Ich möchte diese Frage hier offenlassen.
[11] Zur traditionellen Allgemeinheit vgl. z. B. Kant, Kritik der reinen Vernunft,
B 40: Jeder Begriff ist eine Vorstellung, »die in einer unendlichen Menge von
verschiedenen möglichen Vorstellungen (als ihr gemeinschaftliches Merkmal)
enthalten ist, mithin diese unter sich enthält; aber kein Begriff, als ein solcher,
kann so gedacht werden, als ob er eine unendliche Menge in sich enthielte«.

– den Wald, das Gewölk, den Schwarm. Dieses »Allgemeine« ist damit ebenfalls kein Allgemeines im überlieferten Sinne; es nennt nicht ein allem von der gleichen Art Gemeinsames, es stellt kein abstrakt Allgemeines dar, dem jene »Einzelnen« untergeordnet wären.[12]

Gibt es also verschiedene Weisen von Allgemeinheit (und entsprechend von Einzelheit)? Die Menschennatur und die Gesundheit, die Vernunft oder der Geist, der Wald und die Gesellschaft und die Landschaft, – können sie zwar jeweils Allgemeine genannt werden, Allgemeine jedoch von sehr unterschiedlicher Art?[13]

»Das wird allgemein genannt, was seiner Natur nach mehreren zukommt«, sagt Aristoteles (Met.Z13, 1038b11 f.). So sind Sokrates, Theaitetos und Alkibiades jeweils Menschen, weil das Menschsein jedem von ihnen zukommt, und Menschsein ist dementsprechend ein Allgemeines. Unter den Allgemeinheiten, die ich gerade genannt hatte, ist jedoch nur noch die Gesundheit – und auch die nur in gewissem Sinne[14] – von dieser Art. Vernunft und Geist sind dem lediglich ähnlich, ohne jedoch ganz die selbe Struktur aufzuweisen. Ein

---

[12] Und wenn wir bei den eben angeführten Beispielen bleiben, so gehören diese ihrerseits untereinander in einem Anderen zusammen, nämlich in einer Landschaft oder einer Gegend, somit ebenfalls in einem »Allgemeinen« im Sinne eines umgreifenden Zusammenhanges, bei dem es sich aber wiederum gerade nicht um eine Pyramide der Allgemeinheiten im Sinne der Über- und Unterordnungsverhältnisse der traditionellen Begriffsbildung handelt.

[13] Es ist keineswegs gesagt, daß sich ein übergreifender »allgemeiner Begriff von Allgemeinheit« müßte finden lassen. Solche Begriffe wie Allgemeinheit, Einzelheit, Besonderheit sind ja nur menschliche, endliche Versuche, durch Unterscheidungen gangbare Bahnen des Verstehens in die Gesamtheit dessen, was ist, zu legen; als solche endlichen Versuche können sie doch immer nur Annäherungen sein, Wege, die eine Zeit lang und eine Strecke weit führen, aber eben keinen unbedingten, nämlich objektiven »Allgemeinheitscharakter« haben.

[14] Für Aristoteles selbst ist die Gesundheit keine Gattungsallgemeinheit, sondern eine »pros-hen-Allgemeinheit«, bei der die Einzelnen dadurch ein Eines sind, daß sie sich gemeinsam auf ein Selbes beziehen.

jedes Vernünftige ist vernünftig, weil ihm die Vernunft zuzusprechen ist, nämlich als das »Eine in Bezug auf Vieles«[15], das alle einzelnen Vernünftigen gemeinsam bestimmt; aber die Vernunft oder der Geist scheinen, im Gegensatz etwa zur Gesundheit, häufig zugleich als ein Eigenes, gewissermaßen Selbständiges, von den Vielen Unabhängiges vorgestellt zu werden.

Dagegen sind z. B. weder der Wald noch die Gesellschaft ein Eines, das im einen Fall allen Bäumen, im anderen allen Bürgern zukäme, – der einzelne Baum ist nicht von der Art des Waldes, der einzelne Bürger nicht von der Art der Gesellschaft, während der Mensch von der Art des Menschseins, das Gesunde von der Art der Gesundheit ist. Andererseits sind sie auch nicht bloß eine Anzahl von gleichartigen Einzelnen, die als solche nur mit einem eigenen gemeinsamen Namen bezeichnet würde. Der Wald ist mehr als eine bloße Summe von Bäumen. Er hat sein eigenes Sein, seine Größe und sein Alter etwa, seinen lichten oder undurchdringlichen Charakter, seinen ökologischen und seinen ökonomischen Wert und Nutzen usw. Das alles läßt sich nicht einfach aus der Summe der ihn ausmachenden Bäume errechnen, ganz abgesehen von all dem anderen, was sonst noch zum Wald gehören kann, von den Ameisen und Pilzen, dem Wild und den Vögeln bis hin zu den einfallenden Sonnenstrahlen oder der grünen Feuchtigkeit des Mooses und der vermodernden Blätter und Äste. Alles zusammen macht das aus, was ein Wald, was dieser Wald als das Gemeinschaftliche seiner Bäume jeweils ist.

Auch die Gesellschaft ist mehr und anderes als die Summe ihrer Bürger. Ihre Überzeugungen und Ideale, die Institutionen, die sie sich geschaffen hat, die Strukturen, die sie beherrschen, z. B. ihre Marktgesetze und ihre Produktionsformen, die Weisen, wie sie mit Arbeitslosigkeit oder mit Krimi-

---

[15] Vgl. Met. A9, 990b7 f., 991a2

nalität umgeht, wie sie ihre Kinder erzieht und sich um ihre Alten kümmert, welche kulturellen Aktivitäten innerhalb ihrer ausgeübt werden können und welche vielleicht ausgeschlossen werden, – all das macht die Gesellschaft mit aus, all das ist die bestimmte Weise, wie Menschen in dieser bestimmten Gesellschaft miteinander sind und miteinander umgehen, das also, was ihnen als Bürgern dieser Gesellschaft gemeinsam ist.

Das metaphysisch verstandene Verhältnis von Einzelnem und Allgemeinem ist demgegenüber ein logisch-ontologisches Über- und Unterordnungsverhältnis. Bei Aristoteles – der uns hier als Beispiel für das uns überkommene Denken der Allgemeinheit steht – kommt das Allgemeine, im Hinblick auf das die Einzelnen allein gewußt und erkannt werden können, jedem von ihnen in formal gleicher, darum ganz eindeutiger Weise zu.[16] Das Allgemeine, z.B. »Lebewesen«, umfaßt – gleichsam ohne Ansehen der Person – »Mensch, Pferd und Gott, weil sie alle Lebewesen sind« (Met. Δ 26, 1023 b 32), weil »Lebewesen« von jedem von ihnen prädiziert wird. Allgemeinheit ist hier somit zugleich Allgemeinheit der Prädikation; die grammatische Struktur ist mit der ontologischen eng verknüpft. Und auf der Erkenntnisebene läßt sich die eine von der anderen kaum unterscheiden. Für das Erkennen geht es darum, die spezifische Art und Weise herauszustellen, wie ein jedes je unterschiedlich dieses eine Gemeinsame ist, – und das heißt, wie von ihm das Gemeinsame ausgesagt wird. Die spezifischen Arten sind Differenzierungen des Gattungsallgemeinen selbst. *Was etwas ist*, läßt sich darum eindeutig durch die Angabe der Gattung und der spezifischen Differenz festlegen;

---

[16] Allerdings ist dies auch bei Aristoteles nur eine von verschiedenen Arten von Allgemeinheit. Da die Gattungsallgemeinheit jedoch für sein Verständnis des einzelnen Seienden eine überragende Bedeutung gewonnen hat und da es hier nur auf die kritische Gegenüberstellung ankommt, lasse ich die übrigen Weisen von Allgemeinheit unberücksichtigt.

das Was oder Wesen von etwas resultiert aus der Spezifizie-
rung des übergeordneten Allgemeinen.

Die Wirklichkeit des Sinnlichen, das als »bloß Einzelnes«
erscheint, ist in der abendländischen Philosophie im wesentlichen als eine zu ordnende, zu bändigende und zu kontrollie-
rende Mannigfaltigkeit angesetzt, sei es der einzelnen Empfin-
dungen und Erfahrungen, sei es des einzeln Empfundenen und
Erfahrenen oder auch des sich selbst als einzeln gegenüber
einer allgemeinen Institution, Gruppe oder Gemeinschaft ver-
stehenden – und vielleicht mißverstehenden – Menschen
selbst.

Das Einzelne als solches wird metaphysisch in einer
merkwürdigen Doppeldeutigkeit verstanden. Es ist zum einen
Einzelnes unter Einzelnen; eine Wahrnehmung folgt auf die
andere, ein Gegenstand befindet sich neben dem anderen,
Eines gleicht dem Anderen. Das Sich-gleichen jedoch verweist
schon auf das zweite Moment. Eines und ein Anderes gleichen
sich, insofern sie in einem Allgemeinen übereinstimmen bzw.
zusammen unter dieses gehören. Das Einzelne steht als Einzelnes sowohl in einer Position der Differenz zu anderem Einzelnen – und damit ist es selbst ein Isoliertes, Vereinzeltes –, wie
es sich zugleich gegenüber dem Allgemeinen in einer Position
der Indifferenz zu Anderem befindet – und damit ist es ein
Identisches, in die Allgemeinheit Identifiziertes. Diese beiden
Charaktere kommen zu ihm nicht bloß irgendwie hinzu, sondern sie machen, unbeschadet ihrer Gegensätzlichkeit, gemeinsam sein Sein aus. Das Einzelne ist isoliert und nivelliert
zugleich, eben insofern es sich unterscheidet *und* gleich ist: es
ist einzeln und ist in bestimmtem Sinne selbst allgemein.

Bei dieser Doppeldeutigkeit handelt es sich nicht lediglich
um abstrakte Begriffsverhältnisse. Das Denken unserer metaphysischen Tradition hat seine unmittelbare Entsprechung in
der Wirklichkeit, wie sie sich in der hinter uns liegenden Geschichte – nicht gesetzmäßig, aber folgerichtig – hergestellt

31

hat. So gehört es beispielsweise zum geschichtlich gewordenen, alltäglichen Selbstverständnis des Menschen, daß er sich
sowohl als gleichgeschaltetes Moment in einer Masse, als Räd-
chen in einem Getriebe und bis in seine innersten Regungen
und Antriebe hinein als einen durch Sozialisation, Bildung,
medienbestimmte Information und öffentliche Meinung
fremdbestimmten Gleichen unter Gleichen erfährt, wie er sich
zugleich vereinsamt und isoliert, unverstanden und unver-
stehbar in seinem monadischen Eingeschlossensein in die eigene Empfindungs- und Erfahrungswelt vorkommt.

Ähnlich sind die Dinge einerseits zu bloßen, durchaus
auswechselbaren Funktionsträgern verkommen, standardisier-
te Massenware, in ihrer Bedeutung aufgesogen von den über-
greifenden Zusammenhängen des Marktes, der Produktion,
des Verkehrs usw.; andererseits sind sie eben darin absolut beziehungslos, selbständig Einzelnes ohne Übergänge zueinander, ohne Beziehungen, Verwerfungen, Unschärfen. Als
identifiziert in einer differenzlosen allgemeinen Identität sind
sie zugleich beziehungslos und vereinzelt.

* * *

Kehren wir zurück zur Landschaft. Wie ist die Landschaft allgemein? Wie gehört ihr das zu, was in sie hineingehört? Wie
gehört sie selbst zu dem, was »in« ihr ist? Sicher ist sie ein
allem in sie Gehörigen Gemeinsames, aber ebenso sicher nicht
im Sinne einer übergeordneten Gattung oder Art. Die Landschaft ist nicht in dem Sinne ein Eines in Bezug auf Vieles,
daß sie von dem, was »in« ihr ist, ausgesagt würde, sie ist keine
nähere Bestimmung von Wiese und Wald, Berg und Tal und
Fluß, von Wegen und Ortschaften. Das Prädizieren- und Prä-
diziertwerdenkönnen ist – obgleich wir es anders gelernt haben – für die Welt, in der wir leben, weder grundlegend noch
konstitutiv. Das Augenmerk auf die Landschaft zu richten,

heißt auch, auf die Vielfalt der Beziehungen und Verhältnisse zwischen »Dingen« aufmerksam zu machen, die nicht in das einfache Schema der Subjekt-Prädikat-Struktur gezwängt werden können, – oder doch nur unter Abstraktion von dem, was ihr eigenes Sein ausmacht.

Eine Weise der Allgemeinheit, die ausdrücklich die Form der einfachen Prädikation, der Bestimmung eines (einzelnen) Zugrundeliegenden durch ihm zukommende (allgemeine) Bestimmungen übersteigt und negiert, hat Hegel zu denken versucht. Das *konkrete Allgemeine* hat dem Einzelnen gegenüber nicht mehr nur einfachen Subsumtionscharakter, vielmehr ist es selbst die Bewegung durch seine Momente, es stellt sich selbst aus dem Zusammenspiel der Einzelnen her. Die »erfüllte Allgemeinheit« ist »der Begriff, der *bestimmt* ist und seine Bestimmtheit auf diese wahrhafte Weise an ihm hat, daß er sich in sich unterscheidet und als die Erkenntnis von diesen seinen verständigen und bestimmten Unterschieden ist«. (Wissenschaft der Logik II, 309)

Doch es ist offensichtlich, daß die Landschaft auch nicht in diesem Sinne eines konkret Allgemeinen gedacht werden kann. Sie ist zwar, wie anfangs gesagt, so etwas wie das Geschehen des ihr Zugehörigen, des mannigfaltig Landschaftlichen selbst, aber dies gerade nicht in der Weise einer vernünftigen Selbstherstellung ihrer selbst durch die Produktion ihrer Momente. Diese haben bei Hegel ihre Wahrheit allein dadurch und darin, daß sie an ihnen selbst endliche, unwahre Glieder des wahren Ganzen sind. Die Landschaft dagegen hat keinerlei ontologischen Vorrang vor jedem Einzelnen in ihr. Sie ist genauso zufällig und unwahr, oder eben genauso notwendig und wahr wie jenes, – das heißt, daß diese Unterscheidungen und Entgegensetzungen hier ihre Bedeutung verloren haben.

In einem anderen Sinne können wir die Landschaft allerdings doch ein konkretes Allgemeines nennen und damit der spezifischen Art ihrer Allgemeinheit näher kommen, wenn wir sie nämlich als die konstellative Bestimmtheit des mannigfaltigen in sie gehörigen Einzelnen in seinem Zusammenhang mit anderem Einzelnen verstehen. Diese konkrete Konstellation ist etwas durchaus Jeweiliges, sich als Zusammenspiel Ergebendes, nichts ein für allemal Feststehendes. Die Landschaft ist ja nicht einmal in dem Sinne fest umgrenzt, daß etwa dieser Hügel noch zu dieser, jener aber bereits zu einer anderen Landschaft gehörte. Die Flußlandschaft geht in die Waldlandschaft über, oder sie bilden beide die Landschaft dieses Tales.

Die Landschaft scheint bis zum Horizont zu reichen, aber was ist jenseits des Horizonts? Könnte es noch der selben Landschaft zugehören? Wie weit reicht ihr Umkreis? Wie klein kann ihr Umfang sein, um noch eine Landschaft zu heißen? Und wie einstimmig muß sie sein, um als eine Landschaft erfahren zu werden? Ist das abhängig von dem, der auf sie blickt oder sie durchgeht? Gibt es auch »Landschaften«, die gar keine sind? Sind Städte Landschaften? Hören sie vielleicht irgendwann, ab einer bestimmten Größe oder Hektik etwa, auf, Landschaften zu sein? Oder ist das von ganz anderem abhängig als von der Größe, ob wir eine Stadt, eine Großstadt, eine Weltstadt als Landschaft empfinden können?[17]

Ohne daß ich diesen Fragen hier näher nachgehen wollte – es geht mir ja, wie gesagt, nicht um einen Begriff der Landschaft –, machen sie doch wiederum deutlich, daß die Landschaft nichts Definites und eindeutig Definierbares ist. Sie ist vielmehr so etwas wie eine Verhältnishaftigkeit, ein wechselnd Ganzes von Bezügen, etwas, das überhaupt erst dann in den Blick kommen kann, wenn das Denken seinen dingontologischen und zugleich ursprungssüchtigen Charakter abzulegen versucht und sich als ein Sich-aufhalten in der Welt und unter Welthaftem versteht.

---

[17] Vgl. zu dieser Frage Hard, Die ›Landschaft‹ der Sprache und die ›Landschaft‹ der Geographen, insbes. 1. Teil, Kap. 8, 71 ff.

34

Für das Denken von Aristoteles oder Descartes oder Hegel »gab es« – philosophisch gesehen – keine Landschaften. Das Haus, das bei Aristoteles immer wieder die Funktion eines Beispiels für aus Stoff und Form bzw. Wesen zusammengesetztes Seiendes übernimmt, steht an keiner Straße, an keinem Bahnübergang und auf keiner Insel, es ist kein griechisches oder schwedisches Haus, kein Reihenhaus, kein Landsitz und keine Fischerhütte, – es gehört nirgendwohin, in keinen Lebenszusammenhang, in keine Landschaft. Das im metaphysischen Denken gebrauchte Beispiel steht für ein abstrakt und isoliert Einzelnes und Vereinzeltes, für die Wirklichkeit eines Möglichen, für ein Für-sich-seiendes, das zusammengesetzt ist aus Stoff und Form, zugrundeliegt für Eigenschaften und Zustände; es ist Demonstrationsobjekt für die mannigfaltigen Bestimmungen, die seine ontologische Struktur kennzeichnen.

Ein Denken, für das es Landschaften geben kann, muß ein radikal gewandeltes Denken sein. Das, was ihm begegnet, ist niemals ein rein Einzelnes, immer begegnet es in Zusammenhängen und Bewandtnissen, in Beziehungen der Nähe oder des Abstands zu Anderem und zum Denken selbst. Dieses ist nicht einseitig darauf aus, es zu identifizieren und auf den Begriff zu bringen, sondern sich in die Gegend einzulassen, in der es seinen Ort und seinen Platz hat. Darum habe ich es als ein *landschaftliches Denken* bezeichnet.

Das landschaftliche oder welthafte Denken fragt beim einzelnen Begegnenden und zu Denkenden selbst an, d. h. in dem Umkreis, in den es hineingehört oder hineingestellt ist; es fragt gewissermaßen – wenn ich es einmal so ausdrücken darf –, wie es dem, was es denkt, geht, was es tut. So fragt etwa auch Heidegger bei seiner Bestimmung des Krug-Dinges in dem Vortrag »Das Ding« nicht, *was* der Krug *ist*, sondern »was der Krug faßt und wie er faßt«, »wie das Fassen selber west« (Das Ding, 170), also *wie* sich der Krug als Krug verhält. In diesem Verhalten fügt sich ein vielfältiger Zusammenhang in-

35

einander und zusammen, wenn anders der Krug wirklich in einer Welt ist, als dieser bestimmte, so und so hergestellte und gebrauchte Krug. Was über ihn ausgemacht wird, kann nur für ihn selbst, weder für Substanzen überhaupt noch für handwerklich Hergestelltes, weder für Gebrauchsdinge noch auch nur für Gefäße überhaupt gelten.[18]

Genauso kommt es bei Heideggers Bezugnahme auf die Brücke in »Bauen Wohnen Denken« (BWD, 153 f.) nicht darauf an zu bestimmen, was ihr mit allen anderen Brücken gemeinsam ist, wodurch sie sich etwa von allen anderen Bauten unterscheidet, was übrigbleibt, wenn von ihren eigenen Besonderheiten und zufälligen Bestimmtheiten abstrahiert und sie rein in ihrer ontologischen Struktur, also etwa als *ousia* oder als ein *techne on* thematisiert wird. Auch hier geht es zwar um eine Gemeinsamkeit, um eine All-gemeinheit – oder auch »Allgemeinsamkeit« – aber nicht um die der Identität aller Brücken in ihrem allgemeinen Was, sondern um eine Gemeinsamkeit, die die Brücke mit dem Strom, dem Ufer, dem Himmel, den Hinübergehenden verbindet, die also der gemeinsame Bereich ist, in dem sich ihre mannigfaltigen Verhältnisse abspielen und der umgekehrt doch auch allein von diesen gebildet wird.

Die Brücke zu denken – an die Brücke als die Brücke zu denken – heißt, mehr zu denken als die Brücke, sie gewissermaßen über sie selbst hinauszuführen, sie in ein Verhältnis zu bringen bzw. besser: das in ihr wohnende Verhältnis zu entbin-

---

[18] Streng genommen, auch wenn dies bei Heidegger nicht so deutlich zum Ausdruck kommt, kann es sich auch nur um gerade diesen Krug, nicht um einen »Krug überhaupt« handeln. »Ein Ding ist der Krug.« (Ebd. 164) Diese auf den ersten Blick merkwürdige Umkehrung der aus der Metaphysik her gewohnten Wortfolge (hier hieß es: der Krug ist ein Ding) macht deutlich, wie der Krug nicht als »allgemeines« Beispiel für Dinge herangezogen wird, sondern wie sich das Dingsein im Krug gleichsam versammelt, in ihm seinen Ort nimmt, und damit in dem Geschehen der Welt, in die der Krug als ein fassender und zum Ausschenken gebrauchter gehört.

den, durch das sie mit Früherem und Späterem, mit Hiesigem und Anderweitigem verknüpft ist, wie auch mit dem, was sie bedeuten könnte, mit den Symbolen und Metaphern, in die sie einging, mit den Bildern, auf denen sie erschien. Die Brücke zu denken, heißt darum, das eigene Verstehen von Brücke aufzuschließen, sich ihren vielfältigen hin- und hergehenden und -schwingenden Bezügen zu überlassen, in ihnen mitzugehen.

Die Brücke zu denken, heißt dann auch, das Überbrücken zu denken, also den Strom und die Ufer zu sehen und zu hören, den Stein und das Geländer zu tasten, mit den Menschen und ihren Beschäftigungen zu fühlen usw. Wir können auch sagen, es sei ein Denken, in das die Erfahrungen, die wir mit Brücken gemacht haben und die wir mit ihnen werden machen können, eingegangen sind, aber nicht nur die Erfahrungen mit Brücken, auch die mit dem Tragen und Führen, mit dem Verbinden und Trennen, mit festem Boden und mit Luft, mit Hindernissen und ihren Überwindungen usw.

Die Brücke ist nicht als einzelne und für sich zu thematisieren; das, was jetzt als ihr Brückesein angesehen wird, ist nicht abstrahierbar von den Zusammenhängen, in denen sie »lebt«. »Kommunikation mit Anderem kristallisiert sich im Einzelnen, das in seinem Dasein durch sie vermittelt ist«, sagt Adorno in der »Negativen Dialektik« (164). Darin läßt sich – wenn die Vermittlung nicht hegelisch, nicht einmal mehr dialektisch verstanden wird – die Differenz zum Bisherigen deutlich ablesen. Das Einzelne ist Kristallisationspunkt des welthaften Zusammenspiels der Einzelnen untereinander. In diesem Zusammenspiel allein kann und muß es aufgesucht werden, wenn wir uns wirklich auf es selbst einlassen wollen.

Das Allgemeine ist ein Eines, das vieles umfaßt, indem es vom Einzelnen ausgesagt wird, hieß es dagegen bei Aristoteles; die Dinge – das Haus, der Donner, der Mensch – sind gerade, wo sie allgemein erfaßt werden, paradoxerweise zugleich in einer extremen Einzelheit, nämlich in abstrakter Isoliertheit genommen, die nicht überbietbar ist und die wir die Einzelheit der *Weltlosigkeit* nennen können. »Das allgemeine Prinzip ist das der Vereinzelung«. (N.D., 307) Die Menschen, Pferde und Götter, die allgemein in der Gattung Lebewesen zusammengehören, haben keine Gemeinschaft untereinander, haben nichts miteinander zu tun.

Jedoch: »Wahrhafter Vorrang des Besonderen wäre selber erst zu erlangen vermöge der Veränderung des Allgemeinen.« (ebd.) Das veränderte Allgemeine wäre ein Allgemeinsames, eine Konstellation, ein Zusammenspiel. Ihm entspräche z. B. ein Denken, das den Menschen, statt ihn von seiner ihm mit Göttern und Pferden gemeinsamen Gattung her zu bestimmen, in seinen wechselnden Bezügen zu Pferd und Gott aufsuchte (und das sein Gedachtes vielleicht im Bild des Kentauren konturieren könnte). Es würde den Menschen in der Weite seiner Ferne, der Ferne seiner verschwiegenen Möglichkeiten aufsuchen, – ihn denken, und doch sein Geheimnis wahren.

* * *

Das der Landschaft Zugehörige, das, was in seinem Zusammenspiel die Landschaft ausmacht, ist u. a. von der Art, daß es miteinander in denselben Raum gehört. Die landschaftlichen »Einzelnen« stehen in Abständen und Beziehungen zueinander, ergänzen sich zu einem – wenn auch nicht festumrissenen – Ganzen. Innerhalb dieses Ganzen gibt es Entsprechungen, Verflechtungen und Verweisungen, Übergänge und Entgegensetzungen und Brüche, Spiegelungen, Einstimmigkeiten und Dissonanzen. Manchmal legen sich Schatten weither über die Landschaft, wandern über sie hin, schaffen Gemeinsamkeiten und Gegenspiele, heben heraus und ebnen ein.

Es gibt Geräusche des Tages, die sich übertönen, zusammenfügen, ablösen, verstärken, die die Stille zerreißen oder

38

vertiefen, die ihr selbst zugehören oder die in sie eindröhnen. Und es gibt Geräusche in der Nacht, die das Ganzsein der Landschaft unterstreichen, weil sie nicht von diesem oder jenem Einzelnen, sondern aus dem Leben und Weben des Ganzen herzurühren scheinen.

Eine Landschaft ist kein bloßes Nebeneinander, sondern ein Gewebe von mannigfach ineinander Verflochtenem. Ein Vogel, der über den Fluß fliegt, ein silberner Fisch, der sich über die Wasseroberfläche hinausschnellt, eine Taube, die jenseits in den Bäumen gurrt, ein sanfter, leiser Regen, der alles einhüllt und fast die Blätter selbst hörbar zu machen scheint, – all dies ist Teil des Gewebes der Landschaft, darin lebt sie, entfaltet, verändert sie sich, fügt sie sich ein in weitere, größere Zusammenhänge.

Die Landschaften sind eine bestimmte Weise des Begegnens von Räumlichem. Wir könnten auch sagen: sie sind Konstellationen des Sichtbaren, das als solches immer an einem Ort, in einem Raum, als ein Räumliches erscheint. Aber ich denke, wir müssen noch eine weitere Bestimmung mit hinzubringen, nämlich daß die Landschaft immer eine Landschaft *auf der Erde*[19] ist, wozu dann ganz unmittelbar auch die wesenhafte Beziehung zu einem *unter dem Himmel* gehört. Die spezifische Erfahrung einer spezifischen Landschaft mit ihren Weinbergen und Bächen und Bäumen umfaßt, wie wir das bei Hölderlin gesehen haben, auch solche Erscheinungen wie Wetter und Witterung, Wolken und Mond, die insgesamt als Erscheinungen des Himmels gefaßt werden können. Sie gehören in der Weise zur räumlich ausgebreiteten Landschaft selbst, daß sie deren Wandlungen in der Zeit bewirken und bezeichnen.

---

[19] Die »Mondlandschaft« ist ein fester Begriff, allerdings als Bezeichnung bestimmter Landschaften auf unserer Erde. Doch wäre es durchaus möglich, auch in Bezug auf den Mond selbst oder auf den Mars von Landschaften zu sprechen, dann nämlich, wenn Menschen sich dorthin denken.

Die Erscheinungen, die der Himmel in die Landschaften der Erde einzeichnet, verändern diese in ihrer Stimmung, Färbung und Atmosphäre. Ob es Mittag oder Abend ist, Spätsommer oder Vorfrühling, ob Gewitterwolken drohen oder ein Schneetreiben beginnt, jeweils erhält die Landschaft ein ganz anderes Gesicht. Aber dennoch bleibt sie irgendwie die selbe. Man könnte sagen, daß sie all diese unterschiedlichen Weisen ihres Seins immer schon der Möglichkeit nach in sich enthält, daß sie selbst sich nach jenen Weisen differenziert. Sie macht etwas mit den himmlischen Einflüssen, verändert sie, fügt sie in ihr eigenes Ganzes ein. »Wo der Mond aufsteigt, der blasse, wenn der Abendwind entsteht, wo die Natur sehr einfaltig, wo die Berg erhaben stehn,« dort ist der Abend etwas ganz anderes als etwa am Meer, wenn sich der Nachschein der untergegangenen Sonne um den Horizont legt und die Stille und Weite unermeßlich wird.

Gleichwohl gehören die Himmelserscheinungen den verschiedenen Landschaften auch gemeinsam an. Die Sonne, die »über Gerechte und Ungerechte« scheint, scheint über Wald und Feld, Stadt und Land, Gebirg und See. Die Mondsichel taucht über den Hügeln auf, aber auch aus dem Meer, auch am Horizont der Wüste, auch über dem Dunst der Hochöfen. Ist es immer der selbe Mond? Ein Frühmorgen ist in der Stadt mit ihren erwachenden, merkwürdig erwartungsvollen Geräuschen etwas anderes als auf den taufeuchten Wiesen am Waldrand, und es ist doch die selbe Stunde des selben Tages. Der leise fallende Regen, der das Weinlaub zum Klingen bringt, unterscheidet sich hörbar von dem doch selben, der grau in grau in den See taucht. Es gilt, so scheint mir, beides: jede Landschaft empfängt die wechselnden Zukommnisse des Himmels anders, und es ist doch letztlich der selbe Himmel, dessen Sonne und Wolken und Sterne über die ganze Erde gehen, die sich so zu einer Landschaft aller irdischen Landschaften fügt.

Die Gezeiten des Himmels machen in besonderer Weise

deutlich, daß die Landschaften nicht nur sind, sondern geschehen. Die letzte Strophe eines »Landschaft« überschriebenen Rilke-Gedichts lautet:

Ruhig sind die Tore und die Bogen,
durchsichtige Wolken wogen
über blassen Häuserreihn
die schon Dunkel in sich eingesogen;
aber plötzlich ist vom Mond ein Schein
durchgeglitten, licht, als hätte ein
Erzengel irgendwo sein Schwert gezogen.

Der Gegensatz von »ruhig« zu »plötzlich« ist deutlich genug. Dabei ist scheinbar nicht viel geschehen. Der Mond hat einen Schein durch die dahinziehenden Wolken geworfen und deren Bewegung sowie die abendliche Stadt in plötzliche Helle getaucht. Aus dem Bild wird ein Schauspiel, aus der Weile ein Augenblick.

Wie die Erde nicht ist ohne den über sie gebreiteten Himmel und die landschaftlichen Räume nicht sind ohne die über sie hinziehenden und sie verwandelnden Tages- und Jahreszeiten, so ist die Allgemeinheit des Besonderen nicht ohne ihre Geschichte und Geschichten, nicht ohne die Zeiten und Geschicke, die das Einzelne quer zu seinem räumlichen Verflochten-sein mit Anderem betreffen und es doch wiederum auch mit jenem zusammenbinden.

* * *

»Ans Haff nun fliegt die Möwe, und Dämmrung bricht herein; über die feuchten Watten spiegelt der Abendschein. Graues Geflügel huschet neben dem Wasser her; wie Träume liegen die Inseln im Nebel auf dem Meer. Ich höre des gärenden Schlammes geheimnisvollen Ton, einsames Vogelrufen – so war es immer schon. Noch einmal schauert leise und schweiget dann der Wind; vernehmlich werden die Stimmen, die über der Tiefe sind.«[20]

Eine andere Landschaft, ein anderer Abend. Einbrechende Dämmerung über dem Wattenmeer. Ein einfaches, in sich gerundetes Bild. Aber die Einfachheit hat sehr Unterschiedliches, vermeintlich Gegensätzliches in sich gestillt. Räumliches und Zeitliches, Sichtbares und Hörbares, Ruhendes und Bewegtes, Mensch und Natur, »Reales« und »Irreales« sind da kaum voneinander zu trennen und machen doch die Spannungen einer ganzen Welt aus. Die Möwe, die in den Abend fliegt, der dunkler werdende Himmel mit dem letzten Licht des schwindenden Tages auf dem schwarzfeuchten Sand, die undeutlich werdenden, flüchtigen Bewegungen über den Strand hin, die Inseln, die sich kaum mehr vom Meer abheben und wie Träume zu verschweben, mit dem Horizont zu verschwimmen scheinen. Wie Tag und Nacht ineinander übergehen, so Land und Meer, Erde und Himmel, Wirklichkeit und Traum.

Huschendes Geflügel und eine einzeln heimwärts ziehende Möwe; graue Dämmerung und die Spiegelung des letzten Lichtes auf dem feuchten Watt; das unbestimmt weite Meer und einzelne, kaum mehr auszumachende Inseln; allgemein Verschwimmendes und vor seinem Grunde sich abhebendes, aus ihm heraus sich abzeichnendes Besonderes. So auch das geheimnisvolle, eintönig-lebendige Geräusch des Gärens im Schlick und der einsame Ruf eines Vogels.[21] Er bricht den Abend gleichsam auf und stillt ihn zugleich; die Stille des unbestimmten Tönens scheint zum Abend selbst zu werden. »So war es immer schon.« Der einzelne Laut in der geheimnisvoll

---

[20] Theodor Storm, Meeresstrand. Auch hier habe ich das Gedicht wieder in Prosaform wiedergegeben, weil es in diesem Zusammenhang weniger um das Gedicht als solches geht als um seine Erfahrung einer Landschaft.
[21] Vgl. Storm, Die Stadt am Meer: »die Wandergans mit hartem Schrei nur fliegt in Herbstesnacht vorbei«.

tönenden Stille e-voziert das Immer-schon dieses zur Dauer geweiteten Augenblicks. »Immer schon« und »noch einmal«. »Noch einmal schauert leise und schweiget dann der Wind.« Die Stille des Immerschon wird nicht getrübt, eher unterstrichen durch das leise Erschauern des Windes, der sich dann legt. Die abendliche Landschaft weitet sich in die Ruhe der stetigen und sicheren Wiederkehr und sammelt sich zugleich im Augenblick des Hier und Jetzt, das seinerseits ein stets Wiederkehrendes ist, – noch einmal und noch einmal.[22] Der ersterbende Wind hat den ungeheuren Eindruck der Stille und des Gestillten, der von der Landschaft zwischen Land und Meer ausgeht, vollkommen werden lassen. Stille und Weite – und Tiefe. Stimmen werden vernehmlich, die der Stille selbst zugehören, in denen die Dimension der Stille selbst Laut zu werden scheint. Was sind das für Stimmen, »die über der Tiefe sind«? Wo ist das – über der Tiefe? Im »so war es immer schon« der Grenze zwischen Tag und Nacht und Meer und Land bringt die Beziehung zwischen der Stille und dem Vernehmen das Geheimnis selbst zum Verlauten. Es kommt als Stimme aus der Tiefe, aber es ist vernehmbar im Hier und Jetzt der ins Ganze geweiteten Landschaft. Zu dieser Gänze gehört das Sichtbare des Tages wie das Unsichtbare der Nacht, das Vernehmbare des einsamen Vogelrufens wie das Vernehmbare dessen, was über der Tiefe ist.

Wer vernimmt die Stimmen über der Tiefe? Die Landschaft in ihrer räumlichen und zeitlichen Entgrenzung an der Grenze selbst öffnet sich, eröffnet sich einem Ich, genauer, um ein Ich herum. Das *Ich* bringt sich in der Mitte des Gedichts

---

[22] Während des Schreibens dieses Textes ist ein anderer Augenblick, ein anderer Abend, dessen Erfahrung sei hier einfach angefügt: Gerade ist die Sonne sehr zart und fahl im Meer untergegangen. Das Wasser ist fast still und legt nur einen schmalen weißen Gischtrand um die Felsen. Der Horizont ist wie ein großer, in die Fläche übertragener Regenbogen.

43

zur Sprache, im ersten Wort der dritten Strophe. Es steht damit selbst wiederum an einer Grenze, zwischen dem Sichtbaren der ersten und dem Hörbaren der zweiten Hälfte. In jenem war es unausdrücklich mit anwesend, für dieses kommt es ausdrücklich zur Sprache. So wird auch noch der Mensch in dieses landschaftliche Tableau mit eingebunden; er erhält seinen Platz in der Mitte, als Einbezogener, als Hörender, Vernehmender. Die Landschaft ist um ihn herum, als um einen, der in ihr aufgeht.

Die *landschaftliche Allgemeinheit* erweist sich als eine vieldimensionale: Mensch und Natur, einsames Vogelrufen und Stimmen über der Tiefe, Raum und Zeit, Licht und Dunkel fügen sich in ein gemeinsames Bild. In dessen Allgemeinheit sind sie alle mannigfaltig aufeinander bezogen, zueinander hingeordnet. Gleichwohl ist es nur *ein* Bild, nur *eine* Landschaft.

Die Allgemeinheit bedeutet *ein Gespräch* zwischen den verschiedenen Seiten der unterschiedlichen Verhältnisse. Keine der Seiten und keines der Verhältnisse läßt sich festlegen, keine und keines hat einen festen Ort in einem System. Das Denken muß darauf verzichten, einen eindeutigen Abriß geben zu wollen. Wie die Dichter ihre Landschaften malen, kann das Denken Konstellationen von Sachverhalten in ihrer landschaftlichen Allgemeinheit nachzeichnen. Zum Beispiel indem es sich auf jene Gedichte einläßt und sie in seiner Weise liest und versteht und erzählt.

Wege

Wege – Wege durch die Wiesen, an Feldern entlang, im Wald. Wege durch Schrebergärten, an der Uferböschung, zwischen Höfen und Mauern hindurch. Friedhofswege. Schleichwege und Königswege. Holzwege, Umwege, Irrwege und Auswege. Kurze und leichte, lange und mühselige und endlose, krumme oder gerade Wege. Dornige und steinige und staubige Wege. Wege, die hineinführen, und Wege, die hinausführen. »Der Weg hinauf, herab – einer und derselbe.« (Heraklit, Frg. 60)

Straßen und Gassen, Wege und Pfade. Wege in die Einsamkeit, in die Gefangenschaft, ins Elend. Wege von hier nach da, aus der Nähe in die Ferne, aus der Fremde in die Heimat, nach Hause, zu Dir.

»Wege des Lebens. Plötzlich sind es die Flüge, / die uns erheben über das mühsame Land; / da wir noch weinen um die zerschlagenen Krüge, / springt uns der Quell in die eben noch leereste Hand.« (Rilke, Wege des Lebens)

Wege des Ruhms oder des Vergessens. Der Weg in die Politik. Der Kriegspfad. Der Weg des Heils und der Weg der Verdammnis; der Lebensweg, der Weg zum Tod, der Weg allen Fleisches. Der Leidensweg. Der letzte Weg.

Wege durch die Luft: Wege, die die Zugvögel fliegen, und Wege, die die Wolken ziehen. Die Wege der Gestirne. Wanderwege der Fische, der Delphine, der Schildkröten.

Wege durch die Jahreszeiten, durch die Lebensalter, durch die Landschaften, durch Zeiten und Räume; Wege des Erfahrens, des Blickens, des Liebens, des Suchens. Denkwege. Getrennte Wege, verschlungene Pfade. Scheidewege.

Hohlwege, Furten, Gassen; Waldwege, Feldwege, Treidel-
pfade. Hauptstraßen, Autobahnen, Schienenwege, Fluglinien.
Verkehrsadern.

Wege, auf denen man geht, und Wege, auf denen man
kommt, dorthin oder dorther kommt, ankommt und her-
kommt und zurückkommt, seiner Wege geht; gemeinsame
Wege, Wege, auf denen einer oder etwas mitgeht, fortgeht,
weggeht, – vergeht.

Wege, die nebeneinander herlaufen, sich voneinander
fortbewegen, sich kreuzen, sich treffen. Wege, die angelegt
und ausgebaut werden, Wege, die zuwachsen, Wege, die unter
den Füßen enden, oder die sich im Unendlichen verlieren. Wege, die sich eröffnen, die betreten, ausgetreten werden. Wege,
die aufhören.

Wege, die durch das Gehen selbst gebahnt werden. Nie-
dergetretenes Gras, festgetretene Erde, zur Seite gestoßene
Steine: entstehende Wege; anfangs je und je neu gesucht, allmählich der Landschaft eingeprägt, dem Gehen gewohnt geworden, der Fuß wird sicher geführt.

Wege in Löß und Sandstein, zuweilen tief eingegraben;
Rillen oder Furchen im Stein; in Jahrtausenden von den hohen
Rädern der Ochsen- oder Maultierkarren gezeichnet.

Wege als Spuren, Spuren von unendlich wiederholtem,
alltäglichem Gehen. Verwehende Spuren im küselnden Sand.

Daß es Wege gibt, daß das Land nicht ohne Weg und Steg
ist, bedeutet, daß wir uns anderswohin begeben können, daß
Bahnen des Irgendwohin-Gelangens vorgezeichnet sind, auf
denen wir uns fortbewegen können. Fehlen gangbare Wege,
so sind wir wie an den jeweiligen Ort gebannt, sind nicht frei
zu gehen, wann und wohin wir wollen; was um uns herum ist,
ist unzugänglich und fremd. Eine unbewohnte Insel ist eine
Gegend ohne Wege; sie zu betreten, bedeutet, allererst Wege
bahnen, sich Wege suchen zu müssen. Daß Wege durchs Land,
über Land führen, zeigt, daß es bewohntes Land ist, in dem

Menschen zueinander kommen, miteinander sprechen können. »Wege gehen weit ins Land und zeigens.« (Rilke, Vorfrühling) Wege führen und geleiten durch die Landschaft, sind
Wege der Landschaft, landschaftliche Wege.

Das Wohnen braucht auf mannigfaltige Weise Wege, Wege als Ermöglichung, irgendwohin zu gelangen, Wege als Mittel, etwas zu bewerkstelligen, Wege als Aufbrüche zu Neuem
wie als Rückkehr zu alt Vertrautem. Zum Wohnen in den Zim-
mern und Häusern gehören als Wege die Gänge und Flure und
Treppen, aber auch die Wege von einem Haus zum anderen,
von den privaten zu den öffentlichen Gebäuden, von hier nach
dort: Privatwege, Verkehrswege, Schulwege, Einkaufswege,
Radwege, Verbindungswege, Wasserwege. Wege über Land
und Wege übers Meer.

Und in den Sprüchen Salomonis steht zu lesen: »drey sind
mir zu wünderlich, und das vierde weis ich nicht, des adelers
weg im himel, der schlangen weg auff eim felsen, des schiffes
weg mitten im meer, und eins mans weg an einer magd.«[1]

* * *

Wege führen durch Räume und führen zu Orten. Wege gehen
von Einem zum Anderen, führen vom Einen zum Anderen hin
oder gehen von diesem zu jenem fort. Sie stellen Verbindun-
gen her, zwischen dem einen Ort und dem anderen, den nähe-
ren und den ferneren Orten. Sie erfordern Trennung und Abschied. Die Wege sind selbst weder Dinge, noch sind sie das,
worin jene sich befinden, wie die Landschaft und das Feld, der
Tag und die Nacht. In gewissem Sinne sind die Wege selbst
nichts, oder vielleicht besser, sie sind nichts selbst, sondern

---

[1] Die Sprüche Salomonis, 30, 18 f., zitiert nach der im Deutschen Wörterbuch
der Brüder Grimm angeführten Übersetzung (Bd. 27, 2861).

sind nur ein Zwischen und Wodurch oder Womit, etwas, das zurücktritt vor dem, worumwillen es ist.

Gleichwohl wollen sie ihr Recht. Begibt man sich erst einmal auf einen Weg, dann ist das Gehen zwar nicht endgültig festgelegt, aber auch nicht mehr gänzlich frei. Man kann zwar wieder umkehren, etwa zur letzten Wegkreuzung zurückgehen und einen anderen Weg einschlagen. Aber die gemachten Erfahrungen lassen sich nicht tilgen. Kein Weg führt ins Unbegangene zurück. Wenn der Weg vergeblich war, weil er nicht dahin brachte, wohin er zu bringen versprach, oder weil das Wegziel getrogen hat, so ist der Weg doch gegangen, es ist etwas geschehen.

Einen Weg zu wählen, heißt nicht nur, sich wenigstens vorläufig auf ein bestimmtes Ziel einzustellen, sondern auch, das Gehen selbst zu übernehmen. Es gibt so etwas wie eine Verantwortung gegenüber dem Weg, die über die Intentionen und Interessen des Gehenden hinausreichen könnte. Als sei dem Weg selbst etwas am Weg gelegen. Vielleicht hatte Rilke das mit im Blick, als er schrieb: »Wahre dich besser! wahre dich Wandrer / mit dem selber auch gehenden Weg«. (Zwölf Bruchstücke aus dem Umkreis der Sonette an Orpheus, XI)

Es gibt auch Wege, die nicht an einen bestimmten Ort bringen – wie selbst noch Wege, die auf der Wiese, am Feldrand enden, oder wie Holzwege –, sondern die einfach so dahin, durch die Gegend führen. Spazierwege z. B.: »Ich ging im Walde so für mich hin.« Oder gewisse Denkwege. Auf ihnen kann man so dahin gehen, vor sich hin denken, vor sich hin schreiben, Gedanken ausspinnen. »Und so weiter.«

Sich auf Wegen fortzubewegen, das ist eine durchaus leibliche Sache. Auf einem Weg zu gehen, dazu gehört auch, daß man ermüden kann, daß, wenn der Weg steinig und mühsam ist, der Rücken und die Füße schmerzen, – oder der Kopf. Daß der Weg lang wird oder viel zu kurz ist, daß er langweilig oder abwechslungsreich ist, daß man läuft oder zögert, voranhetzt oder sich vorwärtsschleppt. Wenn wir sagen, daß das Denken ein Gehen ist, wenn wir von *Denkwegen* sprechen, so stellen wir tatsächlich, wirklich und wahrhaftig, etwas auf die Füße.

»Die Denkwege der Erörterung haben das Eigentümliche, daß wir unterwegs auf solchen Wegen dem Ort näher sind, als wenn wir uns einreden, am Ort angelangt zu sein, um uns dort niederzulassen; ... Alles liegt am Weg ... Alles, was es zu erblicken gilt, zeigt sich je nur unterwegs am Weg. Das zu Erblickende liegt am Weg.« (Heidegger, Der Satz vom Grund, 106)

Alles liegt am Weg: Alles, was es zu sehen gibt, was sich zu sehen gibt, zeigt sich am Weg, für ein Denken, das den Weg begeht, sich seiner Führung anvertraut, auf das aufmerkt, was er ihm zeigen will. Was am Weg liegt, liegt bereit für ein Sehen, das zu ihm hingeht.

Alles liegt am Weg: Am Weg ist alles gelegen. Auf den Weg kommt es an. Wem nichts mehr am Weg liegt, dem liegt fast an gar nichts mehr, dessen »Leben geht, wie eine Sanduhr, aus« (Hölderlin, Hyperion, 136), den hält nichts mehr auf der Erde. »Er ging gleichgültig weiter,« schreibt Büchner über Lenz, »es lag ihm nichts am Weg, bald auf-, bald abwärts. Müdigkeit spürte er keine, nur war es ihm manchmal unangenehm, daß er nicht auf dem Kopf gehn konnte.« (Büchner, Lenz, SW 1, 79).

Auf den Weg kommt es auch an, wenn nach dem, was ist, gefragt wird. Nicht so sehr, jedenfalls nicht nur nach der geeignetsten Methode, nach dem günstigsten Zugang, der abgesichertsten Schrittfolge. Sondern alles liegt daran, ob ein Weg durch die Landschaft führt, damit diese ihre Eigenart und ihre verborgenen Besonderheiten zeigen kann. Auch die, die langher in ihr aufbewahrt sind, als Einzeichnungen des Gedächtnisses, der Erinnerung.

* * *

Erinnerungen sind Wege durch die Zeit. Ein Sichzurücktasten durch die Vergangenheit, das Aufsuchen eines fernen Ortes, der einmal Gegenwart war. Wir können uns auf diesen Wegen auch verirren, uns von ihnen verhexen lassen. Wie von den Wegen unserer Träume, unserer Phantasien, Hoffnungen und Sehnsüchte, die uns für das Hier und Jetzt blind machen können, – oder in besonderer Weise sehend. Wir können uns auf die Wege der Erinnerung begeben, um Ausschau zu halten nach Vergessenem und Verschollenem, nach einstmals Geringgeachtetem oder Mißverstandenem, nach nicht wahrgenommenen Möglichkeiten.

Wege durch die Zeit können Worte sein, Begriffe, Bilder, Geschichten, in denen sich Gedachtes, Gefühltes, Gesehenes aufbewahrt hat. Auf das Alte zu hören, heißt, einen Weg in die Vergangenheit einzuschlagen oder umgekehrt, sich aus der Vergangenheit her mit neuem Blick in die Gegenwart führen zu lassen. Auf den Spuren der Alten finden wir vielleicht Wege durch Ungewohntes oder ungewohnt Gewordenes, Wege, die im Laufe der Zeiten zugeschüttet wurden, durch Gegenden, die unter anderen Sternen standen, zu anderen Wanderungen herausforderten. Wege, die einer Weisheit gehorchten, die nicht mehr die unsere ist, aber mit der vielleicht neu ins Gespräch zu kommen wäre.

Im erneuten Einschlagen altbegangener Wege müssen die Ziele und Zwecke, die in verhängnisvolle Richtungen geführt haben, die verfehlten Haltungen und Schrittweisen, die hierarchischen Zwangslinien, die über die Landschaft gelegt waren, neu gesichtet und re-vidiert werden. Kritik, kritisches Denken kann nicht einfach ein Rückblick auf vergangene, bisher gegangene Wege sein, sondern muß sich auf jene zurückbegeben, um erneut vor die entscheidenden Wegkreuzungen zu gelangen, um wissentlich und willentlich andere Wege einzuschlagen.

Wege durch die Zeit sind aber auch Wege nach vorne, in

die Zukunft. Ahnungen und vorausblickende Einschätzungen, prophetische Sichten und ausgreifende Entwürfe, unausgemalte und ausgemalte Hoffnungen oder Ängste. Wege, die eine ungekannte Lust zu Phantasie und zur Spekulation wecken. Wege, denen die Kraft selbst noch aus dem zuwächst, was bisher falsch gelaufen, in die falsche Richtung, auf falsche Ziele zu gegangen ist. Wege, die mit ihrem Fragen nach vorn drohendem Unglück zuvorkommen. Tatsächliche, praktische Wege. Gewagte Wege zurück ins falsch Angefangene oder vor in die Unbestimmtheit des noch Unbegangenen. Zögernde und tastende Schritte zuerst, vorsichtige Blicke, versuchend, lernend, sich bewährend. Fortschreitend von Unsicherheit und Ratlosigkeit zu Erfahrung und Bestätigung. Wege, die zuweilen im Nichts enden können, und die damit doch auch irgendwohin führen, wo es sich aufzuhalten lohnen mag.

Wege kommen aus dem Gewesenen und führen in die Zukunft. In ihnen kann jenes präsent und lebendig bleiben und diese ihr schreckend Jenseitiges verlieren. Das Gehen auf dem Weg aber ist immer und jeweilig Gegenwart, jeder Schritt hat einen Weg hinter sich, der in ihm endet, einen Weg vor sich, der in ihm erst beginnt. Und er ist immer Weg durch die Welt, in deren Gegenwart das, was war, und das, was sein wird, beschlossen liegen.

* * *

Das Denken, das sich als Gehen auf einem Weg durch die Welt versteht, ist zugleich dieser Weg selbst, ist die Achtsamkeit auf den Weg, der sein eigener Fortgang ist. In gewissem Sinne schließt es damit – trotz aller grundlegenden Differenz – an das an, was für das Denken der Tradition das »methodische« Vorgehen war. Das abendländische Denken fragt fast seit seinen Anfängen nach seiner Methode, nach der *methodos* als der

Weise, wie es seiner Sache nachgehen kann.[2] Es muß auf seinen Weg achten, auf die Richtung, die dieser nimmt, es muß sich davor hüten, krumme oder gar falsche Wege zu gehen, es muß auf Ausgang und Ziel seines Weges bedacht sein und auf die Gegend, durch die er führt. Indem es sich seines rechten Weges als seiner Methode versichert, fragt es nach sich selbst als dem Weg, der zur Sache führt, ist es selbst der Weg zum Gedachten.[3]

Diese Reflexion des metaphysischen Denkens auf seine Methode führt jedoch nicht – wie die kritische Besinnung auf den Weg, auf dem heute zu gehen wäre – durch die Landschaft der Welt. Wir können es als die ursprüngliche Grundentscheidung jenes Denkens ansehen, daß es, wie im Lehrgedicht des Parmenides mit großer Nachdrücklichkeit und Eindeutigkeit beschrieben, den Weg der reinen, der unbewegten, vom Endlichen nicht befleckten Wahrheit eingeschlagen hat. Sein Weg war seither von der unablässigen Bemühung gekennzeichnet, sein Denken auf das Sein – oder dann auf das Seiende als ein Seiendes – einzustimmen, sich von jenem bestimmen zu lassen. Unter diesem Anspruch hat die Metaphysik qua Substanzontologie die Dinge radikal vereinzelt und sie aus ihren natür-

---

[2] Besonders dringlich und bestimmend wird diese Frage in der Neuzeit, die das Subjekt des Denkens in den Mittelpunkt des Gedachten rückt. Vgl. hierzu z. B. Heidegger, Der europäische Nihilismus, Nietzsche II, 133: »Die Frage nach der ›Methode‹, d. h. die Frage nach dem ›Einschlagen des Weges‹, die Frage nach der Gewinnung und Begründung einer durch den Menschen selbst festgemachten Sicherheit rückt in den Vordergrund. ›Methode‹ ist hier nicht ›methodologisch‹ als Weise des Untersuchens und Forschens zu verstehen, sondern metaphysisch als Weg zu einer Wesensbestimmung der Wahrheit, die ausschließlich durch das Vermögen des Menschen begründbar ist.«

[3] Auch wenn es sein Ziel von Anfang an irgendwie schon hat und haben muß, zumindest als intendiertes Thema, weiß es sich zugleich doch auch immer noch weit – vielleicht unendlich weit – von dem angestrebten Resultat seiner Denkbemühungen, der Erkenntnis einer allgemein gültigen Wahrheit entfernt. Auch darum muß es sich und seine Mitredenden oder Zuhörer ausdrücklich seiner Methode als seines Weges zur Wahrheit versichern.

lichen Bewandtniszusammenhängen herausabstrahiert, um nach den Bestimmungen zu fragen, die sie als Seiende begründen und ausmachen. Zu diesem Abstraktionsprozeß gehörte auch, daß vom leiblichen Gehen auf dem eigenen Weg ganz abzusehen war. So hat das metaphysische Denken die Wege zugeschüttet, die in die Nähe der Dinge, durch ihre Gegenden hindurchführen. Es hat um der sogenannten reinen Wahrheit und des Weges der Wahrheit willen den Verzicht auf Farbe und Duft, Höhe und Tiefe, Beschwernis und Glück auf sich genommen.

Die Substanzontologie hat allerdings das solcherart Abstrahierte und Vereinzelte in übergreifende logische Begriffszusammenhänge gestellt, in denen sie schließlich, im absoluten System von Hegel, als Momente untergingen bzw. in die Vermittlung der absoluten Identität aufgehoben wurden. Die Vermittlungen könnten als Wege durch das System der Selbstwerdung und Selbstbestätigung des Geistes erscheinen, so wie schon die Begriffsbahnen der logischen und ontologischen Über- und Unterordnung als Wege, die durch das All des Seienden gezogen werden, angesehen werden könnten. Die platonische *dihairesis* verfährt auf einem Weg, der von Weggabelung zu Weggabelung führt. Die kantische Kritik ist der Weg des Grenzgängers, der das bewohnbare vom unbewohnbaren Land scheidet.

Aber dieses Land, diesseits wie jenseits der Grenzen, das diesseits wie jenseits ein Land der Rationalität ist, ist wie die ihm zugehörigen Wege mit all ihren definitorischen und kategorialisierenden Festlegungen letztlich nur eine Konstruktion, ein Entwurf, eine Projektion des Geistes, die allem schöpferischen Schwung zum Trotz die Schwelle zu einer lebbaren, erfühlbaren und erfüllbaren Wirklichkeit nicht übersteigen kann bzw., anders gesagt, immer schon hinter sich gelassen hat.

In diesem Wirklichen dagegen findet sich, fast unversehens, das Denken vor, das um die Wegkehre des kritischen

Fragens gelangt ist. Die Kritik an der metaphysischen Abstraktion versetzt es wie mit einem alles verändernden und doch sehr unscheinbaren Schlag in die Welt, in der das Leiden und die Freude gelten, in der Sehnsüchte tragen und Erinnerungen zählen, wo, wie Parmenides warnend sagt, die Sterblichen davon überzeugt sind, daß das, was ist, auch wird und vergeht, den Ort wechselt und die lichte Farbe verändert. (Vgl. Frg. 8, 39 ff.) Zweifellos gibt es hier Umwege und Irrwege; das Licht kann blenden, die Farben können täuschen, die Düfte betäuben. Die bunte Vielfalt der Welt kann benommen machen, das Gehen auf dem Weg kann traumwandlerisch oder schlaftrunken, hingerissen und verzaubert oder verlassen und verdüstert sein. Doch warum sollten wir, als endliche Wesen, die Endlichkeit fliehen? Weshalb sollten wir auf Parmenides hören?

Man möchte vielleicht fragen, ob das dann noch ein Weg des Denkens, sogar schon, ob es noch ein Weg des Sagens sein könnte. Aber solche Fragen sind müßig, wenn und weil sie post festum kommen. Wo einer sich auf den Weg eines Denkens über die Erde und durch das Land macht, da ist damit schon ein Weg gegeben, da führt er schon durch die Landschaft und die Gegenden, da sind diese dem Gehen eröffnet, sind begehbar, sind zu sagen und zu denken.[4] Da *sind* sie – die Wege und die Gegenden – allerdings auch erst.

$$* \quad * \quad *$$

Darin liegt etwas Merkwürdiges, doch sehr Einfaches, das am Ende noch über die Wege unseres Denkens zu sagen ist: Sie alle gehen *über die Erde*.[5] Ob sie in die Ferne gehen oder in

---

[4] Es sei an das Fragment 3 von Parmenides erinnert: »Es ist nämlich das Selbe, was zu denken ist und was zu sein hat.«

[5] Ich denke, daß wir erst, wenn wir in Räumen denken, wenn wir irdisch auf irdischen Wegen denken, daß wir erst dann auch zueinander und miteinander gehen können.

der Nähe bleiben, ob sie in die Höhe führen, in Fels und Eis,
oder in die Tiefen von Tälern und Schluchten, ob es die steini-
gen oder die sumpfigen, die sandigen oder die staubigen, die
geteerten oder die asphaltierten Wege sind, – sie alle gehen
über die Erde. Wie wir irdisch sind, so sind die Wege selbst
die Erde. Das scheint keines Gedankens wert zu sein, bare Selbstverständlichkeit. Und doch ist es vielleicht der Grundsachver-
halt, der die Denkwege in Atem hält. Nur über die Erde können wir »unseres Weges« gehen. Zwar ruhen die Räume
unseres Denkens zwischen Erde und Himmel. So ist auch das
Denken, das Denken in Räumen ist, Denken zwischen Himmel
und Erde. Aber es ist *Denken auf der Erde*, es ist erdenschwe-
res Denken.[6] Und das ist es, was wir vor allem anderen zu lernen haben: daß wir uns mit unserem Denken nicht über die
Erde erheben, sie nicht zu überwinden, uns nicht in die Himmel aufzuschwingen suchen. Daß wir unseren Weg vielmehr –
»betrachtsam wandernd« – auf der Erde und durch die Welt
gehen.

---

[6] In seinem Vortrag »Hebel – Der Hausfreund« zitiert Heidegger Johann Peter
Hebel: »Wir sind Pflanzen, die – wir mögen's uns gerne gestehen oder nicht –
mit den Wurzeln aus der Erde steigen müssen, um im Äther blühen und Früchte
tragen zu können.« (A. a. O. 37) Mir scheint, daß hier ein Bedauern mitklingt,
eine gewisse Resignation. Wir müssen aus der Erde steigen und sind ans Sinnliche gebunden, auch wenn unsere eigentliche Bestimmung die ist, im Äther zu
blühen und in »der Höhe des kühnsten Geistes« (ebd. 38) Früchte zu tragen.
Erst wenn einmal dieses Bedauern ganz geschwunden sein wird, kann, so denke
ich, das »zwischen Himmel und Erde« – und damit auch der Geist selbst – wirklich als irdisch, der Mensch wirklich als Mensch gedacht werden.

Wohnen und Wandern

»… dann ist die Welt das Haus, das die Sterblichen bewohnen«

Von einer *Welt* zu sprechen macht, streng genommen, nur Sinn, wenn es eine von Menschen bewohnte, gefühlte und gedachte, d. h. eine sinnhafte Welt ist. Auf der anderen Seite ist auch der sinnlich-sinnhaft erfahrende Mensch keine abstrakte res cogitans, sondern als ein jeweiliges In-der-Welt-sein zu begreifen, also aus seiner Zugehörigkeit zur Welt und seiner Hineingehörigkeit in die Welt. Es gibt keine Menschen ohne Welt, und es gibt keine Welt ohne Menschen. Beide Beziehungen, die des Menschen zur Welt und die der Welt zum Menschen, entfalten sich in völliger Gleichzeitigkeit und in wechselseitiger Entsprechung.

Die Welt ist zwiefältig zu sehen, wir begegnen ihr und sie begegnet uns. Unser Vernehmen, Denken und Fühlen, öffnet sich der Welt, nimmt sie auf, geht ihr aktiv entgegen. Wir, die Menschen, sind die Mitspieler und Gegenspieler der Welt im Wechselverhältnis von Vernehmen und Vernommenwerden. Die Welt bedarf unseres Mit-Gehens. Doch ist zugleich eben sie der Raum, *in* dem wir fühlen, wahrnehmen und begreifen. Sie ist der Sinnzusammenhang, aus dem wir uns verstehen und den wir zugleich in diesem Verstehen und Fühlen erst sein lassen. Indem wir uns auf sie einlassen, uns von *ihr* angehen lassen, ist es *unser* Vernehmen, in dem und durch das die Welt sich dem In-der-Welt-sein eröffnet und so in ihrem eigenen Tun oder Verhalten zeigt.

Die gleich-zeitige Doppelsinnigkeit, der wechselseitige Bezug von Welt und Mensch, ist auch im Spiel, wenn wir sagen, der Mensch wohne auf der Erde und unter dem Himmel, er bewohne das Haus der Welt. Weder geht das Wohnen diesem Haus noch das Haus dem Wohnen vorher, sondern sie ergeben sich in wechselseitiger Entsprechung auseinander und miteinander. In der kleinen Schrift »Hebel – Der Hausfreund« kommt Heidegger auf das menschliche Wohnen in der Welt zu sprechen. Die Wendung, die ich meinen Überlegungen als Motto vorangestellt habe, stammt aus diesem Zusammenhang:

»Denken wir das Zeitwort ›wohnen‹ weit und wesentlich genug, dann nennt es uns die Weise, nach der die Menschen auf der Erde unter dem Himmel die Wanderung von der Geburt bis in den Tod vollbringen. Diese Wanderung ist vielgestaltig und reich an Wandlungen. Überall bleibt jedoch die Wanderung der Hauptzug des Wohnens als des menschlichen Aufenthaltes zwischen Erde und Himmel, zwischen Geburt und Tod, zwischen Freude und Schmerz, zwischen Werk und Wort. / Nennen wir dieses vielfältige Zwischen die *Welt*, dann ist die Welt das Haus, das die Sterblichen bewohnen.« (17 f.)

Heidegger nennt hier zwei Seins- oder Verhaltensweisen zusammen, die für unser gewöhnliches Verständnis in keinem besonderen Zusammenhang stehen, nämlich das Wohnen und das Wandern. Wohnen – das ist ein Bleiben, man verbindet eine gewisse Ständigkeit damit, eine »Gewohnheit« und ein »Gewöhntsein«. Wohnt man irgendwo, dann bedeutet das ein Hingehören an einen bestimmten Ort über eine bestimmte Zeitspanne hinweg, ein Zuhausesein. Daß wir irgendwo wohnen, gibt uns eine gewisse Sicherheit, ein Bleiben und Hingehören. Betreten wir unsere Wohnung, dann lassen wir das Äußere und Offene hinter uns, wir lassen uns nieder und kommen zur Ruhe.

Das Wandern und Unterwegssein dagegen ist das Gegenteil zur Seßhaftigkeit. Es hat keinen festen Ort; mit dem

Wechsel der Orte wandelt es sich selbst, bleibt der Offenheit ausgesetzt. Es ist ein Bewegt- und Unterwegssein; auf der Wanderschaft begegnet das Fremde, Neue, das Ungewohnte und Ungewöhnliche. Das Sichbewegen von einem Ort zum anderen überläßt sich dem nicht an Raum und Zeit gebundenen Geist und den schweifenden Gedanken, während das Wohnen, als das Verwurzeltsein an einem Ort, demgegenüber das »Naturwüchsigere« zu sein scheint. Während das Wohnen ein Sich-einrichten im Drinnen und Geschlossenen, im Bereich des Vertrauten, traditionell gesagt: innerhalb der Domäne des Weiblichen ist, bewegt sich das Wandern durch das Draußen, im Offenen und Unbekannten, es läßt sich auf die Herausforderungen des Fremden und Unvertrauten ein.

Scheint sich schon die einfache Zusammenstellung von Wohnen und Wandern einer verblüffenden, wenn nicht sogar unsinnigen Sicht zu verdanken, so ist es noch erstaunlicher, daß Heidegger sagt, das Wohnen sei *die* Weise der Wanderung, und die Wanderung sei *der* Hauptzug des Wohnens. Von jedem von beiden wird also behauptet, es sei wesentlich durch das andere bestimmt; man wandert, indem man wohnt, und man wohnt, indem man wandert: »Das Zeitwort ›wohnen‹ nennt die Weise, nach der die Menschen auf der Erde unter dem Himmel die Wanderung von der Geburt bis in den Tod vollbringen.« Und: »Überall bleibt die Wanderung der Hauptzug des Wohnens«. Im Zusammenspiel beider entfaltet sich der Wechselbezug zwischen den Menschen und der Welt, die Ort und Raum ihres Wohnens und ihres Wanderns ist.

Lassen sie sich aber wirklich so einfach zusammendenken, sogar ineinander verschränken? Wäre der Hauptzug des Wohnens wirklich die Wanderung, verfiele es dann nicht der Rast- und Ruhelosigkeit, wie sie den fahrenden Leuten oder den Seefahrern eigen ist, würde sich das Zuhausesein dann nicht in ein Unbehaustsein verkehren? Wäre das Wandern als solches ein Wohnen, müßte es dann nicht seine Weltoffenheit, sein spannungsreiches Unterwegssein verlieren? Ich denke, wir sollten diesen Widerspruch nicht vorschnell aufzulösen suchen. Wir können davon ausgehen, daß Heidegger nicht unachtsam zwei im Grunde miteinander nicht vereinbare Bilder zusammengebracht hat, und wir sollten ihre so unterschiedlichen Bedeutungsrichtungen ernst nehmen, wenn wir ihrem Zusammenhang nachfragen. In dem Zitat selbst finden wir bereits einen Hinweis, in welchem Sinne die Zusammengehörigkeit beider zu denken sein könnte, ohne daß sie dadurch ihre Widersprüchlichkeit verlieren: Der Bereich des menschlichen Wohnens ist ein Bereich des vielfältigen *Zwischen*, räumlich, zeitlich, qualitativ. Wohnend halten sich die Menschen zwischen Erde und Himmel auf, zwischen Geburt und Tod, zwischen Freude und Schmerz, zwischen Werk und Wort. Ich füge hinzu: zwischen Tag und Nacht, zwischen Kindsein und Erwachsensein, zwischen Gesundheit und Krankheit, zwischen Weiblichem und Männlichem, zwischen Einsamkeit und Zusammensein. Oder auch zwischen Familie und Beruf, zwischen Politik und Philosophie, Rationalität und Gefühl, Geist und Natur, oder, mit dem Prediger Salomo gesagt, zwischen herzen und fernesein von Herzen.

Ist aber die Welt des Wohnens und Wanderns ein *Zwischen*, kennzeichnet dieses deren spannungsreichen Raum, so ist sowohl das Wohnen in seinem Aufenthalt auf dieser Erde eine Wanderung und ist im Wohnen selbst *unterwegs*, wie sich umgekehrt das Wandern nicht schlechthin in einem Irgendwo verläuft, vielmehr immer schon in einem sowohl offenen wie geschlossenen Raum *zuhause* ist. Im Zwischen hat das Wohnen seine eigene Bewegung, das Wandern seine spezifische Ruhe. Ihr Zusammenspiel ist durch unterschiedliche Akzente gestimmt und gefärbt. Werk und Wort z. B., oder Freude und Schmerz sind eigentlich keine Grenzsteine des Zwischen, nicht die Extreme einer Pendelbewegung, sie nennen eher so etwas wie die unterschiedlichen Komponenten eines Spiels, vielleicht die entgegengesetzten und miteinander kommunizierenden *Tendenzen* des Pendels, zwei sich ergänzende Kräfte oder Spannungen. Das Leben vieler Menschen heute ist durch das Fehlen einer Heimat im Sinne eines sicheren Herstammens und Hingehörens geprägt. Immer neue Wohnungen und Umgebungen, immer wieder Aufbrüche, Abschiede, neue Anfänge. Jeweils ein Hin- und Herwandern zwischen Unterschiedlichem, zugleich aber auch ein – mehr oder weniger gelingendes, mehr oder weniger schmerzhaftes – Sich-einrichten in der Spannung selbst. Ein Wandern zwischen unterschiedlichen Polen und – im positiven Fall – ein Wohnen in diesem Wandern.

Daß das Wohnen ein Wandern ist, heißt, daß es nicht eingeschlossen bleibt im Drinnen, unter feststehenden Prinzipien und Normen, daß es nichts Ständiges und Sichwiederholendes ist, sondern daß ihm eine eigene Offenheit zukommt, eine Unabgeschlossenheit, etwas immer erst und noch Mögliches. Indem wir den Raum des Wohnens zum Zwischen-Raum der Welt erweitern, kommt nicht nur überhaupt das Wandern ins Spiel, sondern das Wohnen selbst erhält einen wesentlichen Charakter des *Unterwegsseins*. Das Sich-bewegen in der Weite des bewohnten Zwischen-Raumes, der die Welt ist, wird zu einem Wandern, pointiert formuliert: zu einem Wohnen auf der Wanderschaft. Einer Wanderschaft, die als solche ihrerseits ein Wohnen bleibt, ein Wohnen und Zuhausesein in wechselnden Räumen und Situationen. Mögen die Grenzen seines Unterwegsseins auch nur die immer wieder anderen Linien des Horizonts sein, es bleibt doch ein In-der-Welt-sein und als solches stets auch *zuhause* in der Welt.

Im Folgenden beschäftige ich mich mit der Beziehung zwischen Mensch und Welt, indem ich auf das *Wohnen* und auf das *Wandern* schaue, und damit zumindest implizit auch auf die Verschränkung beider, auf den Reiz ihrer merkwürdigen Zusammenstellung. Obgleich ich jedes von ihnen weitgehend für sich betrachte, behalte ich dabei sein Verwiesensein auf das je andere im Auge. Ich beginne mit einer knappen Skizzierung des Problemfelds, wobei ich mich teilweise, wie auch sonst in diesem Aufsatz zuweilen, auf Heidegger zurückbeziehe. Aber ich verlasse die allgemeinen Aussagen dann ziemlich schnell, um zum einen verschiedenen eigenen Einfällen und Assoziationen zu folgen und mich zum anderen auf Gedichtetes verschiedener Art einzulassen. Was folgt, ist eher ein Hinüber- und Herüberreichen von Bildern, Gedanken und Phantasien, von Anklängen an vielerlei, ohne Anspruch auf Verbindlichkeit, – aber doch mit einem Anspruch auf Vermittelbarkeit oder Übermittelbarkeit.

Viele meiner Überlegungen verdanken sich Erfahrungen, die ich auf Reisen mit dem Auto und Autozelt durch Griechenland, Nordamerika und Sardinien gemacht habe. Bei diesem ungebundenen Herumstreifen, das so oft momentanen Einfällen, alten Träumen und plötzlichen Bildern und keineswegs Plänen und vorher überlegten Zeiteinteilungen folgt, bei diesem Nomadisieren zeigen sich das Wohnen und das Wandern tatsächlich als in einer sonst eher unauffälligen Weise miteinander verschwistert.

Ich beginne mit einigen Überlegungen zum Wandern. Dabei werde ich mich beispielhaft vor allem auf das Wandern von Sternen und Steinen konzentrieren. Mir scheint, daß das Wandern auch von Steinen und Sternen ein gewisses Licht auf das Zusammengehören oder Ineinanderverschränktsein von Wohnen und Wandern fallen lassen kann.

* * *

Hören wir also auf das Wort »wandern«. Zunächst denken wir da vielleicht an eigene lange Gänge durch die Landschaft, in die Berge, an endlosen Stränden, durch den Sand der Wüsten.

Aber es kommen uns auch fremde Assoziationen, wir denken an Wandervögel und Wanderburschen, an wandernde Nomadenstämme, Völkerwanderungen. Oder etwa auch an die Wanderungen von Zugvögeln, von Kröten, von Heuschreckenschwärmen. Dünen wandern, Wolken und Schatten. Blicke und Gedanken wandern. Die Sterne wandern. Sie gehen auf und unter, jedenfalls scheint es uns so; sie gehen, in unendlich wiederkehrenden Bahnen, ihren selben Weg über den Himmel. Gerade darin, daß sie wandern, liegt ihre Ständigkeit und Maßgeblichkeit für die Ordnung des Irdischen. Und die Steine wandern, »die Steine selbst, so schwer sie sind«.

Das Wandern ist eine Bewegung, die einen Weg zurücklegt und dabei den Raum durchmißt. Jeweils läßt es Raum hinter sich und greift aus in Raum. Das Ferne läßt es nah werden, und das Nahe wird ihm wiederum fern. Wandern heißt, nicht (ständig) zu verweilen, sich nicht einzurichten und niederzulassen, – sich auf das Offene der Horizonte und der Wege einzulassen. Es verläßt das Geschlossene und Geborgenheit Bietende, sein Äther ist die Offenheit, die es erprobt und der es sich anvertraut.

Das Wandern muß sich jedoch nicht einmal physisch von einem Ort zum anderen bewegen, es kann den Raum des Lebens durchgehen, so daß es sich in ihn und seine Richtungen, in sein Zwischen, seinen Zwischen-Raum auslegt. Eine solche Wanderung ist die Wanderung in der Zeit, mit Heideggers Worten: »zwischen Geburt und Tod«. Und auch die schon genannte Pendel- oder Fortbewegung zwischen unterschiedlichen Lebensphasen und unterschiedlichen Erfahrungen, »zwischen Γ de und Schmerz, zwischen Werk und Wort«.

Sterne und Steine scheinen beide zunächst eher in einem besonderen Bezug zum *Wohnen* als zum Wandern zu stehen. Sie weisen je verschieden auf ein Moment von zeitlicher bzw. räumlicher Beständigkeit und Sicherheit hin. Das Haus der Welt steht oder erstreckt sich im Zwischenraum zwischen Erde und Himmel, – wir könnten auch sagen: im Zeitspielraum zwischen Steinen und Sternen. Das Bild des Hauses der Welt hat trotz seiner Weite und Offenheit zugleich etwas in sich Geschlossenes an sich. Die Steine und die Sterne gehören zu diesem heimathaften Umkreis gewissermaßen als Momente der ihn umfangenden Grenzen oder Enden, von Erde und Himmel. Das mannigfaltige Zwischen, das das Haus der Welt ist, ist auch ein Zwischen zwischen Stein und Stern.

Gleichwohl gilt auch das andere: Sterne sowohl wie aber auch Steine *wandern*, und dies nicht nur im Sinne eines Bewegtwerdens von einem Ort zum anderen, sondern auch in der Weise eines Sich-selbst-bewegens. Als ein kleines Indiz mag gelten, daß die Dichter beide auch zu *Zeitworten* gemacht haben, ihr Wandeln und Wandern wird so auf eine eigene Weise sichtbar: »Du nimmst mich so zu Dir / Ich sehe dein Herz sternen,« dichtet Else Lasker-Schüler (Mein Liebeslied). Benn schreibt in einem Gedicht »Es sternt mich an«, und Celan »unter mir himmelt's und sternt's.« In einem »Verzweifelt« genannten Gedicht von August Stramm steht »Ich steine«:

Droben schmettert ein greller Stein
Nacht grant Glas
Die Zeiten stehn
Ich
Steine
Weit
Glast
Du.

Dein Herz sternt, ich steine, – offenbar können die Dichter sowohl in den Sternen wie in den Steinen ein Sich-verhalten sehen, das eine ihnen eigene Bewegung ist. Es fällt aber auf, daß beide in diesen Zitaten jeweils in einer engen Beziehung zum Menschen stehen. Die Sterne und die Steine sind nicht allein leblose Dinge einer Welt, in der dann auch unter anderem wir

Menschen vorkommen. Sie sind vielmehr *mit uns* in der Welt und bewegen sich darum auch auf uns zu, für uns, in Bezug auf uns. Die unterschiedlichen Weisen ihres Wanderns betreffen uns, »meinen uns«, wie Rilke sagen würde.

Schauen wir zunächst auf die *Sterne*. Die Sterne, die Gestirne überhaupt, wandern. Die Planeten – auf deutsch: die Irrsterne oder Wandelsterne, obgleich »Wandelsterne« auch für Kometen steht – die Planeten also heißen so, weil sie am Himmel umherschweifen. Aber ihre Bewegung ist eine gerichtete, geordnete. Sie gehen auf und unter, jedenfalls in unserem Erfahren; sie gehen, in unendlich wiederkehrenden Bahnen, ihren selben Weg. Gerade darin, daß sie wandern, liegt ihre Ständigkeit und Maßgeblichkeit für die Ordnung des Irdischen. In der unendlichen Weite des amerikanischen Südwestens erschien es mir irgendwie merkwürdig und tröstlich, daß die Sterne und Sternbilder die selben sind wie auf der anderen Seite der Erde.

Unter Bahnen von niemals
Berechneten Sternen
Treibst du
mit offenen Augen.

schreibt Marie-Luise Kaschnitz in einem »Dein Schweigen« überschriebenen Gedicht. Zweifellos sind die Bahnen, unter denen wir wandern und die, selbst wandernd, unser Wandern begleiten, immer irgendwo und natürlich auch von irgendwem oder irgendwann berechenbar. Gleichwohl, – wenn und solange wir unter ihnen treiben, sind sie nicht berechnet. Sie ziehen ihre Bahnen, die so groß und fern sind, daß sie uns grundsätzlich übersteigen.

Einige aus der unermeßlichen Zahl der Sterne, allen zuvor der Planeten, erscheinen uns auch als Einzelne, Herausgehobene. Z. B. ist der Polarstern oder Nordstern ein solcher Stern im Singular, um sein Zentrum kreisen die übrigen Sterne unseres Himmels. Er wird auch »Meerstern« genannt und war einst Sinnbild für Maria:»Meerstern, ich dich grüße, o Maria, hilf«. Oder die Venus: wir sehen sie, wenn sie Abschied nimmt, als Abendstern und begrüßen sie in anderen Monaten als Morgenstern. Diese Besonderheit einzelner Sterne ist nicht nur eine der herausgehobenen, vor anderen leuchtenden Bahn, sie kann auch die einer schicksalhaften Zugehörigkeit sein. Rilke spricht zuweilen statt von den Sternen von *dem* Stern. Z. B. in dem Gedicht »Klage«, wo es heißt:

Ich glaube, der Stern,
von welchem ich Glanz empfange,
ist seit Jahrtausenden tot.

Und etwas später:

Im Hause hat eine Uhr
geschlagen ...
In welchem Haus? ...
Ich möchte aus meinem Herzen hinaus
unter den großen Himmel treten.
Ich möchte beten.
Und einer von allen Sternen
müßte wirklich noch sein.

Von solch besonderer Art ist auch der Stern des Kleinen Prinzen, der nur ein winziger Punkt am weiten Sternenhimmel ist und der es doch vermag, alle anderen Sterne lachen zu machen, – für den, der unter ihnen verweilt und auf den einen, besonderen wartet, den Stern, auf den der Kleine Prinz nach seiner Erdenreise zurückgekehrt ist. Jeweils kann ein solcher *einzelne* Stern nur darum als dieser Einzelne sein – der Stern, der einem Einzelnen gehört (»sein Stern«) oder ihm lieb und bedeutsam ist –, weil er als eben dieser gemeint und intendiert ist. Dieses Aufmerken kann sehr unterschiedlich sein, von Heideggers stillem – gleichwohl pathetischem – »Auf einen Stern zugehen, nur dieses« (Aus der Erfahrung des Denkens)

65

bis zu Iwan Golls: »Irgendwo springt ein Mensch aus dem Fenster, / Einen Stern zu haschen, und stirbt dafür,« (Karawane der Sehnsucht), oder der einmal sanften, einmal dramatischen Bewegung bei Trakl, wenn er zum einen sagt: »In blauem Kristall / Wohnt der bleiche Mensch, die Wang' an seine Sterne gelehnt« (Ruh und Schweigen) und ein anderes Mal von der »traurigen Kindheit« des »Knaben« spricht: »Da er steinern sich vor rasende Rappen warf, / In grauer Nacht sein Stern über ihn kam« (Sebastian im Traum).

Doch zurück zu den fernen, sozusagen anonymen Sternen am nächtlichen Himmel. Gewöhnlich sehen wir sie ja nicht als Einzelne stehen und gehen. Entweder gehören sie ununterschieden und unzählbar in den bestirnten Himmel über uns (»Weißt du, wieviel Sternlein stehen ... ?«), oder wir gewahren sie in ihren Bezügen zu anderen, als Stern-Bilder, in ihren Kon-stellationen. Wir sehen die Sternbilder auf der Milchstraße wandern, mit ihr, über die Weite des nächtlich gewölbten Raumes. Und wir sehen ihr Wandern durch die Jahreszeiten hindurch und durch die nächtlichen Stunden.

Die ständig umschwingende Wanderung der Sterne machte sie vor Kompaß und Sextant für die Landwanderer wie für die Seefahrer zum sicheren Begleiter und Geleiter. Ihre Bewegung gab das Maß ab für Ordnung und Ständigkeit und Harmonie. Das »Sternenzelt« erweckt trotz der faktischen Offenheit des unendlichen Weltenraums darum den Anschein des Geschlossenen, der einen Welt, weil sie von den unwandelbaren Gesetzen des Wandels der Gestirne gehalten bleibt. Das Firmament, die »Himmelsfeste«, ist der *feste* »Grund« der Sterne, der sie hält, und durch sie die ganze Welt. Am *Tage* kommt das Moment der Sicherheit dem Festgegründeten der *Erde* zu, gegenüber der verschwebenden Leichtigkeit des Himmels, – wie in diesem Einfall von Bachelard: »Wenn der Schöpfer den Dichter hörte, würde er die fliegende Schildkröte schaffen, die in den blauen Himmel die großen Sicherheiten der

Erde mitnähme.« (Poetik des Raumes, 85). In der *Nacht* aber geht die Sicherheit zu einem guten Teil an den *Himmel* und den Lauf seiner Gestirne über. Die Ständigkeit des Sternengangs, die dem Wandern eine gewisse räumliche und zeitliche Richtschnur und Orientierung zu geben vermag, spiegelt die Endlichkeit und Geschlossenheit seines Raumes, die es davor bewahrt, sich zu verlaufen, die Grenzen und Haltepunkte, Anfang und Ende setzt, die es in der Welt zuhause sein läßt.

Und doch reimt sich Stern auf *fern*, – auch in unserer Einbildungskraft. Wir haben die Ferne und Weite im Sinn, wenn wir an die Sterne denken. Die Sterne wandern nicht nur selbst, sie eröffnen und bestimmen auch den Raum des Wanderns, der ein Raum der Ferne und der offenen Weite ist. Eichendorff besingt die Stimmung einer weiten bewohnten Nacht, in der die Sterne über dem Wandern und der Sehnsucht, die zu ihm gehört, leuchten:

Es schienen so golden die Sterne,
Am Fenster ich einsam stand
Und hörte in weiter Ferne
Ein Posthorn im stillen Land.
Das Herz mir im Leibe entbrennte,
Da hab' ich mir heimlich gedacht:
Ach, wer da doch mitreisen könnte
In der herrlichen Sommernacht! (Sehnsucht)

Die Weite und Größe der Sternennacht bedeutet, ganz anders als das gewöhnlich am Tag der Fall ist, die Erfahrung der Zweiheit von »auf der Erde« und »unter dem Himmel«. Die ins Dunkel zurückgenommene Erde hat im Nachthimmel ihr Gegenüber, ihren Mit- und Gegenspieler. Nie fühlt man das Einssein der einen, geschlossenen Welt so wie unter dem Sternenhimmel, gerade weil da das Oben und Unten deutlicher auseinandergetreten sind als am Tage. Weil sich in der Nacht das Oben und das Unten als unterschiedene wie liebend zusammenfügen, – »Es war, als hätt' der Himmel / Die Erde still geküßt« (ders., Mondnacht).

Rilke hat in dem Gedicht »Abend« jenes Auseinandertreten und Sich-scheiden zur Sprache gebracht:

Der Abend wechselt langsam die Gewänder,
die ihm ein Rand von alten Bäumen hält;
du schaust: und von dir scheiden sich die Länder,
ein himmelfahrendes und eins, das fällt;

und lassen dich, zu keinem ganz gehörend,
nicht ganz so dunkel wie das Haus, das schweigt,
nicht ganz so sicher Ewiges beschwörend
wie das, was Stern wird jede Nacht und steigt –

und lassen dir (unsäglich zu entwirrn)
dein Leben bang und riesenhaft und reifend,
so daß es, bald begrenzt und bald begreifend,
abwechselnd Stein in dir wird und Gestirn.

Die Welt tut sich mit dem Heraufkommen der Nacht gleichsam auseinander, es trennen sich die beiden Hemisphären, eine fallende, untere, daliegende, und eine steigende, obere, »himmelfahrende«. Im schweigenden, dunklen Haus verdichtet sich das Ruhende und Begrenzende, das Irdische, Steinerne; das ist die Dimension des behüteten Wohnens. Von ihr löst sich der steigende Stern; die Beständigkeit seines Wanderns, das Umfangende des Firmaments ist das Offene, die Größe und Weite, in die das Leben sich aufzutun, hinaus- oder hineinzudenken vermag. Das Ich, das Selbst gehört zu dem einen wie dem anderen und doch keinem von beiden. Es wohnt im Haus, und es wandert unter den Sternen, – sein Leben wird zu Stein und zu Gestirn, und doch zu keinem von beiden ganz, weil es, ein Irrstern, zwischen ihnen steht, und – wenn auch schwindelnd und verwirrt – seine Stellung im Zwischen selbst wechseln kann: »unter mir himmelts und sternts«.

In japanischen Haiku, in denen Sterne verhältnismäßig

selten vorkommen – überraschend, wenn man bedenkt, wie oft der Mond gedichtet wird –, erscheinen zuweilen gespiegelte Sterne oder, wie in dem ersten der drei hier angeführten, spiegelgleiche Entsprechungen zwischen Bildern:

Kirschblüten fallen
auf die Wasserflächen der Reisfelder.
Sterne in der Helle einer mondlosen Nacht. (Buson)

Des Teiches Sterne
Erzittern im Tropfenfall
Des Winterregens. (Sora)

Im alten Brunnen
Am Grunde noch ein Schimmer:
Gestirn und Mondnacht. (Hyakken)

Auch hier so etwas wie ein Zusammenspiel zwischen Himmel und Erde, ein Sich-entsprechen zwischen Sternen oder Sternerfahrungen und irdischen Bildern. Die Entsprechung, das Spiegeln und Sich-zuspiegeln, bleibt selbst unausgeführt, es wird nur angedeutet in der reinen Nennung und scheint doch auf als die Ansicht eines Weltaugenblicks.

* * *

Wohnen und Wandern, Steine und Sterne. Das steinerne Haus unter den Sternen oder unter dem Stern. Das Wandern unter wechselnden Sternen, von den einen Steinen zu den anderen. Man wohnt unter den Sternen, aber man wandert von Stein zu Stein, – und das Wohnen wird Wandern. »Wo ich hinkam, fand ich mich unter Steinen, / wie sie ergraut und von Vertrauen befangen.« (Ingeborg Bachmann, Ein Monolog des Fürsten Myschkin zu der Ballettpantomime »Der Idiot«) Oder wie wir es eben bei Rilke hörten: »... abwechselnd Stein in dir wird und Gestirn«. Es ist merkwürdig, wie oft sie zusammen gedichtet werden, die Sterne und die Steine. (Und das liegt, den-

69

ke ich, nicht einfach an der Alliteration, die sicher auch ihre Rolle spielt; doch auf der einen Seite kann, wie hier, z. B. auch »Gestirn« stehen, auf der anderen etwa »Gestein«.) Einige solche Nachbarschaften, zuweilen nur angedeutet, seien angeführt: In »Ruh und Schweigen« von Trakl heißt es nicht nur »In blauem Kristall / Wohnt der bleiche Mensch, die Wang' an seine Sterne gelehnt« – und auch der Kristall ist ja ein Stein –, sondern auch: »Wieder nachtet die Stirne in mondenem Gestein«. Auch schon zitiert habe ich aus »Sebastian im Traum«: »Da er steinern sich vor rasende Rappen warf, / In grauer Nacht sein Stern über ihn kam«. In Benns Gedicht »O, Nacht« lautet eine Zeile: »Die Steine flügeln an die Erde« und eine andere, schon zitierte: »Es sternt mich an.« Schließlich nenne ich noch einerseits Ingeborg Bachmann: »Blaue Steine flogen nach mir und erweckten mich vom Tode. / Sie rührten von einem Sternengesicht, das zerbrach.« (Bachmann, ebd.) Und andererseits Paul Celan: »Findlinge, Sterne, / schwarz und voll Sprache …«

Sterne und Steine scheinen in bestimmtem Sinne einander tatsächlich verwandt zu sein. Sind sie nicht in irgendeiner Ferne ihres Seins sogar dasselbe? Fallende Sterne, – Sterne, die im Fallen zu Stein werden oder verglühen. Unsere Erde als solche, dies Ding aus Fels und Feuer und Wasser und Gas, – ein erkalteter Stern. Und ist es nicht mit den Steinen ähnlich wie mit den Sternen: sie sind unzählig viele, in omnipräsenter Pluralität, und sind doch als jeder einzelne ein einzelner? Aber natürlich sind Stern und Stein auch verschieden, ja gegensätzlich.

Der *Stein* ist das Feste, Harte, Undurchdringliche. Steinhart, steingrau, steinalt. Aus Stein ist das Haus gebaut und der Fels gewachsen. In der Gegenstellung zum Gestirn, dem fernen Ort der Sehnsucht und zugleich des Begreifens, dem unermeßlichen Oben, meint der Stein die Dimension des Begrenzten, des Innen und Unten, des Bewohnbaren und Gewohnten, des Festen und Haltgebenden. Insofern scheint

er dem Wohnen eindeutiger und unaufhebbarer zuzugehören
als die Sterne. Und doch sind auch die Steine nicht so beständig
und gleichförmig, wie es vielleicht zunächst scheinen mag.
Steiniges und Steinernes. Versteinerungen: Wälder, Mu-
scheln, Farne, Tiere, zu Stein geworden. Sedimente und Urge-
stein. Gefallene Sterne, verglühte Meteore. Erkaltete Vulkane,
zu Stein erstarrtes Feuer, Lava. Edelsteine, zu Kristallen ange-
schossen. Und, am anderen Ende der Wanderung und Wand-
lung, Steine, die vergehen, der Weg zur Verwitterung, zum
Sand, zum Staub. »Der Fels wird morsch«, sagt einmal Else
Lasker-Schüler. Steine, die schmeichelnd und tröstlich in der
Hand liegen. Runde und eckige, graue und schwarze, rote, grüne und gelbe Steine, durchsichtige sogar, milchglasfarbene.

Steine im Gebirge, Steine auf dem Feld, Steine in den
Flüssen und am Meer. Aber Steine auch in Häusern, in Mauern, in Ruinen. Steine in Säulen und in Gewölben, in Statuen
und in Tempeln. Oder besser: *als* Statuen, *als* Tempel. Säulen
gewordene Steine. Behauen, gefügt, aufgeschichtet. Zu Treppen, zu Brücken, zu Brunnen.

Unterschiedliche Strände haben unterschiedliche Steine
mit je anderen Farben und Formen. Da sind die flachen runden
Scheiben aus weißem Marmor in der kleinen Bucht, die ecki-
gen dunkelgrünen mit den Glimmerstücken zwischen den Felsen, die großen grauen und die vielfarbigen kleinen am Sand-
strand. Wir können die Meeresstrände auf der Erde geradezu
danach unterscheiden, welche Steine sie geschaffen haben, fla-
che oder runde, kleine oder große, noch Kiesel oder schon
Sand, weißer, schwarzer, korallenfarbener Sand.

Die Steine sind so wenig bloß statisch, beständig, begrenzt und begrenzend, wie die Sterne bloß bewegt und wan-
delbar sind. »Die Steine selbst, so schwer sie sind, sie wandern.« Sie sind dem Wechsel der Tages- und Jahreszeiten
unterworfen, den Winden und vor allem dem Wasser ausgesetzt. Sie werden zerkleinert und gespalten, zermahlen und

geschliffen. Und auch die Gesteinsmassen und Gesteinsschichten bewegen sich. Die Kontinente wandern, die Erdplatten verschieben sich, verursachen Vulkanausbrüche und Erdbeben. Wind, Wasser und Eis bilden Gebirge und Canyons, hinterlassen Moränen und Findlinge. Findlinge – Steine mit Vergangenheit, vergangener Wanderung. Das Grimmsche Wörterbuch bestimmt sie so: »in dem sand und schuttlande zerstreut liegende gesteinblöcke, durch fluten oder eisschollen dahin getragen« (Bd. 3, 1649). Sloterdijk, der von dem »Findlingseffekt« spricht, der »auch an menschlichen Subjekten auftritt«, führt sie mit der folgenden Erinnerung ein: »Am nördlichen Rand der Alpen und am Südrand der skandinavischen Gletscherzonen lagern inmitten von sanft hügeligen oder flachen Graslandschaften große Felsbrocken, deren Herkunft seit jeher rätselhaft anmutete.« (Weltfremdheit, 16 und 14) Steine also, die zu finden sind, Steine, die sich von weither eingefunden haben.

Vogelflug, Steinflug, tausend
beschriebene Bahnen. ...
...
Findlinge, Sterne,
schwarz und voll Sprache: ... (Paul Celan, Allerseelen)

Nur scheinbar sind die Steine so schwer und unbeweglich. Nur scheinbar legen sie sich in den Weg, ohne fortgeräumt werden zu können. Die Steine wandern:

Am Grunde der Moldau wandern die Steine
Es liegen drei Kaiser begraben in Prag.
Das Große bleibt groß nicht und klein nicht das Kleine.
Die Nacht hat zwölf Stunden, dann kommt schon der Tag. (B. Brecht,
Lied von der Moldau)

Am Grunde des Flusses wälzen und treiben die Wasser die Steine fort, zuzeiten langsam und träge, zuzeiten schnell und ungeduldig. Die Nacht hat zwölf Stunden, dann kommt schon

der Tag. Brecht hat das als Grund zur Zuversicht gemeint.
Doch auch die Klage um das Vergehen läßt sich in die Worte
fassen: »Der Tag hat zwölf Stunden, dann kommt schon die
Nacht.« Die Zeit des Tuns, des Sehens und Gehens, des Fragens
und Antwortens ist eine begrenzte. Sie geht immer auf ein
Ende zu. Eines langen – oder weniger langen – Tages Reise in
die Nacht. Der Abend, für Rilke Schwelle des zwiefältigen, ab-
wechselnden Werdens zu Stein und Gestirn, bringt auch das
Ende der Wanderschaft, wenn der Wanderer, wie Trakl erzählt,
auf seinen dunklen Pfaden ans Tor kommt und still hereintritt.

* * *

Auch bei meinen Überlegungen zum menschlichen *Wohnen*
im Haus der Welt beschränke ich mich im wesentlichen auf
zwei Hinsichten. Im Anhalt einmal an den späten Hölderlin,
das andere Mal an einige japanische Gedichte oder auch nur
Gedichtzeilen will ich zwei unterschiedliche Weisen, die Welt
als das Haus unseres Wohnens zu verstehen, verdeutlichen
und dabei dann auch ein Licht auf das Verhältnis von Wohnen
und Wandern fallen lassen. Zunächst aber einige Bemerkungen zum Wohnen allgemein, zum Wohnen als *Miteinanderwohnen* und zur *Einheitlichkeit* des bewohnten Raumes.

Das *Wohnen* ist eine Seite des menschlichen Lebens, die
in der klassischen Tradition der abendländischen Philosophie
so gut wie keine Rolle gespielt hat, – einzig in der Bestimmung
des Menschen als *zoon politikon*, als der *polis* zugehöriges Lebewesen, könnte ein gewisser, unausdrücklicher Hinweis auf
das Miteinanderwohnen liegen. Das ist kein zufälliges Übersehen oder Vergessen. Da es dem metaphysischen Denken vornehmlich darum zu tun war, das – objektive wie subjektive –
Seiende in seiner grundhaften Allgemeinheit und Allgemein-
gültigkeit zu erfassen, rückten das Wohnen und seine konkrete
Alltäglichkeit so wenig in den Blick wie etwa die Stimmung

oder das Verhältnis von Geburtlichkeit und Sterblichkeit, – oder auch das Wandern.

Wohnen, zuhausesein heißt, irgendwo hingehören, dort eine eigene Welt haben. Als Wohnende sind wir nicht isolierte Punkte in einem neutralen Raum, sondern nehmen Plätze, Orientierungen und Situationen in einem Beziehungsgefüge ein. Der Unterschied des Wohnens zum bloßen Vorkommen und Vorhandensein, wie es z. B. für die wissenschaftlichen Gegenstände charakteristisch ist, liegt u. a. darin, daß wissenschaftliche Gegenstände »gesetzt« werden, während Menschen in ihre Welt hineingeboren werden. Im Wohnen klingt etwas von Zugehörigkeit und Hingehören und Vertrautsein an, ein Versprechen von Geborgenheit. Dabei *wohnen* wir nie *nur*, – das Wohnen ist ein Gefüge aus verschiedenen Tätigkeiten, Zuständen, Verhaltensweisen. Die Wohnung ist der Ort, wo wir, in weitem Sinne genommen, verwurzelt sind. Wer nirgendwo ein Wohnrecht, kein Zuhause hat, ist ein Entwurzelter.

Zu wohnen besagt aber nicht nur, daß man einen Ort des Privaten hat und zwischen seinen vier Wänden zuhause ist. Man wohnt nicht nur im Haus, sondern auch an einer Straße, in einer Nachbarschaft, einer Gemeinde, in einer Stadt, einer Landschaft. Wir wohnen *mit Anderen* oder jedenfalls im Bezug zu Anderen. Die Welt der Menschen ist eine geteilte Welt. Deren Bezüge und Bahnen, Verhältnisse und Verweisungen, Zusammenhänge und Verflechtungen werden weitgehend dadurch in ihren Gang gebracht, entfaltet und erhalten, daß sich Menschen zueinander verhalten. Das Wechselverhältnis des weltbildenden Sich-aufeinander-beziehens ist ein Spiel von Teilnahme und Teilgabe. Daß die Welt eine miteinander bewohnte Welt ist, heißt nicht lediglich, daß in ihr Menschen im Plural vorkommen, daß man nicht in der Welt sein kann, ohne auf andere Menschen zu stoßen. Das Haus der Welt gemeinsam zu bewohnen, heißt, es mit anderen zusammen gebaut zu haben, ständig weiter mit ihnen daran zu bauen und sich auf das Gebauthaben und Bauen Anderer verlassen zu können; und es heißt, sich miteinander in diesem gemeinsam gebauten Haus einzurichten.

Heidegger sagt in dem Vortrag »Bauen Wohnen Denken« von den Sterblichen nicht einfach nur, daß sie miteinander in der Welt sind, sondern daß sie *in* das Miteinander gehören. Das besagt zum einen, daß sie jeweils aus einem Miteinander sind, was sie sind. Zum anderen ist dieses Miteinander, in das die Einzelnen hineingehören, in der Weise zu denken, daß es sich als *ihr* Beziehungsgeflecht ergibt, daß sie selbst die Fäden in seinem Gewebe ausmachen, es also mit verantworten und es in diesem Sinne sein lassen.

Das Miteinander des Wohnens in der Welt – und damit die Welt selbst – ist ein vielgliedriges Geflecht, dessen Maschen oder Fäden in verschiedene Richtungen gehen, unterschiedliche Relevanzen, Nähen und Fernen zueinander haben, die sich zueinander fügen, aber auch voneinander wegstreben können. Doch ist diese Vielfalt keine beliebig ausufernde oder wuchernde. Vielmehr fügt sie sich jeweils zu einem in irgendeiner Weise zusammenstimmenden Sinn- oder Bewandtniszusammenhang. Diese Einheit impliziert sowohl Offenheit wie Vielfalt. Sie meint keine einheitliche Gliederung, keine Ordnung nach einem einheitlichen Prinzip. Es gibt da kein vorgängiges und übergreifendes Gesetz, das den Einzelnen ihren Ort und ihre Seinsweise im Ganzen vorschreiben könnte, sondern das Wohnen ist wie seine Welt ein – mal konsonierendes, mal dissonierendes – Zusammenspiel mannigfaltiger Momente.

* * *

In den späten Jahreszeiten-Gedichten von Hölderlin gibt es zwei Worte – bzw. bemerkenswert vielfältige Wortfelder –, die in besonderer Weise die Stimmung des durch Offenheit wie Einheitlichkeit geprägten Hauses der Welt, das die Menschen bewohnen, zum Ausdruck bringen: Zum einen *Weite* und weit, mit Breite, breit, ausgebreitet, umhergebreitet, sich dehnen, weit gedehnt, offen, geräumig. Zum anderen *Glänzen* und Glanz, mit Entzücken, Freude, Prangen, Schimmern, Flimmern, Pracht und prächtig, geschmückt, erlesen, herrlich, Herrlichkeit. Die Weite und das Glänzen der Landschaft sind die sich in sich schließende Offenheit, in der sich die Natur im Wechsel ihrer Zeiten dem Menschen offenbart.

Ich führe zwei (jeweils die letzten) Strophen aus zwei »Der Frühling« und »Der Winter« überschriebenen Gedichten an:

Wenn eine Wohnung prangt, in hoher Luft gebauet,
So hat der Mensch das Feld geräumiger und Wege
Sind weit hinaus, daß einer um sich schauet,
Und über einen Bach gehen wohlgebaute Stege.

und:

Der Geist des Lebens ist verschieden in den Zeiten
Der lebenden Natur, verschiedne Tage breiten
Das Glänzen aus, und immerneues Wesen
Erscheint den Menschen recht, vorzüglich und erlesen.

Es sind Bilder einer in Heiterkeit bewohnten Welt. »Wege sind weit hinaus«, Bahnen und Bezüge, die die Welt durchziehen. Sie geben dem Wohnenden den Blick frei auf das, was sich vor ihm als die weite Welt und das geräumige Feld ausbreitet, in die Ferne und in die Nähe. Hoch hinauf zu den Bergen, wo »sein Haus an Hügeln angelehnet« (30), »in hoher Luft gebauet« steht. Und hinunter ins Tal, »da glänzend schön der Bach hinunter gleitet« (30), über den »wohlgebaute Stege« gehen. Der Raum dieser Welt ist den Menschen eingeräumt durch den Glanz und das Entzücken, durch eine Stimmung der Freude, die alles einheitlich durchstimmt. Diese Einheitlichkeit ist ein Zusammenstimmen im »Glänzen der Natur« – »als wie ein

Bild, das goldne Pracht umschwebet« (44). Das Glänzen selbst eröffnet die Weite, und die Weite selbst bringt alles in ihr zum Glänzen.

»Verschiedne Tage breiten das Glänzen aus«. Die Weite der bewohnten Welt ist auch der Raum von Tag zu Tag und von Jahr zu Jahr, ein Zeit-Raum. Das Glänzen erfüllt nicht allein die Weite des Raumes zwischen Bach und Berg, sondern ebenso die Weite der Zeit zwischen »der Sonne Tag« (24) und dem Flimmern der Sterne. »Der Geist des Lebens ist verschieden in den Zeiten der lebenden Natur«; sie sind die Zeiten des Entstehens und des Vergehens, vom Frühling bis hin zum Winter. Zugleich ist es, wenn wir weiter in den Bereich der Gedichte hineinhören, der Zeitraum zwischen Lachen und Klage, zwischen Sagen und Bildern, zwischen Arbeit und Muße.

Die Bilder, die Hölderlin von der Weite und dem Glanz der Landschaft und der Menschen in ihr malt, stehen in einer schönen Entsprechung zu dem, was Heidegger über das Wohnen im vielfältigen Zwischen sagt. Der Raum zwischen den in hoher Luft gebauten Wohnungen und den wohlgebauten Stegen ist der Raum zwischen Himmel und Erde. Das Wohnen, das diesen Raum bewohnt, bleibt nicht eingeschlossen in die Mauern des Hauses, es lebt in der Weite zwischen Erde und Himmel, zwischen Morgen und Abend und Morgen.

Es bewohnt den weiten Raum, das »geräumigere Feld« einer Welt. Es bewohnt ihn aber in der Weise, daß es ihn jeweils durchwandert, u.a. dadurch, daß es die Welt bzw. die Weltdinge und Weltgeschehnisse betrachtet. Der Welt-Zeit-Raum der erglänzenden Weite ist – so zeigen es Hölderlins gedichtete Bilder – ein Raum des Gehens wie des Stehens, der Bewegung wie der Ruhe. Das Stehen und die betrachtende Ruhe kennzeichnen dabei zunächst vor allem das Wohnen. Dieses kann aber zugleich einen Charakter des stillen Sich-ausdehnens haben, weil die bewohnte Welt selbst durch Gehen und

Bewegung ausgezeichnet ist: die Wege sind es, die weit *hinaus sind,* und die wohlgebauten Stege *gehen* über den Bach. Das ruhig gelassene Wohnen im Haus der Welt ist zugleich ein bewegtes, ein »Wohnen unterwegs«, weil die bewohnte Welt selbst ihm die Bewegungen des Kommens und Gehens, des Entstehens und Vergehens, des Verweilens und Enteilens vorgibt. Das Wohnen ist Unterwegssein oder Wanderung, weil seine Welt das weite Zwischen ist, das als solches mannigfaltige Räume und Zeiten ausbreitet, die die Wohnenden von hierhin nach dorthin, vom Früher zum Später geleiten.

Übrigens ist es in diesem Zusammenhang beachtenswert, daß Heidegger in dem Text, der sich am ausdrücklichsten und ausführlichsten mit dem Wohnen beschäftigt, in »Bauen Wohnen Denken«, als Beispiel für ein »gebautes Ding« gerade keine Wohnstatt im üblichen Sinne wählt, sondern die Brücke. Die Brücke ist, so könnte man sagen, ein Bauwerk der Wanderung. Aber auch diese Wanderung wandert selbst nicht fort. Ihre Bewegung ruht. Die Brücke gibt dem Wandern seine Weile, indem sie, wie Heidegger sagt, »die zögernden und die hastigen Wege der Menschen [geleitet], daß sie zu anderen Ufern und zuletzt als die Sterblichen auf die andere Seite kommen.« (BWD, 153)

Darin deutet sich ein weiteres, das äußerste Moment des Wohnens an, das ein Wandern im Raum des Zwischen ist: Die Welt ist das Haus, das die *Sterblichen* bewohnen. Die Weite des Hauses der Welt ist auch die Weite zwischen Geburt und Tod, – nicht als Strecke zwischen zwei begrenzenden Enden, sondern als ein weiter Raum, der zwar einerseits seine Fülle und Weite von seinen Enden her hat, diese aber zugleich aus sich her sein läßt und hält. Es ist der Raum der Sterblichen, – zu dem, irgendwie, auch die Gestorbenen gehören. Die Welt ist das Haus für die Lebenden und die Toten. Die Sterblichen als die, die sterben werden, bewegen sich auf der Erde, die Gestorbenen werden in die Erde gelegt, be-erdigt.

Das Wissen um dieses Weiter-dasein der Gestorbenen ist in verschiedenen Zeiten und Kulturen verschieden stark ausgebildet, – besonders schmerzlich zeigte es sich bei den nordamerikanischen Indianern, als sie den sie vertreiben wollenden Weißen vergebens klarzumachen versuchten, daß sie ihr angestammtes Land darum nicht verlassen wollten, weil es das Land ihrer Toten war, weil sie ihre Toten nicht verlassen konnten. Die Toten sind da gewesen, sind als Gewesene da. Die Häuser, die die Menschen für ihre Toten gebaut haben, sind oftmals – neben den Ruinen der Gottes-Häuser – das Sichtbarste, was von ihnen über Jahrtausende hin übrig geblieben ist.

* * *

»Das Wohnen ist ... immer schon ein Aufenthalt bei den Dingen. Das Wohnen verwahrt das Geviert in dem, wobei die Sterblichen sich aufhalten: in den Dingen. ... der Aufenthalt bei den Dingen ist die einzige Weise, wie sich der vierfältige Aufenthalt im Geviert [also in der Welt] jeweils einheitlich vollbringt.« (BWD, 151)

Ich sitze da – und höre das Fallen eines Blattes.
In der Stille wohnen: ein Mönch werden.
Seit langem verließ ich das rechnende Denken.
Unwillkürliche Tränen nässen mein Tuch.

In diesem Gedicht des japanischen Dichters und Zen-Mönchs Ryokan begegnen in der ersten und der letzten Zeile *Dinge*. Ein Blatt fällt, Tränen fallen. Kein absichtliches Tun, weder des einen, noch der anderen. Das versunkene Sitzen nimmt den leisen Ton des fallenden Blattes in sich auf und schließt sich wieder darüber wie die Wellen des Teiches, der kurz getrübt wurde. Das Tuch wird naß von den Tränen, die fast unbemerkt einer unbewußten Schwermut entspringen. Ein leises Fallen jeweils, und ein ruhiges Aufnehmen. Anfang und Ende,

Ort und Augenblick eines Wohnens in der Stille, das allem Urteilen, Bemessen und Abwägen fremd geworden ist.

Der Raum des Wohnens ist ein Raum der Stille. »Ich sitze da«, – damit ist gleichsam ein Fokus der Stille genannt, das Dasitzen erscheint wie ein Laut, der aus einer Stille erklingt, ohne sie eigentlich zu brechen, der sie vielmehr noch stiller zu machen scheint. In dieser Stille sind mit dem ruhig dasitzenden Mönch Dinge da, die in seine ruhige Stimmung mit hineingehören, ihr ihren Raum geben. Die beiden mittleren Zeilen breiten diesen Raum des Wohnens selbst aus. Beide bringen einen Abschied zur Sprache, den Abschied vom gesicherten und gewöhnlichen *Wohnen* und den vom gesicherten und gewöhnlichen *Denken*. So vermögen sie die Mitte des nichthaften Raumes zu sein, der durch den Akzent der stillen Dinge hör- und sichtbar wird.

Der Ausdruck »Mönch werden« kann, so sagte man mir, im Japanischen mit den Zeichen für »Verlassen des Hauses« wiedergegeben werden. In dem Gedicht wird dieses Verlassen des Hauses ein »Wohnen in der Stille« genannt. »Wohnen in der Stille – das ist Mönchwerden.« Oder wörtlicher: »In der Stille zu wohnen, heißt, das Haus zu verlassen.« Vielleicht könnte man im Sinne dieses Gedichts auch umgekehrt sagen: Das Haus zu verlassen, heißt, in der Stille zu wohnen. Für die ostasiatische Weisheit scheinen das Bewohnen der Welt und das Wandern durch die Welt eng beieinanderzuliegen.

In der Stille wohnen – das Haus verlassen. Der Mönch ist eingekehrt in die Stille des Hauses der Welt, wenn er dem geschäftigen Treiben seines gewohnten Lebens den Rücken gekehrt hat. Sein Mönchleben ist ein Wanderleben, auch dann, wenn er sich vorüber-gehend in einer Hütte niederläßt. Die Einsiedelei, irgendwo in den Bergen, die wir so oft auf chinesischen Landschaftsbildern unter Bäumen, am Rand des Sees oder unter Felsvorsprüngen entdecken, ist weniger ein fester Wohnsitz als ein besonderer *Augenblick im Zwischen der*

Welt, zwischen Geburt und Tod, oder, für den Zen-Mönch, zwischen der Ferne, aus der er aufbricht, um ins Eigene zu gelangen, und der Nähe des Eingehens in die Weite des nichthaften Raumes, der ineins alle Wahrheit und keine Wahrheit ist. Das fallende Blatt und die unwillkürlichen Tränen färben den in diesem Gedicht evozierten stillen Raum zwischen der längst verlassenen Zeit des rechnenden Denkens und der offenen Gegenwart des ruhigen Da-sitzens mit einer leisen Schwermut, die vielleicht in ausgezeichneter Weise eine dem *Zwischen* angemessene Gestimmtheit ist. Denn das »Zwischen« ist ein rätselhafter, geheimnisvoller Begriff, ähnlich dem der Leere, oder auch dem der Stille und des Dunkels. Jeweils wird da etwas genannt, was es nicht gibt und was doch da ist, oder was nicht da ist, und was es doch gibt. Man könnte zwar einwenden, zwischen Morgen und Abend sei doch der Tag, zwischen Geburt und Tod das Leben, zwischen Hier und Da ein bestimmter Zwischenraum, somit keine Leere. Doch wenn wir von dem *Zwischen der Welt* sprechen, dann überschreiten oder durchstoßen wir zugleich den eingegrenzten Bereich, der jeweils durch die beiden Bezugsglieder als seine Grenzen abgesteckt ist und sich zwischen ihnen erstreckt. Die Rede ist dann von dem »Raum« – Heidegger spricht vom »Bereich« oder vom »Zeitspielraum« –, der die Bezughaftigkeit der Bezogenen selber meint und diesen in gewissem Sinne vorhergeht, der sie umgreift oder durchwaltet. Dieses Zwischen ist vor aller inhaltlichen Erfüllung, vor dem Tag, dem Leben, dem bestimmten Zwischenraum. Nicht unähnlich der Leere des Kruges ist es das Fassende des Inhalts. Nur daß statt der Rundung der Gefäße hier die einander gegenüberliegenden Grenzen, zwischen denen das Zwischen ist, den Inhalt bestimmen.

Sicherlich, ein stotternder Versuch, die Leere des Zwischen zu umschreiben. Aber wenn die Welt das vielfältige Zwischen ist – diese Umdrehung des Heideggerschen Satzes scheint mir erlaubt –, und wenn dieses Zwischen das ist, was wir als Sterbliche bewohnen, dann kann es – neben der Erfahrung der glänzenden Weite des einheitlichen Zusammenstimmens – *auch* als ein Raum der leeren Weite gesehen werden, in dem das Wohnen ein *sterbliches* oder endliches Wohnen ist. Es ist sterblich, weil es in keinem bleibenden Sein, auf keinem festen Grund einen Halt hat. Dies aber nicht im Sinne eines Mangels, sondern als Erfahrung von Nichthaftigkeit, als Erfahrung freier Gelassenheit und Welt-Offenheit.

Zu dieser Stimmung oder Erfahrung der Nichthaftigkeit hier das Lobgedicht eines alten Zen-Meisters:

Mit einem Schlag bricht jäh der große Himmel in Trümmer.
Heiliges, Weltliches spurlos entschwunden. Im Unbegangenen endet der Weg.
Vor dem Tempel leuchtet der helle Mond und es rauscht der Wind.
Alle Wasser von allen Flüssen münden ins große Meer. (Der Ochs und sein Hirte, 42)

Die Erfahrung dieses Welt-Raums und der Eingelassenheit in ihn wird, trotz oder gerade in seiner Nichthaftigkeit, sagbar in den Dingen, – und vielleicht nur in ihnen. »Grenzenlos fließt der Fluß, wie er fließt. Rot blüht die Blume, wie sie blüht« lautet eine andere Zeile aus dem selben Text. Die Welt-Weite ist ein Raum des Nichtseins, aus dem ein jegliches Ding ist, was es ist, und nichts sonst.

Auch in Hölderlins Jahreszeiten-Gedichten sind es vor allem die natürlichen und menschlichen Dinge, die gedichtet werden. Aber die Grundstimmung ist eine wesenhaft andere als die der Zen-Gedichte. Die Weise, wie die Dinge in beiden Fällen da sind, ist von abgründiger Verschiedenheit. Bei Hölderlin die erfüllte Weite, bei Ryokan und in entsprechenden Gedichten die weite Leere. Bei Hölderlin erscheinen die Dinge in Verknüpfung und Zusammenstimmung. Bei Ryokan in eigentümlicher Einsamkeit, fast abgehackt: »Unwillkürliche Tränen nässen mein Tuch.« Der Raum des Welt-Gefühls ist ein anderer, das Wohnen und sein Verhältnis zum Wandern ein anderes, das Ich selbst oder das Selbst steht woanders.

Zur Verdeutlichung führe ich noch vier Haiku an, in gewissem Sinne »Jahreszeitengedichte« auch sie, je zwei zum Frühling und zum Winter:

Am Berg das Kloster:
Vom Mittagsschlaf das Schnarchen
Und Kuckucksrufe. (Shiki)

Zum Pflaumendufte
Ging plötzlich die Sonne auf
Am schmalen Bergpfad. (Basho)

So hin und wieder
Sich die Wacholder anschaun
In Winterruhe ... (Basho)

Beim Schein des Mondes
Durch die Dezembernacht
Noch Leute gehen. (Shiki)

Die Welt kommt, so scheint mir, auch in diesen Gedichten als das Haus, das die Sterblichen bewohnen, zur Sprache. Aber während Hölderlin den weiten Raum des Zwischen als glänzenden Raum der Einstimmigkeit und des Zueinandergehörens dichtet, ist er hier der leere und schwermütige Zwischenraum einer Nichthaftigkeit, die die Dinge in ihrem je eigenen, einsamen Licht stehen läßt; diese Dinge versammeln nicht, sondern lassen frei, stellen in die Offenheit. Die Haltung der Menschen zu dieser Welt und ihren Dingen ist keine heiter betrachtende, vielmehr eine loslassende und seinlassende. Sie geht gerade nicht, wie es oftmals der gewöhnliche Umgang tut, über die Dinge hinweg, verachtet sie nicht. Andererseits nimmt sie sie auch nicht zu ernst, sondern allein so, wie sie sind, ohne sich bei ihnen einzurichten.

Vielleicht kann man auch sagen, daß in den Gedichten Hölderlins – und nicht nur in ihnen – der Grundzug des Wohnens einen gewissen Vorrang vor dem des Wanderns hat, daß das Wandern gewissermaßen in das Wohnen hineingenommen wird, während in der ostasiatischen Erfahrung das Moment des Wanderns – das Verlassen des Hauses *als* Wohnen in der Stille – die größere Bedeutung zu haben scheint. Und dies, weil der Raum des Hauses der Welt bei uns bei aller Offenheit ein eingeräumter, dort dagegen ein frei und offen gelassener zu sein scheint. Zudem scheint der Weg der Wanderung bei uns von der Nähe in die Ferne, dort von der Ferne in die Nähe zu führen.

»... dann ist die Welt das Haus, das die Sterblichen bewohnen«. Auch wenn hier wesentlich von *einer* Welt und *einem* Haus die Rede ist, kann dieses Haus auf sehr unterschiedliche Weise bewohnt werden. Der Ton, auf den die Welt jeweils gestimmt ist, kann unterschiedlich gehört, das Gefühl der Welt unterschiedlich aufgenommen und unterschiedlich erwidert werden. Ob die Wege weit hinausgehen oder ob sie im Unbegangenen enden, – worauf es ankäme, wäre, daß sie als Wege gegangen werden, als Bahnen durch eine Welt, die wir auf sterbliche Weise bewohnen.

* * *

In Hölderlins Roman »Hyperion« sagt Diotima einmal: »ich denke mir die Welt am liebsten wie ein häuslich Leben, wo jedes, ohne gerade daran zu denken, sich ins andre schickt, und wo man sich einander zum Gefallen und zur Freude lebt, weil es eben so vom Herzen kommt.« Worauf Hyperion entgegnet: »Auch wir sind also Kinder des Hauses«. (485)

Das Haus der Welt ist ein offener, nicht-verstellter Raum, der dazu auffordern kann, sich auf sein Zwischen selbst einzulassen, es zu erproben, vielleicht sich von ihm beschenken zu lassen. Es ist die Dimension der Möglichkeiten, die sich bieten oder auch, je nachdem, verbieten, der Bereich des Wagnisses und der Chancen, die ja sprachlich etwas mit »Glück« zu tun haben. Die Offenheit der Welt bedeutet die Chance, uns in ihr zu ihr aufzumachen, uns auf einen Weg zu begeben, dessen Ziel nicht vorgegeben oder gar vorbestimmt ist. In der Welt zuhause zu sein, heißt, sich in der Welt zu *bewegen*, ihre Wege und Bahnen zu gehen, in ihr *unterwegs* zu sein.

Können wir aber ein solches Uns-aufmachen im welthaft Offenen wirklich ein Zuhausesein nennen? Wäre das nicht ein erkünsteltes Spiel mit Paradoxen? Nähmen wir damit dem Zuhausesein nicht gerade seinen eigensten Sinn und damit seine Relevanz? Bilden Zuhausesein und Unterwegssein nicht einen ausschließenden Gegensatz?

Nehmen wir jedoch das Gehen und Unterwegssein in einem weiten Sinn, so kann es uns ganz allgemein die Bewegung durch den Raum, aber auch durch die Zeit nennen, genauer durch unseren Raum und durch unsere Zeit, durch die offenen Bereiche unseres jeweiligen Hierseins und Weitergehens. Solange wir nicht unbeweglich an einem Ort verharren, uns nicht in starre Grenzen einsperren lassen oder uns an vorgefaßte Meinungen oder Maximen binden, solange wir also in irgendeiner Weise in der Offenheit bleiben, bleiben wir auch unterwegs.

Ständig gehen wir von einem zum anderen, von einem Augenblick oder einem Ort, von einem Menschen oder einem Gedanken zum anderen. Wir bewegen uns hierhin und dorthin, durchmessen die Strecken zwischen Morgen und Abend und Abend und Morgen, zwischen Frühling und Sommer oder Sonne und Regen, zwischen Nähe und Ferne, Glück und Leiden, Sprechen und Schweigen. Eine solche Aufzählung ist – wie die ähnlichen, früheren – nicht nur eine poetisierende Ausschmückung; sie versucht vielmehr, den Wohn-Raum zu öffnen, in dem sich die Wege und mit ihnen die Möglichkeiten des Unterwegsseins ergeben. Verstehen wir das In-der-Welt-sein als Wohnen, dann wird eben dadurch die Welt zu einem erschlossenen und immer neu sich erschließenden Raum, der die Bahnen und Dimensionen, die Orte, Plätze und Abstände ergibt, in, an und zwischen denen sich unser Leben abspielt. Einer dieser Orte, der intimste und vertrauteste, ist das Zuhause, das unsere Wohnung ist, – aber eben nur einer unter unterschiedlichen und wechselnden Wohnorten. Unterwegs zu sein, heißt dementsprechend, die Wege und Räume zu durchgehen und zu durchmessen, die insgesamt unserem Leben seine Bestimmtheit und seinen Rhythmus geben, so daß es *unser* Leben ist, das Leben, das wir bewohnen als eine Behausung, die wir mit unserer Geburt betreten und mit unserem Tod verlassen.

In der Welt – dieser unserer irdischen Welt – *zuhause* zu sein, heißt, so auf dem Wege und *unterwegs* zu sein, daß der Weg nicht lediglich als Strecke zu einem an seinem Ende zu erreichenden Ziel aufgefaßt wird, sondern daß es gerade um diesen Weg selbst und um die Landschaft, durch die er führt, zu tun ist. Die Welt ist dann das Haus, in dem wir so wohnen, daß wir uns auf seinen Wegen zuhause fühlen. So verschwindet die anfangs konstatierte scheinbare Unvereinbarkeit der beiden Bilder des Wohnens und des Wanderns. In ihnen kommt, so zeigt sich jetzt, eine einheitliche Vorstellung zum zwiefältigen Ausdruck, die Vorstellung von der bewohnten Welt, die von den Wegen des Lebens durchzogen wird. Das Wandern ist Wandern über die Erde. Hören wir das Wandern von der Erde her, so bekommt es erst den eigenen Klang, der es als spezifische Weise des Wohnens in der Welt auszeichnet. Wandert einer über die Erde, dann hat er in gewissem Sinne das Haus des gewöhnlichen Wohnens verlassen, aber ohne deswegen nun unbehaust herumzuirren. Kann er nicht auch über die Erde wandern, »wenn [s]eine Wohnung prangt, in hoher Luft gebauet«?

* * *

Die Rede vom Haus der Welt ist, so scheint mir, sowohl eine real beschreibende wie eine utopische, mit Heidegger könnte man vielleicht sagen, eine rufende. Die verzweifelte Hoffnung, die angesichts der realen Heimatlosigkeit und Ortlosigkeit der heutigen Existenz in dem Bild des Hauses der Welt liegen kann, kommt sehr deutlich in Brechts »Lied der Wirtin zum Kelch« zum Tragen, in dem die dritte Strophe so lautet:

Einmal schaun wir früh hinaus
Obs gut Wetter werde
Und da wurd ein gastlich Haus
Aus der Menschenerde.
Jeder wird als Mensch gesehn
Keinen wird man übergehn
Ham ein Dach gegn Schnee und Wind
Weil wir arg verfroren sind.
Auch mit achtzig Heller!
(aus »Schweyk im zweiten Weltkrieg«)

Insofern ist das Nachdenken über das Wohnen und Wandern im Haus der Welt auch ein kritisches. Denn daß wir wohnen und wandern, das stimmt und stimmt nicht. Wenn die Welt ein Haus ist, dann ist dieses Haus heute zweifellos einer Ruine ähnlicher als einem »gastlichen« Ort des Geborgenseins. Und wenn wir die Welt durchwandern, dann ist unser Gehen heute oftmals einem Getriebenwerden, einem Hasten und Fliehen oder einem Wettlaufen ähnlicher als einem Gang unter Sternen. Die über den Städten ohnehin kaum mehr sichtbar sind, so wie die Steine von Beton überbaut sind.

Das alles wissen wir. Aber ich bin überzeugt, daß jeweils das eine stimmt *und* das andere, daß es jeweils das »falsche« Leben gibt *und* das »wahre«. Worauf es anzukommen scheint, ist, bewußt auch und gerade *dieses Zwischen* zu bewohnen und zu durchwandern und zur Sprache zu bringen, den Zwischenraum zwischen dem Falschen und dem Wahren, zwischen dem Wirklichen und dem Möglichen, dem Nichtigen und dem »Eigentlichen«, dem, wozu wir jeweils gezwungen zu sein scheinen, und dem, was wir wollen. Diese Spanne zwischen dem, was ist, und dem, was scheinbar nicht ist, aber eben irgendwie doch ist, gilt es jeweils auszuloten und auszuhalten. Z.B., so scheint mir, indem wir über das Verhältnis von Wohnen und Wandern nachdenken und unsere Erfahrungen in Bildern sichtbar und damit mitteilbar, teilbar zu machen suchen.

Aneignung und Anderssein

Die abendländische Geschichte läßt sich auch als eine Geschichte der Aneignung und des Angeeignetwerdens verstehen. Aneignung heißt, zum Eigenen machen, – durch Inbesitznahme, durch Bearbeitung und Formung, durch das Aufprägen des eigenen Willens, durch Beherrschung, Begreifen und systematisches Einordnen. Das Subjekt der Aneignung ist zunächst der Einzelne, der sich da auf seinen Gegenstand richtet, sei es, daß er ein Werkzeug in die Hand nimmt, sei es, daß er das Begegnende als »Seiendes« faßt und es als das Eine, als Idee, als Wille zur Macht denkt; aber es kann auch eine Glaubens- oder Wissensgemeinschaft, ein Volk, eine Klasse, eine institutionelle Macht sein. Jeweils macht das Subjekt das, was es selbst ist, seine Interessen und Bedürfnisse zum Ausgangspunkt und Kriterium seines Umgangs mit allem übrigen. Damit rückt dieses in die Position des immer schon unterworfenen Gegenüber, es wird zum *Objekt* des Begreifens, Wollens und Tuns; als ein solches scheint es schon von sich aus zum Angeeignetwerden herauszufordern. Wie das Subjekt alles ihm gegenüber Andere, statt seine Welt mit ihm zu teilen, darauf reduziert, das Objekt und Instrument seines Beherrschens und Bestimmens zu sein, so reduziert es sich selbst, sein Verhalten und Sich-Beziehen, auf die Geste des Auslangens nach etwas, auf das Von-sich-aus, das Einholen und Unterwerfen des Fremden, womit es sich selbst sowohl wie jenes aller Fremdartigkeit entkleidet.

Daß das Gegenüberstehende zum Eigentum gemacht wird, besagt somit, daß es von vornherein als dem Subjekt und seinem Tun anheimgegeben erscheint und damit als ein solches, mit dem etwas angefangen und aus dem etwas gemacht werden kann; es bietet sich dem bearbeitenden Umgang mit ihm dar, scheint ihn sogar zu brauchen. Um seinen Platz in einer menschlich eingerichteten und nutzbaren Welt zu finden, muß das Nichtmenschliche oder Naturhafte vom Subjekt in eine für dieses bedeutsame Form gebracht werden, d. h. dem zuvor schon, es muß überhaupt als Material und als ein Stoff aufgefaßt werden, der gewissermaßen »von Natur aus« der Formung durch den menschlichen Geist harrt.

Wird das naturhaft oder sinnlich Seiende als Stoff aufgefaßt, so büßt es damit seine Eigenständigkeit und Selbstgenügsamkeit ein. Es wird als an ihm selbst unselbständig, abhängig, unvollendet gesetzt. Seine Eigenheiten und Besonderheiten werden zu quantifizierbaren Qualitäten, die es zu Gebrauch und Verwendung geeignet machen. Seine stoffliche Undurchdringlichkeit und seine Zufälligkeit, seine Vergänglichkeit und seine Wandelbarkeit erscheinen dementsprechend als Hindernisse, als Widerständigkeit und Unbrauchbarkeit, die es zu brechen und zu überwinden gilt.

Die vom aneignenden und formierenden Subjekt bestimmte Welt ist eine Welt ohne naturwüchsiges Anderssein, ohne Ferne und damit auch ohne die Möglichkeit fernedurchgreifender Verhältnisse und Beziehungen. Ihr Raum ist auf das Subjekt ausgerichtet und zentriert bzw. von ihm her entworfen und gegliedert; er ist ein Raum ohne Spannungen, Abstände und Nachbarschaften, insofern diese auch eine Eigenständigkeit seiner Orte voraussetzen. Der Bereich der Aktionen, Produktionen und Strategien des Subjekts ist eindimensional, positiv, identisch. Nichthaftigkeit und Anderssein sind in ihm nicht zugelassen, bleiben undenkbar.

So wie sein Gott, in dem das Subjekt seinem identifizierenden Prinzip die es selbst noch übersteigende absolute Macht verleiht, alle anderen Götter neben sich verbietet, so duldet auch es selbst kein wahrhaft *Anderes* neben sich. Es vermag darum auch von keinem Anderen her zu sich zurückzukommen, nicht wirklich auf etwas zu hören; es hat niemanden und nichts, mit dem es spielen könnte, es kann sich nichts schenken lassen. Das aneignende, beherrschende Subjekt der Geschichte, die uns voraufliegt, kennt lediglich Verhältnisse, die in irgendeiner Weise solche der Herrschaft sind, d. h. deren Geschehen einsinnig ist, in denen in Wahrheit nur das Eine sich selbst verhält, während das Andere jenes Verhalten mit sich geschehen läßt. Dieses Subjekt ist letztlich einzig und in seinem Wesen einsam; wohin es auch vorstößt, es trifft allein sich selbst.[1] Es verwirklicht und bestätigt sich in Aneignung und Formierung, doch es verwirklicht und bestätigt immer nur *sich*. Es verfängt sich zwischen sich und seinem Spiegel, zwischen sich und seinem Echo.[2]

* * *

Doch in dieser Geschichte wenden wir uns um. Wir kehren ihren Aneignungsverhältnissen, ihrem subjektzentrierten Raum, ihrer sich formierend aufzwingenden Positivität den Rücken. Wir wenden uns um, damit wir ankommen, wo wir sind: unter Anderem und Anderen. Wir schlagen die Augen auf und sehen uns unter Menschen und Dingen, die sich zu uns verhalten und auf die wir uns beziehen, die zu uns sprechen und denen wir etwas zu sagen haben und uns mit-teilen wollen. Wir sind und wir sehen Einzelnes, das je seinen Sinn und eigenen Ort hat und das zugleich und eben darin in Bezie-

---

[1] Wagner läßt Wotan klagen: »O göttliche Not! / Gräßliche Schmach! / Zum Ekel find ich / ewig nur mich / in allem, was ich erwirke!« (Richard Wagner, Der Ring der Nibelungen, Die Walküre II, 2).
[2] Adorno spricht davon, daß »die Gewalthaber als Menschen nur ihr eigenes Spiegelbild wahrnehmen, anstatt das Menschliche gerade als das Verschiedene zurückzuspiegeln« (M.M., 134).

hungen zu Anderem und seinen Orten und Räumen steht. Das Andere und sein Raum sind durch keine übergeordnete und einordnende Einheit bestimmt, gegliedert oder ausgefüllt. Indem wir auf das Andere blicken, unter dem wir uns aufhalten, fragen wir nach seiner und unserer Verhältnishaftigkeit und Nichthaftigkeit, seiner Räumlichkeit und seiner sinnlich-stofflichen Mannigfaltigkeit und Endlichkeit.

Das Andere ist sowohl das Andere im Sinne des Ersten und Einen, also das Zweite, wie auch das Andersartige, Verschiedene, Fremde. Jeweils aber ist das Andere anders als – das Andere. Das Eine und das Andere sind einander Andere. Der Blick des Einen auf das Andere macht jenes selbst zum Anderen. Und zugleich: die Erfahrung des eigenen Andersseins zeigt die Anderen als Andere. Das eine Andere und das andere Andere *werden* aneinander *anders*, sie verändern sich durch einander. Das Anderssein bleibt, da es das geschehende Verhältnis zum je Anderen impliziert, ein Anderswerden.

Als Anderes gerät das Eine in Verhältnisse zu Anderen, es wird aufgenommen, gehalten, verloren. Es kommt in Sicht, wird gebraucht, geschützt, geliebt, zuweilen auch verworfen. Jeweils gelangt es damit in Bezüge, die nicht ohne es sind, doch zugleich auch nicht einseitig durch es. Es unternimmt und beginnt etwas, das ihm zugleich darin auch widerfährt, insofern es sich ihm überläßt. Das, was ihm widerfährt, nimmt es nicht gänzlich gefangen, sondern tritt in ein Wechselspiel mit dem, als was es selbst sich dem Anderen entgegenhält. Was ihm geschieht, vom Anderen her, mag ihm zwar überraschend und fremd sein, es kann sich selbst ein Fremdes werden durch das Tun des Anderen. Doch zum einen erwartet und will es jenes Tun, kommt ihm entgegen, zum anderen tut es selbst etwas mit dem Anderen oder für es, es stellt es in Frage, bestätigt es usw. Im Hören wie im Sprechen verändert das eine Andere das andere Andere und läßt sich eben darin von ihm verändern.

Daß die gegeneinander Anderen sich zueinander verhalten, besagt, daß ein Verhältnis zwischen ihnen besteht, daß sich *zwischen* ihnen etwas abspielt. Nicht nur stehen das Eine und das Andere sich nicht einfach unberührt, unabhängig, gleichgültig gegenüber, sondern verweisen jedes von ihnen in seinem Sich-Verhalten auf das Andere; vielmehr entsteht darin gewissermaßen auch ein Drittes, das sich zwischen ihnen aus-spinnt. Zwischen ihnen ist oder geschieht etwas, das sie in dieser oder jener Weise verbindet, ein Band, das sie, wie unsichtbar auch immer, zusammenhält, ein Gewebe, in das sie einbezogen werden. Da sind nicht nur zwei aufeinander verweisende Punkte, sondern eine Linie, ein Feld reicht vom Einen zum Anderen wie von diesem zu jenem. Ein Stern und ein anderer bilden, indem sie aneinander vorübergehen, ein Gemeinsames, eine Konstellation.

Schiffe, die sich nachts begegnen, – Menschen, die ein Lächeln tauschen, – der Kranich und die Wolke, die im Fluge beieinander liegen. In jeder Konstellation kreuzen sich zwei Wege, derart, daß sich in dieser Kreuzung ein ausgezeichneter Ort, ein einzigartiger Augenblick ergibt und ereignet. Das Ereignis der Konstellation ist das Ergebnis der augenblickshaften Selbigkeit der Anderen als Anderer.

$*$ $*$ $*$

Die Konstellation ist die Gleichung der Selbigkeit im Sich-unterscheiden gegeneinander Anderer, ihr Verhältnis ist zugleich ein Zueinanderhalten und Auseinanderhalten der Sich-Verhaltenden. Blick und Ruf gehen hinüber und herüber; doch negieren sie nicht den Abstand zwischen sich, die Strecke, die den Einen von dem Anderen trennt und die doch zugleich ein Maß ihrer Nähe ist. Beide werden in ihr Eigenes verwiesen, in dem sie sich aufeinander beziehen. Der Zwischenraum zwischen ihnen ist der Spannungsraum, in dem allein sie *Andere*, und doch *einander* Andere zu sein vermögen.

Im Zwischenraum halten sich die beiden dem Anderssein wesentlichen Momente die Waage: die jeweilige Eigenheit der gegeneinander Anderen und das auf Grund jener erst möglich werdende Sich-aufeinander-beziehen, die Gegenseitigkeit ihres Andersseins. Die Spanne des Abstands, der ihre Nähe ist, erhält Farbe, Dichte und Duft durch das Wechselspiel von Vertrautheit und Fremdheit oder Erstaunlichkeit ihres Bezugs. Der Zwischenraum läßt die Anderen *anderswo* sein. Sie sind voneinander entfernt, einander fern. Und doch verbesondert und entfernt der Zwischenraum nicht nur, sondern er nähert sie einander, ist *ihr Bezug*. Anderssein bedeutet nicht einfach Nebeneinanderbestehen von Verschiedenen. Ob es gelingt, ob seine Erstaunlichkeit und Befremdlichkeit sich gegenüber der Vergleichung, Einordnung und Identifizierung erhalten kann, das liegt daran, ob ihre Ferne und Nähe als ihre gegenseitige Fremdheit und Vertrautheit ineinander zu spielen vermögen, ohne sich aufzuheben, – anders gesagt, ob ihr Zwischenraum beides zugleich ist: Brücke, die sie verbindet, und Abgrund, der sie im selben Augen-Blick »auf getrenntesten Bergen« sein läßt.

Der Bereich der Ferne, in dem die Anderen sich zueinander verhalten, ist eine Dimension der Äußerlichkeit, des Auseinander und Außereinander. Insofern ist er Ermöglichung von Anerkennung, die im Zugleich von Sich-beziehen und Sich-unterscheiden beruht. Das Außereinander ist gehalten im Gegenüber. Daß dieses Gegenüber leidvoll oder beglückend, fast unendlich weit oder aber nah und vertraut, daß es bedrohlich oder tröstend sein kann, widerspricht nicht dem Charakter der Äußerlichkeit. Das Andere bleibt woanders. Indem der Raum zwischen den Anderen durch ihr Sich-aufeinander-beziehen gestimmt und gefärbt wird, wird er doch nicht ausgefüllt, nicht aufgehoben. Vielmehr tritt seine Leere selbst mit ins Spiel. Auch die nahe Ferne bleibt Ferne, in der die Anderen anderswo und Andere bleiben.

Wenn das Andere wirklich anders, fremd ist, nicht identifizierbar, nicht subsumierbar unter ein Selbes, das ihm mit Anderem gemeinsam zukommt, so muß der Weg zwischen ihm und dem Anderen einerseits ein unbegangener, unbetretbarer sein, der Abstand ist nicht zu tilgen; das eine Andere ist *nicht* das andere Andere. Und doch ist das Andere auf ein Anderes zu und damit auch von einem Anderen her. Indem es sich abstößt, bezieht es sich. Der Zwischenraum zwischen ihnen ist leere Ferne, aber leere Ferne, die trägt. Als Andere sind sie nicht in einem Raum, der jedem von ihnen seinen festen Platz und gemeinsamen Bezugspunkt zuwiese; durch eine solche Einordnung verlören sie ihr wesenhaftes Anderssein. Gleichwohl ergibt sich ihnen im Zwischenraum ein Vertrautsein, ein Einander-Zugetrautsein, das stets ein je erst Gegebenes, Geschenktes, zwischen ihnen Ausgespanntes ist und von der Offenheit und Jeweiligkeit, Zufälligkeit und Momentaneität der Ereignishaftigkeit ihres Zu- und Miteinanderseins geprägt bleibt. Die von Anderen zueinander betretenen Wege sind und werden keine ausgetretenen Wege.

* * *

Daß die Welt eine Welt von Anderen ist, kennzeichnet sie gegen eine Welt der Identität. In dieser ist alles Einzelne von vorneherein schon übergriffen, zusammengefaßt in eine einshafte Einheit, die des Seienden (oder auch des Wahren, Erkennbaren, Machbaren). Ein jedes ist immer schon subsumiert unter eine übergreifende Allgemeinheit, unter Gattungen; es verliert seine Besonderheit und fungiert als *Beispiel*.

Das Beispiel ist per definitionem das, was *nicht anders*, sondern dem übrigen, für das es steht, *vergleichbar* ist. Auch das Beispiel steht in Verhältnissen, aber diese werden nicht von ihm selbst eingegangen und übernommen. Es wird vielmehr in Relationen aufgehoben und eingefangen, die ihm verwehren, eine eigene, unverwechselbare Sprache zu sprechen: ontologisch-kategoriale Verhältnisse, logische Über- und Unterordnungsverhältnisse, wissenschaftlich-systematische Einordnungsverhältnisse. Der Mensch etwa wird Beispiel für das Verhältnis von zugrundeliegender Substanz und zukommender Bestimmung, für Zusammengesetztes aus Stoff und Form, für Verhältnis von *genus* und *differentia specifica*. Immer stehen diese Verhältnisse für das in sie aufgehobene Einzelne ein und lassen es eben darum als *ihr* Beispiel erscheinen. Es selbst, seine Besonderheit, wird unwesentlich, es verschwimmt, wird als dieses Besondere, das es sein wollte oder konnte, liquidiert. Dafür ist es dann Gewußtes bzw. Wißbares; es steht nun etwas da, was Bestand und Geltung hat, woran man sich als an ein Allgemeines und Allgemeingültiges halten kann.

Das Andere als Anderes dagegen kann nicht Beispiel sein, es vermag allein für sich selbst einzustehen. Nicht darum, weil es so absonderlich und einzigartig wäre, daß ihm inhaltlich nichts mit Anderem gemeinsam wäre. Es ist nicht anders zu bestimmen, fordert keine andere Prädikation, sondern es ist *als Anderes* gar nicht zu bestimmen, durch keine Prädikation einzuholen. Es ist als ein Anderes da – als ein Du, als ein Stein, als ein Schiff. Es ist dieses von allem abständige Selbst, ein Bestimmtes, das nicht bestimmt worden ist.

Das Andere verweigert sich dem Verhältnis von Subjekt und Prädikat. Gleichwohl verhält es sich, ist es anders als … Aber sein In-Verhältnis-stehen ist kein gemeinsames Sich-unterstellen unter eine Prädikation, eher ein ausdrückliches Sich-abstoßen und Abstand-nehmen von dem, worauf es sich gleichwohl bezieht. Insofern der Zwischenraum, den das Andere zwischen sich und dem Anderen weiß, nichthafter, leerer Raum ist, ist es auch mit dem Verhältnis, in dem es zu dem ihm Anderen steht, zugleich nichts. Das Verhältnis ist keine Verbindung, keine Überbrückung, vielmehr schmerzhaft offenes Zueinander- und Auseinandersein, die leere Ferne.[3] Sie überträgt und trägt, – Freudigkeit und Entzücken des Liebens, Sprachlosigkeit und Kälte des Mißverstehens. Das Andere überantwortet sich der leeren Ferne, läßt sich von ihr, die nichts zu halten vermag, halten. Ineins legt es damit offen und hält an sich, ist für das Andere und ist – ganz anders – es selbst.

* * *

Ein Schiff zieht eine Schaumspur durch die Wellen, eine Sternschnuppe zeichnet eine Bahn in den Himmel, sie »teilen« den Raum, heben eine Linie aus ihm heraus und lassen sie wieder fallen. Vom Raum her gesprochen sagt das, daß er sich in Spannungen und Erstreckungen auskristallisiert, daß er sich im Anderen selbst zeichnet, aus-zeichnet in diesem oder jenem Bezug, und sich doch zugleich ganz darin zurücknimmt, – ein während Augenblick, der alles und nichts verändert.

Doch sind die eben Genannten, Schiff und Stern, in ihrem Sich-einzeichnen in den Raum nur dann Andere, nur dann handelt es sich hier, obgleich scheinbar kein Verhalten zu einem anderen Anderen vorliegt, überhaupt im strengen Sinne um eine Konstellation, wenn sie *erfahren* werden, wenn ein Betrachtender als Betroffener mit im Spiel ist, wenn also die Konstellation als Verhältnis von Mensch und Ding, Mensch und Ereignis, Mensch und Anblick ist.

Wir sind da, einzeln und miteinander. Um uns herum, fast unsere Welt ausfüllend, gibt es Dinge, Dingzusammenhänge, dingliche Vorgänge. Wir sind nicht bloß als wir selbst da, isoliert und für uns, sondern leiblich sowohl wie bewußt sind wir in einer Welt von Dingen, die wir sehen, greifen, mit denen wir hantieren, die wir herstellen, an die wir uns erin-

---

[3] In Rilkes XII. Sonett an Orpheus (1. Teil) heißt es: »Die Antennen fühlen die Antennen, / und die leere Ferne trug ...«.

nern oder die wir planen; Dinge, die uns stören oder die uns helfen, Dinge, die wir zerstören oder die wir machen, die uns auffallen oder die wir übersehen. Der Versuch, uns unsere Welt ohne Dinge vorzustellen, nähme uns zugleich unsere eigene Weltlichkeit, unsere Leiblichkeit und Sinnlichkeit, jeden Widerstand und Anhalt, er würde uns selbst auflösen.

Zum einen sind die Dinge um uns herum da, wir finden uns inmitten ihrer vor. Zum anderen verhalten wir uns von uns aus zu ihnen, wir gebrauchen sie, stellen uns auf sie ein, lassen uns ausdrücklich von ihnen angehen. Was besagt es, das Verhältnis des Menschen zu einem Ding seiner Welt als Verhältnis gegeneinander Anderer zu verstehen?

Zunächst einmal heißt es, daß dieses Verhältnis zugleich, wenn auch nicht in gleicher Weise, ein Verhältnis des Dinges zum Menschen ist. Der Zwischenraum zwischen ihnen ist ein gegenläufig gerichteter, derart, daß jedes der beiden in ihm auf das Andere zugeht, sich ihm zuwendet, es anspricht, und zugleich sich vom Anderen angehen läßt, nach ihm Ausschau hält, auf es hört. Die Dinge, das sinnlich Begegnende als je Anderes in seiner eigenen Fremdheit anzuerkennen, heißt, im Gestus des Aneignens, Übergreifens und Einordnens innezuhalten und vor dem uneinholbaren Selbstsein des Gegenüber zu verharren und zu verhoffen. Aus solcher erfahrenen Abständigkeit erschließt sich die Offenheit für einen Bezug, der seine eigenen Möglichkeiten allererst aus sich entlassen wird, der also nicht im vorhinein durch gegebene Zwecke festgelegt und vorentschieden ist. Dieser Bezug ist etwas, zu dem beide Seiten, Mensch und Gegenstand, sich selbst, ihre Bereitschaft und ihr Vermögen, geben und erbringen, – keineswegs aber ist er lediglich das assimilierende Einholen des Einen durch das Andere, das Bestimmtwerden und Identifiziertwerden des letzteren durch das erstere.

Gleichwohl ist das Eigene des nichtmenschlichen Gegenständlichen in jedem Fall anderer Art als das Eigene des die

Begegnung erfahrenden Menschen. Beides greift ineinander: die grundsätzliche Differenz zwischen Menschlichem und Nichtmenschlichem einerseits und deren ebenso grundsätzliche Entsprechung in dem zwischen ihnen sich ausspinnenden Bezug andererseits.

Eine einseitige Fixierung jener Differenz hat das Menschliche als das Bestimmung- und Formgebende, als das Geistige und Zweckvolle festgelegt; sie hat es damit zu überhöhen und zu adeln vermeint und es gleichwohl verarmen und erstarren lassen. Das Nichtmenschliche ist ihr das bloß Bestimmbare, das Instrumentalisierbare und Produzierbare; die gesamte irdische Welt, mit ihrem Schatz an Färbungen, Geheimnissen und Versprechungen, mit ihren Handgreiflichkeiten und Unwägbarkeiten reduziert sich ihr zu einem Reservoir von Machbarkeiten und Nützlichkeiten. Zeigt sich die Differenz dagegen auf dem Hintergrund der Entsprechung im gegenseitigen Anderssein, dann bedeutet das Verharren und Verhoffen im Bezug, daß das menschliche Wollen und Wissen, wenn es ein einläßliches Sich-richten auf das Andere als Anderes ist, wenn es dieses in die Hut und in seine Acht nimmt, daß es sich in seinem Bestimmen von jenem einstimmen läßt, derart, daß es das zuvor empfängt, was es dann mit ihm anzufangen unternimmt. Sein Tun ist ein Leiten und Begleiten, das auf das Andere im Gegenstand eben darum zu hören vermag, weil es auf *das Andere in sich selbst* zu hören lernt.

* * *

Zunächst – d. h. in unserer heutigen geschichtlichen Situation – erscheint dieses Andere in uns selbst als das sinnlich Empfindsame, erdhaft Verhaltene, als das Begehrende und Sich-anheimgebende, das Erspürende und Aufhorchende. Auf dieses zu hören, heißt dann unmittelbar, als Ansprechender sich angesprochen zu wissen, als Sinngebender einem Ansinnen zu

99

folgen, als wollend Planender sich einem Spiel von Kräften zu überlassen. Sich selbst anders ist das Menschliche somit zum einen in dem, worin es dem Nichtmenschlichen gleich zu sein und darum entsprechen zu können scheint, in seinem Irdischsein. Doch indem dieses nicht lediglich ein für sich bestehendes, der vermeintlich »eigentlich menschlichen« Seite Zugrunde-Liegendes und Zu-Gebote-Seiendes ist, ist die Sinnlichkeit und Naturhaftigkeit des Menschen nicht bloß seine im Geistigen zu überwindende, jedenfalls zu überhöhende »untere« Seite, durch die er in schmerzlichem Zusammenhang mit dem Nichtmenschlichen, Stofflichen, Natürlichen stünde und die ihm damit das Anderssein als die kreatürliche Fremdheit in ihm selbst repräsentierte. Indem sich das menschliche Sich-verhalten aus der Subjekthaltung heraus- und abwendet und anfängt, im Gespräch und als ein Gespräch zu sein – und hören zu können voneinander[4] –, übernimmt es das sinnliche Hören, das aufmerkende Spüren in sein denkendes und wollendes Sinnen und Trachten. Anders ist es sich selbst – und anders vermag ihm darum der Gegenstand seines Sich-Beziehens zu werden –, weil in ihm selbst die Offenheit, Unabgeschlossenheit, Mehrdeutigkeit, die dem Gespräch als einem solchen eignen, ihr Recht behalten. Das sich als Geist und Vernunft definierende Subjekt ist einsinnig und eindeutig; nur als festumrissene identische Größe kann es beherrschen und aneignen. Es selbst, sein Handeln und seine Gegenstände sind einer und derselben Deutung unterworfen und so systematisierbar und logifizierbar. Löcher und Lücken, Dunkles und Verschwiegenes, Grenzen und Nichthaftigkeiten gibt es in ihm nicht. Und eben darum vermag es auch kein Gespräch zu führen, geschweige denn zu sein. Denn im Gespräch bleibt das Eine stets im Gegen-Gewicht zum Anderen und so in der Schwebe, das Miteinander-

---

[4] Vgl. Hölderlin: »Viel hat von Morgen an, / Seit ein Gespräch wir sind und hören voneinander, / Erfahren der Mensch; ...« (Friedensfeier, V. 91–93)

sprechen spart aus und bewahrt auf, es läßt offen und stellt in Frage, es macht versuchende Schritte und trifft vorlaufend vorläufige Entscheidungen.

Das Andere in uns selbst ist somit auch das Sprachfähige, das besonnen Besinnliche, das wissend Wollende. Seines eigenen Andersseins eingedenk gewinnt es im Umgang mit seinen Gegenständen eine Behutsamkeit des Fragens und eine schauende Vorsicht des Bedenkens, die der Entschiedenheit nicht Abbruch tun, sondern sie erst eine verantwortbare sein lassen.

Indem das menschliche Verhalten sich selbst anders ist, fällt in ihm die Getrenntheit von nichtmenschlicher und eigentlich-menschlicher Seite dahin. Es ist sich Anderes, weil es Sinnlich-Sinnendes ist, weil seine Eigenart als menschliches Verhalten eben darin liegt, daß es vernehmend-sprechend sich einzulassen vermag auf Situationen und ihre Brüche, auf Ereignisse und ihre Grenzen. Dieses aber, daß es sich von sich aus auf sein Anderes einzulassen vermag – in der zwiefach-einigen Verschränkung von Sinnen und Sinn –, läßt zugleich sein eigenes Anderssein und sein Sich-verhalten verschieden sein von dem seines nichtmenschlichen Gegenüber. *Geschieht etwas zwischen beiden in ihrem Verhältnis, so besagt das zwar, daß auch das Nicht-menschliche anspricht, etwas zu sagen hat, auf uns zukommt; aber sich einlassen, *sich* dem Anderen lassen, von sich aus auf ihn zugehen, das ist nicht Sache des Dinges.

* * *

Allerdings ist das Vermögen des Sich-einlassens, des *Sich*-verhaltens etwas, das dem Menschen – auch abgesehen von der jeweiligen Konstellation – nicht und nie allein zukommt. Der sinnliche Sinn hat seinen Ort erstlich im Hören und Sprechen der Menschen untereinander, in dem Geschehen, das sie miteinander teilen, in ihrer Geschichte.

101

Das geschichtliche Tun bewegt sich dann in einem Raum des Andersseins, einem Raum, der Erstaunliches aufbehält und Vertrautes wie nie gesehen aufscheinen läßt, wenn es sich *auf der Erde* weiß. Es weiß sich aber auf der Erde, wenn es zum einen unter dem Stofflich-Irdischen heimisch ist, indem es sich seiner Widerständigkeit stellt, seine Schwere austrägt, sich seiner Vergänglichkeit fügt; es versteht sich dann nicht als entwerfend-produzierend, sondern als aufmerkend-findend. Zum anderen, ganz wörtlich, wenn der Erfahrende sich als einen weiß, der mit seinen Füßen über die Erde geht, auf die er in seiner Geburt gekommen ist, d. h. wenn er sehr konkret seinen räumlichen und zeitlichen Aufenthalt im Bereich der sinnlichen Dinge und ihrer Verhältnisse nimmt, wenn er diesen Bereich als seine Wohnstatt übernimmt.

Das abendländische Denken war durch die Tendenz bestimmt, die bunte Mannigfalt des Seienden auf ihren einen Begriff zu bringen, sie grundhaft von diesem her zu bestimmen und zu systematisieren. Diese Tendenz impliziert, daß auf der einen Seite der Begreifende sich grundsätzlich herausnimmt aus dem welthaften Beziehungsgefüge, zumal dadurch, daß er sich selbst vom verallgemeinernden, abstrahierenden Denken her definiert, und daß auf der anderen Seite der Gegenstand ebenfalls wesentlich seiner Welthaftigkeit entkleidet wird; er verliert seine sinnlich-stoffliche Dichte, den Ort, an dem er seinen Platz, die Zeit, in der er seine Weile hat. Stofflichkeit, Raum und Zeit, Gedachtwerden und Denken werden selbst zu Begriffen, also zu abstrakten, gleichsam unbestechlichen Größen, die nicht gelebt werden wollen, sondern in denen das Leben von seiner Lebendigkeit befreit, gereinigt werden soll. Die eigentliche Wende geschieht hier nicht dadurch, daß auch auf das Leben, die Kraftsteigerung und -erhaltung, auf die Macht oder die Geschichtlichkeit reflektiert, sondern daß die Position des distanzierenden und distanzierten Gegenüber verlassen wird und das In-der-Welt-Seiende sich als Überdie-Erde-gehen begreift, daß der Gehende sich als einen versteht, der im Wechsel von Tag und Nacht, von guten und schlechten Stunden, von lebensreichen und todbedrohten Erfahrungen unter Anderem und unter Anderen ist. So auf der Erde und unter dem Himmel, im Feld geschichtlicher Entscheidungen und Gewordenheiten, ausgesetzt und einbehalten zugleich, verhält sich der Mensch zu Begegnungen und Begebenheiten von Anderen. Mit dem Zugleich von Erstaunlichkeit und Vertrautheit war eben dies gemeint: daß in einer Welt, in die er gehört und der er zugehört, Verhältnisse sich ergeben, die am Gewebe dieser Welt mitspinnen und doch eigens tragend nur dadurch zu werden vermögen, daß, sich auf sie einzulassen, das Bewußtsein des einzigartig Zufallenden braucht, die Bereitschaft, sich ganz und entschieden in die durch das Zugleich von Ferne und Nähe gezeichnete Spanne des Verhältnisses zum Fremden, zum radikal Anderen hineinzustellen.

Ich greife zwei Verhaltensweisen des erfahrenden und erfahrenen Andersseins heraus: das Lernen und das Finden.

Es gibt ein Finden, das über kurze oder lange Zeiten hinweg suchend auf dem Weg zu dem war, was sich ihm nun, im Angekommensein zeigt. Das Suchen war dann geleitet durch ein – noch undeutliches – Herüberblicken oder Heranwinken dessen, dem es nahe zu kommen sucht. Der suchende Gang ist darum ein Nachspüren und Aufspüren, ein jenes Heranwinkens gewärtiges Ausschauhalten und Versuchen. In seinem, wenn auch vielleicht umwegigen und zuweilen von Rückschlägen bedrohten Sich-Nähern hat es das Gesuchte schon im Blick und ist ihm doch immer noch fern, – getrennt von ihm zuletzt nur durch den einen, kostbaren Augenblick des Findens selbst, in dem das Gesuchte sich sehen läßt und der, obwohl der zu ihm führende Weg ganz auf es ausgerichtet war, dennoch – und zugleich doch auch gerade darum – das Gefundene, jenseits aller möglichen Bestätigung, Überraschung und Enttäuschung, als das Andere, im Erwartetsein Unerwartete vor die Augen stellt.

In diesem Anderssein gleicht der dem Suchen entspringende Fund letztlich dem zufallenden der glücklichen Stunde, jenem Finden also, dem kein eigenes Suchen voraufgeht, sondern das ganz unversehens auf etwas trifft, – und es ist ihm so, als sei das Gefundene ein schon lang Ersehntes und Versuchtes. In beiden Fällen hat das Finden den Charakter des Augenblickshaften und Erstaunlichen. Das Gefundene hebt sich heraus aus dem Umfeld des Gewohnten, das immer schon an seinem Platz ist, es steht heraus und entgegen als ein in diesem Moment ganz Einzigartiges und Eigentümliches: Es hat etwas von einem geborgenen Schatz. Daß es gefunden wurde, umgibt es mit einem Glanz des Fremden, der die Beziehung zu ihm – und von ihm her – zu etwas Geheimnisvollem und Wunderbarem macht, und der doch nichts anderes ist als der Glanz der Andersheit, des Auftauchens an einem anderen Ort.[5] Streng genommen ist so jedes Andere, insofern es als ein Anderes sich zeigt und wahr- und aufgenommen wird, ein Gefundenes.

Einer geht vor sich hin oder seinen Geschäften nach. In einem bestimmten Augenblick, an einem bestimmten Ort, jetzt und hier zeigt sich etwas vor seinen Augen, etwas, nach dem er Ausschau gehalten hat oder das ihm unvermutet zufällt. Daß er es *findet*, heißt, daß er es als etwas erfährt, das ihn betrifft und das ihm etwas Eigenes zu sagen und zu geben hat, das sich von ihm finden läßt, sich ihm zu eigen gibt. Doch hat solches Sich-zu-eigen-geben nur statt, wenn das Gefundene frei und in seiner Distanz und Eigenheit gelassen wird, – jede Aneignung macht die Möglichkeit der Zueignung zunich-

---

[5] Mit dieser Formulierung erinnere ich an Franz Marc: »Erkennt, meine Freunde, was Bilder sind: das Auftauchen an einem anderen Ort.« Das Schaffen eines Kunstwerks ist in diesem Sinne vielleicht das schönste Finden.

te. Hat Einer etwas gefunden, so ist es seines, ihm zugehörig; aber nur dann bleibt es sein *Fund*, wenn er es an dessen eigenem, dem anderen Ort wahrt, wenn er es ihm selbst belassen, in diesem Sinne als Gefundenes auch wieder zu verlieren vermag.[6]

Den Ort des gefundenen Anderen zu wahren, das heißt zugleich, im Finden des Anderen sich selbst anderswo, im Gegenüber zu jenem zu befinden und vorzufinden. Das Finden des Anderen besagt, sich selbst vorfindlich zu werden, d. h. hier, die Spanne zwischen dem Ort des eigenen Befindens und dem Fundort aufzunehmen und auszuhalten. Das so verstandene Finden ist eine bestimmte Weise des Ankommens bei etwas, aber ein solches, das gerade ins Eigene zurücktritt, um dem Gefundenen seinen Raum und seine Besonderheit zu lassen, um den Weg, der zu ihm führte oder auf dem es sich entdeckte, zu dem Zwischenraum zu machen, in dem die Beziehung sich entfalten kann, derart, daß das Zusammenspiel von Finden und Gefundenwerden zu einer Bewegung des Kennenlernens, zu einem gelehrigen Miteinander-umgehen werden kann.

Das *Finden* und Gefundenwerden ist eine Begegnung insbesondere des Sehens und Gesehenwerdens, das *Lernen* dagegen vor allem eine solche des Hörens und Gehörtwerdens, allerdings des wechselseitigen, wenn auch darin nicht gleichseitigen Hörens. Lernen ist ein sich-verändern-lassendes Hören. Im Umgang von Menschen miteinander wird es meist mißverstanden als Geformt- und Gebildetwerden, als ein Prozeß, der in doppeltem Sinne Herrschaftscharakter hat: zum einen, insofern er Aneignung von Wissen und Fertigkeiten ist, und zum anderen und vor allem, insofern die Macht und das

---

[6] Nietzsche schreibt in einem Brief an Georg Brandes vom 4. Januar 1889: »Meinem Freunde Georg. Nachdem Du mich entdeckt hast, war es kein Kunststück, mich zu finden: die Schwierigkeit ist jetzt die, mich zu verlieren ... Der Gekreuzigte.« (Briefe III,5, 573)

Privileg des Lernenlassens oder Lehrens ausschließlich einer von zwei Seiten zugesprochen wird. Ist aber das Lernen eine Weise des Sich-zueinander-verhaltens Anderer, dann bedeutet es ein Sich-aufeinander-einstellen, das vom Anderen etwas zu sich herübernehmen möchte, das die Grenze, die den Bereich des Eigenen des Einen von dem des Anderen trennt, ein Stück weit zunichte werden läßt, um an jenem teilzunehmen. Denn das Lernen ist nicht einfach ein bloßes Hinhören oder ein Sich-überlassen an das Andere, sondern ein Sich-verändern durch das Andere.

Im Verhältnis von Mensch und Ding von Lernen zu sprechen, erscheint verwunderlich. Die jeweilige Ebene ihres angestammten Aufenthalts und Verhaltens scheint allzuweit auseinander zu liegen, als daß es möglich sein könnte, daß das Eine tatsächlich etwas vom Anderen für sich übernehmen könnte, ohne daß es sich um bloße Assimilierung bzw. Anpassung handelte. Und doch heißt, beide als Andere zu verstehen, ihnen beiden einen Ort in dem selben Spielraum einzuräumen, ihnen einen Bereich gemeinsamen Verhaltens zu eröffnen, in dem sie sich wechselweise aufeinander beziehen und so auch voneinander lernen können.

Was könnte es heißen, daß die Dinge von dem mit ihnen Umgehenden lernen? Heißt es, daß zuvorderst jener Umgang selbst neu verstanden werden, d. h. daß er selbst als Umgang ein anderer werden müßte? Lernen in dem hier gemeinten Sinne ist eine gegenläufige Bewegung: indem der Eine sich in einer bestimmten Weise zu dem Anderen verhält, verhält sich auch dieser in einer bestimmten, anderen Weise zu jenem. Es ist das Doppelverhältnis von Bestimmen und Bestimmtwerden, Bearbeiten und Bearbeitetwerden, allgemein Aktivität und Passivität, was hier in gewandelter Weise zu bedenken ist.

Der menschliche Umgang mit der Natur und den Naturdingen erscheint zunächst als ein Tun vom Menschen aus, ein Tun, in dem er die Welt zu der seinen macht, in dem er die

Gegenstände nach seinen Zwecken und Plänen zurichtet, ordnet und formt. Er geht dabei davon aus, daß umgekehrt die Dinge diese Zurichtung positiv erleiden, daß sie, als das bloße Material seiner Verrichtungen, an ihnen selbst so wenig von seinem Tun betroffen werden, daß sich streng genommen nicht einmal von einem »an ihnen selbst« sprechen ließe.

Anders aber ist es, wenn jenes Tun als ein schonendes Sich-einlassen verstanden wird, das stets »in Fühlung mit der Wärme der Dinge« (Adorno, M.M., 47) bleibt. Ein solches vermag in dem, womit es umgeht, eine heilsame und tröstliche Spur zu hinterlassen, auf die umgekehrt die Dinge sich gewissermaßen einspüren, in die sie sich fügen können. Adorno sagt von den modernen Straßenzügen, die die Landschaft durchschneiden: »Wie sie keine Geh- und Räderspuren kennen, keine weichen Fußwege an ihrem Rande entlang als Übergang zur Vegetation, keine Seitenpfade ins Tal hinunter, so entraten sie des Milden, Sänftigenden, Uneckigen von Dingen, an denen Hände oder deren unmittelbare Werkzeuge das ihre getan haben. Es ist, als wäre niemand der Landschaft übers Haar gefahren. Sie ist ungetröstet und trostlos.« (a. a. O., 55)

Die Landschaft, der der Mensch »übers Haar gefahren« ist, hat von ihm gelernt: sie gibt sich in seine gewohnten Gänge als gewachsener Pfad oder Straße, im behauenen Stein und geschnittenen Holz fügt sie sich in seine Wohnstätte, sie kommt ihm entgegen, indem sie ihm die Mittel seines Lebensunterhalts darbietet. Dem menschlichen Wohnen auf der Erde liegt die Erde als Wohnung bereit; sie läßt sich von ihm die Linien, Perspektiven, Weiten und Nähen seiner Lebenswege vorgeben, auf daß sie sie ihm zurückzugeben vermöchte.

So gesehen, bestätigt sich unmittelbar, was über die Gegenläufigkeit des Lernens gesagt wurde: die Landschaft, die Erde, die Dinge vermögen nur insofern und so weit durch das menschliche Handeln mit ihnen zu lernen, d. h. sich gefügig in seine Handlungen zu geben, als dieses Handeln seinerseits von ihnen zu lernen geschickt ist und sich ihren Gegebenheiten, Neigungen und Zuneigungen, aber auch ihren Widerständen und Ecken, ihren Verschlossenheiten und Zurückhaltungen fügen mag. Auch die Landschaft fährt dem Menschen übers Haar (und das ist heute vielleicht die befremdlichere Aussage). Gespürt werden kann dies nur in einer Haltung des Entgegenfühlens und Aufspürens, des gelehrigen Aufmerkens und des Wartens. Erspürt und erwartet wird stets das ganz Andere.

Vielfalt, Einheit, Einzigkeit

Vielfalt, Verschiedenheit, Differenziertheit, Komplexität, Mannigfaltigkeit, Unterschiedlichkeit, Pluralismus, Vielförmigkeit, – all diese Worte weisen in eine gemeinsame Richtung. Zweifellos handelt es sich da um unterschiedliche, aber zugleich doch verwandte Nuancen eines Bedeutungsfeldes, das im Extrem bis zu Durcheinander und zu Chaos reicht. Ich gebe zunächst eine nähere Bestimmung der beiden Begriffe aus dieser Aufzählung, die für meine folgenden Überlegungen zentral sein werden, nämlich Vielfalt und Verschiedenheit.

Vielfalt und Verschiedenheit benennen zwei zusammengehörige Perspektiven eines selben Sachverhaltes, wobei wir die letztere auch als ein wesentliches Merkmal der ersteren bezeichnen können. Schaut man z. B. aus einem Fenster auf einen südlichen Platz, auf dem gerade Markt abgehalten wird, so ist, was man vor sich sieht, eine bunte Vielfalt, deren Einzelheiten aufzuführen uns stundenlang beschäftigen könnte. Wenn wir hier von einer Vielfalt sprechen, dann haben wir im Blick, daß eine unübersehbare Fülle von besonderen Einzelnen auf dem Platz versammelt ist, von Ständen und Buden, Menschen und Waren, Lieferautos und Karren. Und genauer sind da Obststände und Kleiderauslagen, Verkäuferinnen und Käufer, alte und junge, dunkle und helle Menschen, Mittel- und Südeuropäer und Afrikaner, Blumen und Ketten und Shawls und Blechgeschirre und Plastikeimer, rote und grüne und blaue – eine Vielfalt unterschiedlicher Dinge, die sich zu einem bunten und erregenden Bild zusammenfügen.

Alle diese Dinge sind verschieden voneinander. Die Vielfalt besteht aus Verschiedenem, d. h. aus solchem, das nicht nur quantitativ, seiner Zahl und Größe nach, sondern auch qualitativ eine Mannigfaltigkeit oder Vielheit darstellt. Die Waren der Obsthändlerin sind verschieden von denen des Schmuckverkäufers, und das Obst umfaßt Äpfel und Melonen, Ananas und Feigen, wie der Inder Ohrringe und Uhrarmbänder, Halsketten und Ledertäschchen feilbietet. Und auch die meisten Ohrgehänge unterscheiden sich wiederum voneinander, wie es kleine und große, rote und grüne Äpfel gibt. Die Verschiedenheit bezeichnet den Charakter der qualitativen Vielheit, die zusammen die Vielfalt ausmacht, die wir jeweils vor uns haben. Dabei kann es sich natürlich auch um die Vielfalt und Verschiedenheit *in* einem nach außen hin Einen handeln, um die Vielfalt in einem Wassertropfen z. B. oder die in unserem eigenen Inneren, – wie ja auch die Vielfalt dieses Platzes die bei aller Mannigfaltigkeit einheitliche Marktwirklichkeit dieses *einen* Tages ist.

Kehren wir jetzt zurück zu dem anfangs genannten mehrfältigen Bedeutungsfeld. Worin besteht das diesen unterschiedlichen Nuancen oder Perspektiven Gemeinsame? Zur Klärung kann man auf das entgegengesetzte Bedeutungsfeld blicken: Die angeführten Begriffe bezeichnen jeweils etwas, das *nicht* eine Einheit oder Einheitlichkeit darstellt. Die bunte Vielheit ist dem grauen Einerlei entgegengesetzt, das Verschiedene dem Einheitlichen, die Mannigfaltigkeit dem Einfachen, das Chaos der Ordnung usw. Das Eine und Einheitliche ist als solches *nicht* vielfältig und *nicht* vielförmig, und schon gar nicht ein Durcheinander, – unbeschadet dessen, daß es unter anderem Blickwinkel durchaus auch in sich unterschieden werden kann.

Auch die Einheit oder Einheitlichkeit hat wie die Vielfalt ihre verschiedenen Schattierungen: Identität, Einheit, Übereinstimmung, Harmonie, Stimmigkeit, Einheitlichkeit, Einfachheit, Einförmigkeit, Einfalt, in gewissem Sinne auch Zusammengehörigkeit und Zusammenhang, sogar Einzigkeit und Einzelheit; diese Begriffe benennen zwar je Verschiedenes, sie gehören aber doch miteinander in ein gemeinsames Bedeutungsfeld.

Wie die Vielfalt auf der einen Seite anregend und aufregend, erstaunlich und beglückend, auf der anderen Seite aber auch verwirrend, gefährlich, zumindest anstrengend sein kann, so können wir die Einheit als ermüdend und langweilig oder vergewaltigend erfahren, aber auch als beruhigend, Überblick gewährend und hilfreich, auch einfach als schön. Auch ihr Verhältnis zur Vielfalt kann uns sowohl bedrohlich wie förderlich erscheinen: Einheitlichkeit kann Vielfalt ausschließen, aus sich ausgrenzen, unterdrücken, sie kann sie aber auch ordnen, bestimmen, zusammenfassen. Beide, Vielfalt und Einheitlichkeit, können Lust machen und können Not bedeuten.

Fragen wir genauer nach Lust und Not von Vielfalt und Einheit, so geht es um die Einstellung, die wir allgemein als Menschen gegenüber einer Welt der Vielfalt oder der Einheit haben können, anders gesagt, es geht darum, welche unterschiedlichen Weisen unseres In-der-Welt-seins, geschichtlich und auf unsere heutige Situation hin gesehen, impliziert sind, wenn wir uns zu dem in der Welt Begegnenden entweder als einem letztlich Einheitlich-Einfachen oder aber einer bunten und nicht unter ein Eines subsumierbaren Vielfalt verhalten. Und wir fragen, was es dann bedeutet, daß sowohl Einheit wie Vielfalt uns sowohl als etwas Gutes und Förderliches und Lustmachendes wie als eine Not, als etwas Widriges und sogar Schlechtes erscheinen können.

Ganz allgemein kann es als ein Kennzeichen unserer Zeit erscheinen, daß die Wirklichkeit selbst einen Grundzug der Differenziertheit und Disparatheit aufweist, der sich auch mit noch so viel Einheitswillen nicht auf einfache Grundbestimmungen zurückführen, nicht in ein einheitliches Weltbild integrieren läßt. Das Thema der Verschiedenheit ist dementsprechend für die zeitgenössische Philosophie auch nicht einfach ein beliebiges Thema unter anderen, sondern es hat sich in der zweiten Hälfte des letzten Jahrhunderts immer mehr als eine Grundfragestellung herauskristallisiert. Dasjenige Denken der Gegenwart, das man als postmodernes zuweilen angreift, zuweilen auszeichnet, nennt sich selbst ein Denken der *Pluralität*. Es konstatiert eine Pluralität von Denkstilen und Lebensformen, die es nicht mehr erlaubt, das Ganze des Seienden etwa als aus einem Grundprinzip entstanden oder als nach einer einzigen Gesetzmäßigkeit funktionierend zu begreifen. Schon die Rede von einem Ganzen ist vielfach fragwürdig geworden. Daß dies so ist, wird dabei zumeist keineswegs als Verlust angesehen, vielmehr impliziert die Auseinandersetzung mit der Differenziertheit eine Kritik an dem bisherigen Einheitsdenken der abendländischen Tradition.

Wie steht es aber genauer mit der »Objektivität« von Einheitlichkeit und Mannigfaltigkeit? Sind sie tatsächlich einfach »gegeben«, oder verdanken sie sich unserem entweder differenzierenden oder vereinheitlichenden Blick, so daß dieser dann auch mit Recht in der einen oder anderen Richtung kritisiert werden könnte?

Natürlich *gibt* es die einfachen Sachverhalte des Einheitlichen und Verschiedenen, des Einfachen und des Vielfältigen. Und es kann auch kaum geleugnet werden, daß, zumal in der Großstadt, die gegenwärtige gesellschaftliche Realität mit ihren widerstreitenden und komplizierten Anforderungen an den Einzelnen oder mit ihrer Reizüberflutung und Hektik von einer Komplexität und Unüberschaubarkeit ist, die früheren Zeiten und anderen Kulturen wohl unvorstellbar gewesen wären. Aber andererseits hängt die spezifische Qualität dieser Erfahrungen eben doch auch davon ab, wie Richard Sennett sehr schön in seinem Buch »Civitas« über »die Großstadt und die Kultur des Unterschieds« gezeigt hat, wie wir Menschen mit den Sachverhalten Einheit und Unterschiedlichkeit umgehen können, ob wir, mit Sennett gesagt, die in unserer »Umwelt vorfindliche Komplexität und Vielfalt … leugnen« (71) oder, wenn wir sie anerkennen, sie doch als ein zivilisatorisches Übel beklagen, oder ob wir es vermögen, »die Erfahrung des Unterschieds als positiven Wert zu begreifen« (131). Zur Auseinandersetzung mit der Vielfalt will ich mich auf einen ein wenig verschlungenen und vielleicht auch etwas umwegig erscheinenden Weg begeben. Er soll nicht bei der Vielfalt selbst, sondern – in kritischer Weise – bei der Einheit beginnen. Mit diesem Gedanken-Gang wähle ich einen Weg, der durch die Landschaft eines dichterischen Textes führt: ich werde mich auf einige der Erfahrungen des »Kleinen Prinzen« von Saint-Exupéry berufen. Denn es erscheint mir immer mehr als fraglich, ob das exakte, begriffliche Denken angesichts der tatsächlichen Welt unseres alltäglichen Lebens mit ihrer immer neuen und erstaunlichen sinnlichen und geistigen Vielfalt wirklich als das einzige oder auch nur am meisten geeignete Mittel der philosophischen Auseinandersetzung angesehen werden kann. Ob es dagegen nicht vielmehr darum geht, andere Wege zu suchen und aufzusuchen, Wege, die sich nicht auf ein streng methodisches, rationales Vorgehen beschränken, sondern die zumindest ebensosehr der sinnlichen Erfahrung im weitesten Sinne verpflichtet sind. Sinnliche Erfahrung und durch »exakte Phantasie« geleitete Spekulation gehören da allerdings eng zusammen.

Im Anhalt an einige Aussagen aus dem »Kleinen Prinzen« will ich zunächst das im Laufe unserer abendländischen Geschichte zum Tragen gekommene *Einheitsdenken* in den kritischen Blick fassen, um u. a. zu zeigen, daß der Einheit selbst eine »neutrale Vielheit« eigen ist, in Bezug auf die wir geradezu von einer Not der Vielfalt sprechen können. Im Anschluß daran versuche ich im Gegenzug, eine andere, »lustbetonte« Einstellung zur Vielfalt und vielfältigen Besonderheit aufzuzeigen, der dann wiederum auch eine andere Einstellung zu Einheit und Stimmigkeit zugehört.

* * *

Die abendländische Geistesgeschichte war seit ihren Anfängen durch einen Zug zur Vereinheitlichung und ideellen wie materiellen Vereinnahmung des ihr fremden Unterschiedenen gekennzeichnet, der das Mannigfaltige dem einen und allgemeinen Begriff und der gestaltenden und ordnenden Herrschaft unterwarf. In der Kritik an diesem Einheitsdenken der Tradition sind sich so unterschiedliche Richtungen wie das Heideggersche Denken, die Kritische Theorie oder das postmoderne Philosophieren, Foucault und Derrida und Lévinas einig. Was ist da genauer mit »Einheitsdenken« gemeint?

Der Kleine Prinz würde dieses Denken den Denk- und Verhaltensweisen der »Erwachsenen« zurechnen. Zu ihm gehört, daß man stets auf *Begründungen* angewiesen ist, die für das Jeweilige und Besondere vernünftige und zusammenfassende Erklärungen liefern sollen. Die Erwachsenen, sagt der Kleine Prinz, brauchen immer Erklärungen; ohne die würde ihnen, was sie vor sich sehen, nicht als vernünftig erscheinen. Und was ihnen nicht als vernünftig erscheint, das wollen sie im Grunde gar nicht zur Kenntnis nehmen.

Zum anderen gehört zum Einheitsdenken, daß man darauf besteht, daß alles qualitativ sich Unterscheidende durch *Quantifizierung* zugänglich und handhabbar gemacht wird. Die Erwachsenen lieben die Zahlen. Erzählt man ihnen von einem neuen Freund, so fragen sie nicht nach dem Klang seiner Stimme oder dem Farbton seiner Haare, sondern sie erkundigen sich nach seinem Alter, dem Verdienst seines Vaters usw. Nur was sich in berechenbaren Größen darstellen läßt, das scheint faßbar, eben »kalkulierbar« zu sein. Am unheimlichsten wird diese Herrschaft der Zahlen vielleicht in den Berichterstattungen der Medien über Unglücksfälle welcher Art auch immer sichtbar: die Angabe der Zahl der Toten und Verwundeten soll das »Ausmaß« einer Katastrophe sichtbar machen und entfernt sie damit gerade aus dem Bereich möglichen Mitfühlens und Mitleidens.

Und schließlich gehört zum Einheitsdenken, daß man alles Begegnende unter Oberbegriffe subsumiert, es – unter Abstraktion von den für das jeweilige Erfahren wichtigen Eigenheiten – in *Allgemeinheiten* einordnet. »Die Menschen bei dir, sagte der Kleine Prinz [im Hinblick auf den ausgedehnten Rosengarten, an dem er vorbeigekommen war], ziehen fünftausend Rosen in einunddemselben Garten ... und was sie suchen, finden sie nicht.«»Und doch könnte das, was sie suchen, in einer einzigen Rose gefunden werden« (81).

Begründendes, quantifizierendes und allgemeines Denken haben gemeinsam, daß sie Maße, Einheiten und Raster über das unvordenkliche und je an ihm selbst zufällige, erstaunliche Einzelne legen, daß sie seine Vielfalt und die Eigenheit, die es gerade an dieser spezifischen Vielfalt hat, zugunsten der einheitlichen Züge, die es mit anderem verbinden und diesem gleichmachen, unterdrücken. Adorno nennt dieses Denken darum ein »identifizierendes Denken«. Es richtet die unterschiedlichen Dinge und Geschehnisse nach seinen eigenen Kategorien so zu, daß es sie beherrschen, mit ihnen fertig werden kann.

Auf den ersten Blick mag es nun vielleicht merkwürdig erscheinen, wenn ich behaupte, daß zu der so hergestellten Einheit und Überschaubarkeit zugleich eine unendliche Vereinzelung und Isolierung, damit aber auch Pluralisierung, Vervielfältigung gehört. Doch was da so begründet, gemessen und berechnet sowie verallgemeinert wird, wird eben dadurch zu einem bloßen Faktum, einem Quantum, einem Exemplar. Als solches steht es ununterscheidbar in einer Reihe mit anderen Fakten, Quanten und Exemplaren, es wird Teil einer Masse, eines Funktionszusammenhanges, einer Kausalkette. Als der Kleine Prinz zuerst den Garten mit den fünftausend Rosen betrat, wurde er sehr traurig, – und diese Traurigkeit war sicherlich eine »Not der Vielfalt«. Die Besonderheit und Einzigkeit »seiner« Rose, die er liebte und die ihn so gequält hatte, daß er vor ihr geflohen ist, schien plötzlich in Frage gestellt. Er sagte sich: »Ich glaubte mich reich durch eine einzigartige Rose, und ich besitze nur eine ganz gewöhnliche Rose. Das und meine drei Vulkane, die mir nur bis ans Knie reichen und von denen der eine vielleicht für immer erloschen ist, machen aus mir keinen sehr großen Prinzen ...‹ Und er legte sich ins Gras und weinte.« (66)

Aber später, nachdem er den Fuchs zum Freund gewonnen hat, begreift er, daß es sich in Wahrheit ganz anders verhält. Und er sagt zu den Rosen: »Ihr seid noch nichts«. »Ihr seid schön, aber ihr seid leer (...). Man kann nicht sterben für euch. Sicherlich, ein normaler Passant würde meinen, daß meine Rose euch gleicht. Aber an ihr selbst ist sie wichtiger als ihr alle, weil sie es ist, die ich begossen habe. Weil sie es ist, die ich unter einen Glassturz getan habe. (...) Weil sie es ist, deren Klagen oder Selbstlob oder manchmal sogar Schweigen ich angehört habe. Weil es meine Rose ist.« (72)

Eine ausgezeichnete Form der Leere, die im Mangel eigentlicher Bedeutsamkeit für jemanden oder etwas besteht, verkörpert sich in den bloßen *Waren*. Insofern etwas *als* Ware genommen wird, wird von seinem spezifischen Gebrauchswert abstrahiert, es wird im Hinblick auf seinen ökonomischen Wert taxiert. Auch seine nur ihm zukommende Besonderheit und Eigenheit wird dann allein unter dieser Maßgabe eingeschätzt. Eines der Massenphänomene der Gegenwart besteht darin, daß der Mensch selbst im bzw. besser für den Produktionsprozeß, in dem er steht, zur Ware wird oder jedenfalls in seinem ganzen Sein von ihr her bestimmt ist und beurteilt wird. Die ökonomisch relevante Arbeit, die er zu leisten vermag, oder der Lebensstil, den er sich zu leisten vermag, scheint in vielen Beziehungen auch seinen einzigen Wert als Person auszumachen. Das Warenmaß ist einheitlich und nivellierend. Dadurch zerstört es die lebendigen Beziehungen, die zwischen den Einzelnen, Dingen und Menschen, bestehen; es sieht von ihnen ab bzw. hält sie für eine zu vernachlässigende Größe; so isoliert es die Einzelnen voneinander, und zwar gerade indem es sie zugleich einander gleich macht.

Der Geschäftsmann, den der Kleine Prinz auf der Flucht vor seiner Rose auf einem anderen Planeten antrifft, zählt die Sterne, um sie auf diese Weise zu besitzen. Dabei hören sie jedoch auf, wirkliche, blinkende Sterne zu sein und werden zu zusammenrechenbaren Größen auf seinem Bankkonto. Sein Besucher wundert sich. Die Sachen, die *er* besitzt, haben einen Sinn für ihn, und – er hat einen Sinn für sie: »Für meine Vulkane ist es nützlich und für meine Rose ist es nützlich, daß ich sie besitze. Aber du bist für die Sterne nicht nützlich.« »Der Geschäftsmann öffnete den Mund, aber er wußte nichts zu erwidern.« (49)

Der Geschäftsmann konnte nichts anführen, was für eine innere Differenziertheit und Auszeichnung der Bedeutungen seiner angeblichen Besitztümer hätte zeugen können. Sie waren für ihn nichts anderes als abstrakte Größen. So vermochten sie auch ihm selbst keine eigene, konkrete Bedeutung zu geben, er wurde durch sie vielmehr zu so etwas wie einer abstrakten Zähl- bzw. Rechenmaschine. Er hatte es nicht mit einer wirklichen *Vielfalt,* sondern nur noch mit einer *Menge* zu tun; und er selbst war kein Wesen mit vielfältigen Bedürfnissen und Eigenschaften, sondern er hatte sich selbst auf ein einziges Interesse und damit auf ein einziges Funktionieren reduziert.

Die Reduktion von qualitativer Beziehung auf bloße Funktionen spielt in den meisten der wunderlichen Erfahrungen, die der Kleine Prinz mit den Bewohnern fremder Planeten macht, eine Rolle. In das selbe Bild paßt auch, was er sieht, als er auf unserem Planeten, der Erde, die Eilzüge beobachtet. Der Kleine Prinz, für den die Bedeutungen der unterschiedlichen Dinge jeweils etwas miteinander zu tun haben – wie sie auch etwas mit ihm selbst zu tun haben –, der Kleine Prinz nimmt zunächst mit Selbstverständlichkeit an, daß die Menschen, die in die eine Richtung gefahren sind, die gleichen sind, die dann in die andere Richtung fahren, daß sie also wieder zurückkehren, vielleicht weil sie dort, wo sie angekommen waren, unzufrieden oder gar unglücklich waren; und so auch, daß diejenigen, die in einem anderen Zug in der selben Richtung fahren wie die ersten, diesen nachfahren. Er vermutet Beziehungen und Zusammenhänge, wo in Wirklichkeit nur Gleichgültigkeit gegeneinander und Neutralität herrschen. Die Leute, die da durch die Nacht rasen, haben, zu seiner großen Verwunderung, nichts miteinander zu tun. Und im Grunde haben sie überhaupt nichts Wirkliches zu tun, es geht ihnen nicht um etwas wirklich Wichtiges, in irgendeiner Weise Besonderes.

Man wird hier vielleicht einwenden, daß diese Beurteilung insofern ungerecht und auch naiv ist, als man in unserer Massengesellschaft doch hoffnungslos überfordert wäre, wenn man die Menschen kennen und sogar etwas mit ihnen zu tun haben sollte, mit denen man in der Straßenbahn fährt, die einem beim Einkaufen begegnen, mit denen »zusammen« man in einem Wartezimmer oder in einem Hörsaal sitzt. Je größer die Zahl der Menschen ist, mit denen wir scheinbar zusammenleben, umso kleiner ist die Zahl derer, auf die wir uns wirklich einstellen können, die etwas von uns wissen und von denen wir etwas wissen. Das ist nicht bloße Gleichgültigkeit oder Unempfindlichkeit, sondern wesentliche Voraussetzung und Implikation unserer Lebensweise und unseres Lebensstils, ganz besonders in der Großstadt. Man kann das vielleicht bedauern. Aber dann sollte man sich zugleich auch die Zwänge und die Enge vor Augen halten, die oftmals in Gemeinschaften herrschten, wo jeder jeden kannte und jeder jeden beobachtete. Doch was der Kleine Prinz in Frage stellt, ist etwas anderes. Wir verstehen es besser, wenn wir entschiedener über die Kritik hinausgehen und umgekehrt nach einer sinnvollen Einstellung zum in sich verschiedenartigen Einzelnen und selbst zu einer zunächst unüberschaubar scheinenden Vielfalt fragen.

* * *

Ich beginne auch hier noch einmal mit dem Negativbild. Warum eigentlich macht Vielfalt Not? Eine Not, die wir zu wenden suchen, indem wir sie durch Erklärungen, Quantifizierungen und Verallgemeinerungen und Abstraktionen in Einheit und Einheiten zusammenfassen. Ich werde hier keine psychologischen oder sozialpsychologischen Theorien aufstellen. Unter den vielleicht mehrfachen Gründen will ich hier nur einen ganz bestimmten Aspekt hervorheben. Ich denke, daß einem die Vielfalt und Unterschiedlichkeit dessen, was man vor sich oder um sich herum sieht und erfährt, u. a. dann Angst oder jedenfalls Unbehagen bereitet, wenn man sich auf Grund von dessen vielfältiger Verschiedenheit nicht dazu zu verhalten vermag, wenn die Vielheit unübersichtlich oder unüberschaubar und damit auch nicht mehr zu handhaben ist. Im schlimmsten Fall fühlt man die Gefahr, von der Menge überwältigt und erdrückt zu werden. Aber es genügt schon, sich nicht mehr auszukennen, die Übersicht zu verlieren.

Irgendwie fühlt man sich bedroht von dem Vielfältigen, weil man nicht weiß, wie es in den Griff zu bekommen ist, wie man ihm begegnen soll. Dieses Nichtwissen macht Angst. Denn Wissen bedeutet Gesehenhaben, also Sich-schon-auskennen. Bedrohlich erscheint, was fremd ist, und das heißt wiederum, womit wir nicht umzugehen wissen, worauf wir uns nicht in unserer Weise einstellen können. Das, was fremd

119

ist und anders als wir, verunsichert uns, d. h. es nimmt uns unsere Selbstsicherheit und unser Selbstbewußtsein, die beide darauf aufbauen, daß wir wissen, wer wir im Verhältnis zu Anderem sind, wie wir uns ihm gegenüber zu verhalten haben.

Wir haben ein merkwürdig ausgeprägtes Bedürfnis, überall Bescheid zu wissen und alles Fremde zu einem irgendwie Bekannten zu machen. Das wird besonders deutlich, wenn man zuweilen Menschen über das in fremden Ländern und Kulturen Gesehene so erzählen hört, als wären sie in der Fremde nur gut verdaulichen, wohlverpackten, nämlich den eigenen Vorstellungen integrierbaren Portionen von Wirklichkeit begegnet. Erst wenn alle Fremdheit in der Vielfalt der ungewohnten Erfahrungen getilgt ist, dann haben diese die Einheitlichkeit gewonnen, in der man sich auskennt und mit deren Bestandteilen man etwas anzufangen weiß. Kommt es aber in unserem Umgang mit der Vielfalt wirklich vor allem anderen darauf an, das Unbekannte zu Bekanntem zu machen, Fremdheit aufzuheben, Erstaunliches zu erklären?

Auch die Geschichte der Freundschaft des Kleinen Prinzen mit dem Fuchs scheint auf den ersten Blick für diese Annahme zu sprechen. Denn das Freundschaft-schließen wird hier als ein Zähmen bzw. Gezähmtwerden oder Sich-zähmen-lassen beschrieben. Und unter dem Zähmen verstehen wir alltäglich eben das Tilgen von Fremdheit und Wildheit; die Natur des Anderen wird den eigenen Gesetzen unterworfen, den Verhaltensweisen des Heimischen, Bekannten und Gewollten angepaßt und eingepaßt.

Doch was der Fuchs vom Kleinen Prinzen erbittet – ähnlich inständig wie dieser selbst seine Bitten und Fragen vorzubringen pflegt – ist etwas anderes. Zähmen heißt »Bindungen schaffen«, erklärt der Fuchs. Und er sagt dann auch, was für *Bindungen* das sind: Sie ergeben sich daraus und bestehen darin, daß zum einen der Eine für den Anderen Einzigkeit gewinnt und daß sie sich zum anderen gegenseitig *brauchen*. Aus einem Jungen, der Hunderttausenden von kleinen Jungen und einem Fuchs, der Hunderttausenden von Füchsen gleich zu sein scheint, schafft das Zähmen die Bindung zwischen *einem Einzigen* und einem *anderen* Einzigen. Also zwar auch hier in gewissem Sinne eine Reduktion vom Mannigfaltigkeit auf Einzelnheit, von uneinsichtiger Fremdheit auf Vertrautheit und Bekanntheit. Aber wir müssen uns genauer anschauen, worin denn die zu schaffende Bindung besteht, wie sie aussieht und zustande kommt, und in welchen Beziehungen diese Einzigkeit an ihr selbst zur Vielheit und zur Verschiedenheit steht. Der Fuchs und der Kleine Prinz brauchen beide einen Freund, – der eine, weil ihm langweilig und alles um ihn herum eintönig ist, der andere, weil er sich allein und traurig fühlt. Findet man einen Freund, so ist das, als gewinne die Welt eine bestimmte neue Farbe, es gibt dem Gewohnten einen ungewohnten Sinn, es bringt ein Neues, Anderes in das Übliche. Weit entfernt davon, eine Reduktion und Einebnung zu sein, bedeutet die Freundschaft eine Verbesonderung, die das Ganze des Lebens in ein anderes Licht taucht, ihm eine neue Bedeutung gibt. Der Fuchs verdeutlicht das an dem, was er die Riten nennt. Die Riten bringen gerade durch eine gewisse Einheitlichkeit oder besser Wiederkehr des Selben einen Unterschied in die sonst bestehende Gleichförmigkeit des Gewohnten. Der Unterschied bedeutet hier Betonung, Heraushebung, Auszeichnung. Und diese Auszeichnung kommt nicht durch eine spektakuläre Tat oder Einsicht zustande, sondern in einer ganz stillen und langsamen und behutsamen Annäherung, zu der eine gewisse Regelmäßigkeit und Ausgewogenheit gehören.

Die ruhige Gelassenheit, mit der der Kleine Prinz und der Fuchs einander zu Freunden werden, scheint das Geschehen zu einem fast unscheinbaren zu machen. Dennoch verändert es für beide ihr In-der-Welt-sein, weil für beide die Welt selbst eine neue, ungewohnte, köstliche Färbung erhält, dadurch, daß sie voneinander und von ihrer Beziehung zueinander wissen und davon, daß sie wichtig füreinander sind.

Was ich hier eine neue Färbung der Welt nenne, hat ganz unmittelbar etwas mit dem Verhältnis von Einzigkeit und Vielfalt zu tun. Sich in dem jetzt gemeinten Sinne auf Einzigkeit zu beziehen ist selbst eine spezifische Weise, mit Vielheit umzugehen. Es ist besser, sagt der Kleine Prinz, als er dem Flieger den nahenden Abschied ankündigt, es ist besser, daß mein Stern zu klein ist, als daß ich ihn dir zeigen kann.»Mein Stern, das wird für dich einer der Sterne sein. Darum wirst du es lieben, alle Sterne anzuschauen. Sie werden alle deine Freunde sein.« »Die Leute haben nicht die selben Sterne. (...) Du wirst Sterne haben wie niemand sonst (...). Wenn du nachts den Himmel betrachten wirst, dann wird es, weil ich auf einem von ihnen wohnen und auf einem von ihnen lachen werde, für dich so sein, als ob alle Sterne lachen würden. Du allein wirst Sterne haben, die lachen können.« (87)

Und das entspricht dem, was der Fuchs durch seine Freundschaft mit dem Kleinen Prinzen gewinnt. Ich zitiere auch hier ausführlich:»Siehst du dahinten das Kornfeld? Ich esse kein Brot. Korn ist für mich unnütz. Kornfelder erinnern mich an nichts. Und das ist traurig. Aber du hast goldfarbene Haare. Darum wird es wunderbar sein, wenn du mich gezähmt haben wirst! Das Korn, das golden ist, wird mich an dich denken lassen. Und ich werde das Geräusch des Windes im Korn lieben ...« (69)

Die Sterne, das Korn, auch der Wind, – das sind, an ihnen selbst genommen, gleichgültige Vielheiten. Aber indem sie in bestimmte Bezüge gestellt werden, indem sie es vermögen, an etwas zu erinnern oder etwas in sich zu enthalten, was besonders und insofern einzig ist, entfalten sie sich gewissermaßen zu etwas, das einen Schatz in sich birgt und das darum in seiner Vielfalt selbst Einzigkeit erlangt. Aus der gleichgültigen Vielheit wird eine ausgezeichnete Vielfalt.

Am Ende vertraut der Fuchs seinem Freund ein Geheimnis an. Es lautet:»Man sieht nur mit dem Herzen gut. Das Wesentliche ist für die Augen unsichtbar.« (72) Das mit dem Herzen Gesehene, das, was Einzigkeit schafft und Unterschiede setzt, das Wasser, das aus dem Gang unter den Sternen, aus dem Gesang der Brunnenwinde und aus der Anstrengung der Arme geboren wurde und gut fürs Herz ist, – das alles strahlt gewissermaßen in einer und aus einer Vielfalt, die es zu einer besonderen, zu dieser besonderen macht. Die Einzigkeit und Besonderheit des ausgezeichneten Einzelnen sind, streng genommen, gar nicht die eines Einzelnen, sondern sie sind so etwas wie Brennpunkte oder Schnittstellen von Vielfalt, letztlich von Welt. Sie machen, daß Vielfalt etwas anderes ist als bloße Quantität oder Menge, Welt etwas anderes als das bloße Alles.

* * *

Die Not der Vielfalt zu einer Lust werden zu lassen, das heißt – und zwar auch dann, wenn es im jeweiligen Fall nicht gelingt oder wenn es nicht darauf ankommt, besondere»Bindungen zu schaffen« – die bedrohliche und angstmachende Vielheit in ihrer jeweiligen Besonderheit zu sehen und anzunehmen. Negativ gesagt: es erfordert, daß wir damit aufhören, alles Begegnende von uns aus in den Griff bekommen, damit»fertig werden« zu wollen, seine Fremdheit und Erstaunlichkeit zu überwinden, weil wir meinen, unser Ziel auf dieser Erde müsse es sein, der Welt unsere eigene Gestalt aufzuprägen. Es bedeutet stattdessen, daß wir vor dem Anderen gewissermaßen zurücktreten, um uns von *ihm* sagen zu lassen, was es uns von sich erzählen will, – oder ob es uns vielleicht, je nachdem, ein Rätsel bleiben will.

Auch die abendländische Philosophie war weitgehend von dem Grundzug geprägt, daß sie das Erstaunliche vor allem und vollständig erklärlich machen, also seine Fremdheit tilgen wollte. Sie wollte, so könnte man im Sinne des Kleinen Prinzen sagen, ganz und nur erwachsen sein. Das *Erstaunen*, das nach einer alten Überlieferung der Anfang des Philosophierens sein sollte, wurde als etwas verstanden, das als dieser Anfang gerade nicht zu einem fortdauernden und bestimmenden Leuchten in allem Folgenden werden, sondern durch das Finden von zureichenden Gründen möglichst schnell überwunden werden sollte. Wenn wir etwas auf seine Gründe zurückgeführt haben, haben wir es »ergriffen« und begriffen, wir haben es »im Griff«. Damit aber haben wir ihm selbst – und uns – die Chance genommen, daß es sich auf unerwartete Weise, von sich aus, d. h. eben als ein Fremdes, Eigenes verhalten und zeigen könnte.

Das Erstaunliche erstaunlich, das Fremde fremd und das Andere anders sein und bleiben zu lassen, heißt nicht, sich von ihm wegzuwenden, es, desinteressiert, einfach stehen zu lassen. Der Kleine Prinz versucht mit einer uns ungewohnten Intensität, wie man sagt, hinter die Dinge zu kommen. Aber er tut dies, indem er sie anschaut, sie beobachtet, sie befragt. Was er nicht tut, ist, sie seinen eigenen Kategorien und Kriterien und Maßstäben zu unterwerfen. Er versucht, von ihnen zu lernen, – und sei es dies, daß sie sonderbar, ihm unverständlich, anders als er sind.

Worauf es ankommt, ist, ein Verhältnis zum Fremden und zum Unterschiedenen zu finden, das dessen Fremdheit wahrt, ohne dadurch in Gleichgültigkeit ihm gegenüber zu fallen oder alles Begegnende in den objektivierenden Blick *bloßer* Distanz aufzuheben. Auch das Fremd-sein-lassen ist eine Weise des Sich-einlassens, des Zugehens auf das Andere in seiner erstaunlichen Vielfalt. Es ist insofern eine Art Mitfühlen mit dem Anderen, wörtlich Sym-pathie, aber ein die Distanz anerkennendes Mitgefühl, das aufhört, sich selbst und das eigene Verstehen und vielleicht auch Wohlwollen zum Maßstab zu nehmen, also bereit ist, sich bis zu einem gewissen Grad selbst aus den Augen zu verlieren. In dem früher genannten Buch von Sennett lesen wir diese Bemerkungen:»Unterschiede sind nicht dazu da, daß man sie überwindet.«»Um den Anderen wahrzunehmen, muß man sich dazu durcharbeiten, die eigene Unvollständigkeit zu akzeptieren.«»Sympathie verweist auf eine wechselseitige Anteilnahme, die geweckt wird, wenn man die Kraft zur Selbst-Definition verliert.« (192 f.)

Die Vielfalt, die wir außerhalb unserer wahrnehmen, muß uns nur dann Angst machen, wenn wir um jeden Preis an uns selbst, unserer Selbst-Definition festhalten wollen, wenn wir nicht offen dafür sind, sowohl das Andere wie uns selbst als fremd zu erfahren. Wir müssen also das Risiko eingehen, daß wir und das Andere aufhören, kalkulierbar zu sein, wir müssen uns in diesem Sinne selbst verlieren können, uns einüben in Unsicherheit. Und zu dieser Fähigkeit und Bereitschaft, von unserem eigenen, scheinbar unverrückbaren Standpunkt und in diesem Sinne von uns selbst wegzurücken, gehört eben auch, daß wir zugleich bereit sind, uns auf etwas, das anders ist als wir, so einzulassen, daß es uns zu einem Einzigartigen, zum Brennpunkt unserer Perspektiven auf die Welt werden kann.

* * *

Zum Schluß möchte ich noch kurz auf einen Aspekt des Verhältnisses zur Vielfalt zu sprechen kommen, der in dem Bisherigen bereits enthalten war, den noch einmal eigens herauszustellen mir aber wichtig scheint. Mit einem Schlagwort können wir diesen Aspekt den »subjektiven Faktor« nennen. Denn das Wegrücken von sich selbst im Sicheinlassen auf das Fremde und seine Erstaunlichkeit bedeutet, so meine ich, gerade keine Selbstaufgabe. Vielfalt ist gesehene und erfahrene Vielfalt, gesehen und erfahren durch ein Ich oder ein Wir.

Weit entfernt davon, lediglich die – den jeweiligen Bedingungen entsprechend entweder lust- oder leidvolle – Rezeption einer nun einmal gegebenen disparaten Vielfältigkeit zu sein, ist die Erfahrung von Vielfalt etwas, das mit unserer eigenen, jeweiligen Weise des Erfahrens, mit der jeweiligen Art unseres Sehens und d. h. eben mit uns selbst zu tun hat. In der unüberschaubaren Mannigfaltigkeit der heutigen gesellschaftlichen Realität könnte eine hilf- und hoffnungslose Zerstreuung und damit ein Sich-verlieren so gut wie vorprogrammiert sein, wenn wir unsere Fähigkeit zum verbesondernden Blick auf die Vielfalt aufgeben bzw. nicht weiter zu entfalten versuchen. Aber sich auf Anderes einzulassen und sich selbst als den systematischen Mittelpunkt der Welt aus den Augen zu verlieren, heißt nicht, gänzlich von sich abzusehen. »Man begibt sich an den Rand des eigenen Selbst. Aber gerade an diesem Rand kann man kein Bild mehr von sich selbst gewinnen«, heißt es zwar bei Sennett (194). Doch die da kein Bild von sich haben, wissen gleichwohl darum, daß das Sehen *ihr* Sehen ist. Ich denke, daß nur *das besondere Erfahren* ein *Erfahren des Besonderen* zu sein vermag. Es geht nicht darum, sich im Außen als einem Fremden aufzulösen. Fremd kann etwas nur in der Auseinandersetzung oder Kommunikation mit einem Anderen sein, und d. h. mit jemand, für den es fremd oder vertraut ist. »Eine unabhängige Stimme existiert nur in bezug auf eine andere Stimme.« (281)

Das Verlieren der »Kraft zur Selbst-Definition« – die »Kraft zur Preisgabe«, wie Sennett an anderer Stelle sagt (271) – darf also nicht mißverstanden werden im Sinne eines »Verschwindens des Subjekts«. Nur wenn wir unter diesem »Subjekt« den neuzeitlich geprägten Menschen verstehen, der alles Begegnende von sich selbst her und auf sich selbst zu beurteilt und berechnet, dann geht es nach dem Gesagten in der Tat darum, dieses Subjekt und sein objektivierendes und herrschaftliches Weltverhalten zum Verschwinden zu bringen. Aber wenn wir »Subjekt« weiter fassen und damit den Menschen überhaupt meinen, dann ist es eine bedenkliche und gefährliche Tendenz der zeitgenössischen Philosophie, daß sie vielfach bestrebt ist, den einzelnen Menschen hinter der Autorität, ja dem Seinsrang von allgemeinen Entitäten – der Sprache, der Geschichte, dem Gesetz, der Organisation – zurücktreten zu lassen.

Mir scheint, daß auch dies eine Erscheinungsform der Reduktion von Vielfalt ist. Vielfalt im hier ausgeführten Sinne ist eben nicht gleichgültige, neutrale Vielheit. Die Hinnahme von Pluralität ist rein als solche noch keine Erfahrung wirklicher Vielfalt. Dazu gehört vielmehr die Wahrnehmung und Anerkennung sowohl der internen Differenzen und zufälligen Veränderungen wie auch der Eigenheit und des Eigen-sinns des Vielfältigen, dessen, worauf es sozusagen hinauswill. Eigensinn zu erfahren ist nur dem Eigensinnigen möglich. Nur wenn man bereit und in der Lage ist, sich selbst in der eigenen Vielfalt und Andersheit und in gewissem Sinne auch Unvorhersehbarkeit anzunehmen und ernstzunehmen, kann man auch die Unvorhersehbarkeit und Fremdheit des Anderen in seiner inneren und äußeren Vielfalt mit Lust sehen und gelten lassen.

Anderssein und Nichthaftigkeit

Das Andere, – das Eine und das Andere. Ist das Andere anders? Aber anders als was? Als das Eine, das damit selbst zum Anderen wird? Anders als es selbst, das damit selbst auch ein Eines ist?

Sprachlich ist das Andere sowohl ein numerisch Zweites wie ein gegenüber dem Ersten qualitativ Unterschiedenes. Jeweils ist es grundsätzlich auf das Eine, dessen Anderes es ist, bezogen, – das Eine und das Andere, das Eine oder das Andere, austauschbar, je nachdem, ob man vom Einen oder vom Anderen ausgeht. Kann »das Andere« aber auch aufhören, bloßer Relationsbegriff zu sein, kann es das Andere selbst sein, das Andere, das an ihm selbst anders ist? Vermöchte *ein solches Anderes* noch gedacht zu werden?

Sicherlich nicht im Sinne eines Einen, das nur anders wäre, ohne anders als Anderes zu sein. Denn jedes Eine ist als ein Bestimmtes und ein Dieses zugleich auch anders als Anderes. *Omnis determinatio est negatio,* nämlich *negatio* von anderer *determinatio.* Wir können grundsätzlich nur *Verschiedenes* denken, also solches, das sich von Anderem unterscheidet, – dem es jedoch ebensosehr auch gleich ist, insofern sich das Andere seinerseits als ein Eines von ihm unterscheidet. Das Andere kann nur ein Eines sein und als solches gedacht werden, wenn es zugleich ein Anderes bleibt.

Können wir gleichwohl das Andere so als ein Eines nehmen wie das Eine selbst, indem wir also absehen von seinem Bestimmtsein gegen und seiner negativen Beziehung auf Anderes? Vermögen wir es dann noch als Anderes zu denken?

Kann etwas so das Andere sein, wie es etwa das Rote, das Schimmernde, das Geheimnisvolle ist? Kann also Anderssein selbst als qualitative Bestimmung gelten (die es dann auch von Anderem, das nicht in diesem Sinne anders ist, unterscheidet)? Das an ihm selbst Andere könnte, so scheint es, das sein, was erstaunlich und befremdlich ist, eben einfach »anders«. Doch wir sind gewohnt, das, was anders ist, sogleich an dem zu messen, was uns bekannt und vertraut ist. Das philosophische Denken, das sich von altersher als vom Erstaunen ausgehend verstand, versuchte stets, dieses Erstaunen einzutauschen gegen ein Wissen, das das erstaunliche Andere erklärte und damit zu einem verständlichen Diesen machte. Auf merkwürdige Weise scheint das Erstaunen selbst zu seiner Aufhebung herauszufordern. Etwas zu verstehen, zu wissen und zu erkennen, hieß, es als in irgendeiner Weise identisch mit schon Bekanntem, schon Vorgewußtem zu erweisen, es unter Begriffe subsumieren zu können, die dem Begreifenden jeweils schon vertraut sind. Der anerkannteste Weg zur Tilgung von Erstaunlichkeit war und ist seine Zurückführung auf Gründe und Prinzipien, auf solches also, was in irgendeiner Weise verantwortlich ist für sein Sein.

Was könnte es demgegenüber heißen, das Andere *als Anderes*[1] zu denken, d. h. ihm seine Befremdlichkeit und Erstaunlichkeit gerade zu lassen? Heißt denken nicht im Sinne des eben Gesagten wesensmäßig, sich das Andere in irgendeiner Weise anzueignen, es in die eigene Begrifflichkeit aufzuneh-

---

[1] Wenn ich hier nach dem Anderen frage, so soll damit nicht *der* Begriff des Anderen oder gar sein Verhältnis zu *dem* Begriff des Nichts eingefangen werden, sondern wir lassen uns auf Gedanken-Gänge verweisen, auf deren Wegen unsere an der Identität und am Identischen orientierte Selbstverständigung sich kritisch entfalten und verändern könnte in Richtung auf eine Erfahrung des Anderen und des Andersseins. Darauf, daß mit dem von mir erfragten »Anderen« etwas grundsätzlich anderes im Blick steht als mit dem »Anderen« von Lévinas, möchte ich nur hinweisen (vgl. Lévinas, Die Spur des Anderen).

men? Nach allgemeiner Überzeugung haben wir etwas dann verstanden und als es selbst gedacht, wenn wir es nachvollziehen, uns in es hineinversetzen, die Fremdheit zwischen ihm und uns überwinden können. Hieße also, das Andere rein als Anderes zu verstehen, es gar nicht zu verstehen, von vorneherein auf ein Verstehen zu verzichten?

Oder wie wäre das zu denken, ein Denken, das das Andere eigens als Anderes dächte?

* * *

Vor dem Hintergrund dieser Überlegungen und Fragen zum Anderen wende ich mich an Rilkes Gedicht »Die Brandstätte«[2]:

Gemieden von dem Frühherbstmorgen, der
mißtrauisch war, lag hinter den versengten
Hauslinden, die das Heidehaus beengten,
ein Neues, Leeres. Eine Stelle mehr,

auf welcher Kinder, von Gott weiß woher,
einander zuschrien und nach Fetzen haschten.
Doch alle wurden stille, sooft er,
der Sohn von hier, aus heißen, halbveraschten

Gebälken Kessel und verbogne Tröge
an einem langen Gabelaste zog, –
um dann mit einem Blick als ob er löge
die andern anzusehn, die er bewog

zu glauben, was an dieser Stelle stand.
Denn seit es nicht mehr war, schien es ihm so
seltsam: phantastischer als Pharao.
Und er war anders. Wie aus fernem Land.

---

[2] Rilke hat dieses Gedicht im Frühsommer 1908 in Paris geschrieben, in der Zeit der Arbeit am Malte Laurids Brigge.

»Und er war anders. Wie aus fernem Land.« Dabei war er doch
»der Sohn von hier«. Aber was besagt in diesem Fall: »von
hier«? Was ist da hier? Hier ist, daß hier etwas war, das nicht
mehr ist, und dessen Nicht-mehr-sein ihm eine veränderte,
seltsame Präsenz gibt. »Ein Neues, Leeres. Eine Stelle mehr«.
Da ist zwar wiederum eine Stelle, eine neue Stelle, aber sie ist
ein Leeres, leer von dem, »was an dieser Stelle stand«, was also
zugleich nicht da wie da ist, nämlich als das da ist, was nicht ist,
in der Weise des »nicht mehr«. Der Sohn von hier, wo die Stelle war von etwas, was da stand und voller Leben und Wohnen
und Hingehörigkeit war, unter heimischem Gebälk, mit Kes-
seln und Trögen, – der Sohn von hier ist wie aus fernem Land,
aus einem Land, wo das weilt, was vergangen ist und an das
man hier nur noch glauben kann, wie man an ein Sagenhaftes,
Erdichtetes, ja sogar Gelogenes glaubt, als an etwas, das einem
nur etwas vormacht, nur so tut, als ob.

Darum ist er anders. Es wird nicht gesagt, als was er anders ist, – ob anders als »die andern«, die er so merkwürdig
fremd ansieht, anders als der, der er vordem war, anders als das,
was sich jetzt, als Sein eines Nicht-mehr mitten im Frühherbstmorgen, um ihn herum ausbreitet, obgleich es sich für
immer entzogen hat. Vermutlich ist er – der zugleich in dem
ist, was war und was nicht ist, wie auch in dem, was jetzt
gleichwohl ist – vermutlich ist er gar nicht anders als irgend-
etwas Bestimmtes, sondern nur einfach anders, nicht so wie
gewohnt.

»Nicht so wie gewohnt«, d. h. zugleich nicht so, wie es ist
und wie es nicht nicht ist[3], nämlich verläßlich, beständig, sicher. »So ist es«, ita est, – das ist Bejahung und Bestätigung,
Positivität, Sein. Etwas ist verläßlich, wenn es an seiner Stelle

---

[3] Dies ist die Kennzeichnung des wahren Seins oder der seinshaften Wahrheit,
die Parmenides von der Göttin erfährt. Der Weg, der dem wahren Denken allein
zu gehen aufgegeben sein kann, ist der Weg »wie es ist und wie es nicht nicht
sein kann« (Frg. 2).

ist und bleibt, so daß man darauf zurückkommen, es jederzeit wieder antreffen kann. Indem es so ist, wie es ist, fügt es sich ein in einen Zusammenhang, eine Ordnung, auf die man sich vorgängig und in Zukunft verlassen kann, weil sie den Raum, der zwischen dem Einen und dem Anderen ist, mit ihrer Gesetzmäßigkeit durchmißt und gliedert, überschaubar und greifbar macht.

»Und er war anders.« Denn er ist nun nicht »so«, er gehört zu einer Stelle, die als ein Neues, Leeres da liegt. Um ihn her ist nichts, das Nichts dessen, was einmal war und nun gleichsam ausgespart ist. »Es ist nicht so«, aber auch nicht so; da tritt nicht einfach an die Stelle einer Zuverlässigkeit eine andere, neue, sondern das Neue ist Leeres, also Offenes, Unvertrautes, Seltsames.

Das ganze Gedicht atmet diese Atmosphäre des Seltsamen, des Zwischenreichs des Nichthaften, das sichtbar gewordene Leere und Sein des Nichtmehrseienden ist. Besonders auffällig wird das an den Adjektiven, die sich grob in drei Gruppen zusammenstellen lassen, die jede für sich auf andere Weise den Bereich eines Nichthaften andeuten: leer, still, heiß, lang; gemieden, mißtrauisch, versengt, halbverascht, verbogen; neu, seltsam, phantastisch, anders, fern.

Versengt, halbverascht, verbogen, – die Spuren des Nichtseins haben sich weit in die Reste dessen, was einmal lebte und blühte, eingezeichnet. Das Feuer zerstört, indem es vernichtet, zu Nichts, zu einem Haufen Asche werden läßt. Was zurückblieb, der völligen Vernichtung entging, ist fast nur noch Fetzen, halb selbst zu Asche oder Kohle geworden, es steht merkwürdig allein gelassen und gemieden in diesem Frühherbstmorgen, der leuchten, beginnen, leben will. Die Ordnung des Bewandtniszusammenhangs ist gestört, ein jedes, das blieb, hat sich plötzlich selbst zu verantworten und kann es doch nicht.

Das Hervorziehen von beschädigtem Gerät könnte etwas

Trauriges, ja Trostloses an sich haben. Das Zu-Nichts-Gewordensein dessen, was vordem war, könnte wilden Schmerz hervorrufen[4], Verzweiflung, Resignation. Doch was wir hier sehen, ist eher ein traumverlorenes, irgendwie abwesendes Tun. Die Szene hat etwas Unwirkliches, Verhaltenes an sich und gleich wohl etwas fast Gespanntes: »Doch alle wurden stille.« Die Spannung einer solchen Gegensätzlichkeit – hier von vertrautem Kindergeschrei und plötzlich eintretender Stille – erscheint, explizit oder implizit, in mehrfacher Wiederholung. Seit jeher beengten die Linden das in ihren Schutz geduckte Haus, – nun geht der Schutz ins Leere. In sich gekehrt ist der »Sohn von hier« damit beschäftigt, Reste aus Asche und Schutt zu bergen, – um dann, wie weither kommend, den Blick auf die Andern, die Umstehenden zu richten. Mit seinem Blick beschwört er sie, entgegen dem Augenschein an dem festzuhalten, was sich in den Trümmern doch als Gewesenes beweist. Gleichwohl liegt in seinen Augen das Wissen um die Unwirklichkeit des scheinbar Bewiesenen und Bezeugten.

Doch er macht – mit einem Blick, als ob er löge – die Andern glauben. Er, zugleich der Sohn von hier und ein Fremdling aus fernem Land, ist als Anderer in beidem: im Gewesenen wie in dessen Nicht-mehr, im Vertrauten wie im Seltsamgewordenen, im Nahen wie im Fernen. Der Raum der

---

[4] Vgl. die Schilderung der Erfahrung des Nichts im Hyperion (Hölderlin, GS 3, 43 f.): »O! auf die Knie kann ich mich werfen und meine Hände ringen und flehen, ich weiß nicht wen? um andre Gedanken. Aber ich überwältige sie nicht, die schreiende Wahrheit. Hab' ich mich nicht zwiefach überzeugt? Wenn ich hinsehe in's Leben, was ist das lezte von allem? Nichts. Wenn ich aufsteige im Geiste, was ist das Höchste von allem? Nichts. / ... An Festen darbt ja niemand, auch der ärmste nicht. Aber Einer nur hat seine Feste unter euch; das ist der Tod. / Noth und Angst und Nacht sind eure Herren. Die sondern euch, die treiben euch mit Schlägen an einander. Den Hunger nennt ihr Liebe, und wo ihr nichts mehr seht, da wohnen eure Götter. Götter und Liebe? / ... So dacht' ich. Wie das alles in mich kam, begreif ich noch nicht.«

Nichtigkeit ist ein zweideutiger, das Leere ist auch das Neue. Obzwar ganz weit weggerückt, »phantastischer als Pharao«, bleibt das Nichthafte doch im Umkreis des Gewohnten – als das Gemiedene, das Stillgewordene, das Nichtmehr-Seiende, das Beschädigte, das fast Gelogene. Und es vermag dort zu sein, weil er da ist, der in der Ferne und in der Nähe zugleich ist, über die Schwelle hinaus und doch im Hiesigen, unter Traumdingen wie unter Wirklichem und unter Wirklichem wie unter Traumdingen.

Kann etwas, das nicht mehr da ist, noch so oder so *scheinen*? Wohl nur, wenn es einen gibt, der sich zu dem noch zu verhalten vermag, was nicht mehr oder nur noch als Spur und Anklang präsent ist, einen also, der die Anwesenheit des Abwesenden zu erfahren und auszuhalten vermag, einen, der die Grenze in beide Richtungen überschreitet, der hier wie dort, der »im Geheimnis« ist (Vgl. Benn, Wer allein ist –). Der »anders« ist und darum: ein Anderer.

* * *

Was ist ein Anderes? Wie ist etwas, wenn es anders ist? Wenn wir das hören: »das Andere«, oder sogar »das an ihm selbst Andere«, woran denken wir da? Vielleicht an Castanedas »andere Wirklichkeit«[5], oder an die Phantasie und den Traum, an die Weite des Meeres, an die Nacht, manchmal vielleicht an den Blick eines Tieres? Oder an Dionysos, an Hawaii, an Aida? Oder an den Tod? Das Andere ist das, was sich dem unmittelbaren Zugriff, dem Überschauen und Begreifen entzieht, was sich nicht einordnen läßt, nicht dazugehört zu dem, worüber wir je schon verständigt sind. Es ist etwas, das zwar da ist, aber

---

[5] »Eine andere Wirklichkeit« ist der Titel des zweiten Bandes der Bücher, in denen Carlos Castaneda über seine Lehrzeit bei dem alten Yaqui-lndianer Don Juan Matus berichtet.

jenseits des Horizontes des Gewohnten; es gehorcht, wenn überhaupt welchen, dann anderen Gesetzen als den unseren. Das Andere ist etwas, wofür uns der Schlüssel oder der Code fehlt, was außerhalb des Raumes steht, in dem uns unsere Vernunft heimisch sein läßt.

Dennoch kann das Andere, auch wenn es einerseits »jenseits« und »außerhalb« ist, andererseits doch auch hiesig und unter uns sein. Es ist dann zwar im Bereich des Alltäglichen, aber als ein Einsames und Einzelnes, ein in bestimmtem Sinne aus dem Bereich des immer schon Gewohnten Herausfallendes. Was wir »anders« oder »das Andere« nennen, das kann z. B. unmittelbar nah sein, sogar bedrängend oder bestürzend oder bedrückend nah, – und doch nicht dingfest zu machen. Wir vermögen es nicht in die Hand zu bekommen, vermögen nicht, uns ein Bild von ihm zu machen. Gleichwohl können wir uns ihm, gerade in seinem Anderssein, überlassen, z. B. indem wir uns von ihm bestürzen oder beglücken lassen. Wir können uns ihm stellen, können es als das Andere, das es ist, anerkennen.

Anzuerkennen, daß es das Andere gibt, heißt, die überlegene Stellung eines, der über den Dingen steht und Bescheid weiß, aufzugeben. Überspitzt gesagt: ein Anderes zuzugeben, heißt, sich darauf einzulassen, selbst ein Anderer zu sein und die Welt als eine andere zu sehen. So läßt sich das Gedicht »Die Brandstätte« als ein Beispiel für oder eine Erinnerung an *das Anderssein der Welt überhaupt* lesen.

Mit der Situation der Brandstätte ist ein ganz bestimmtes Anderssein angesprochen[6], ein Anderssein *im* Sosein. Die Sonne geht zwar auf wie immer, der Tag tut so, als sei, wie man sagt, nichts geschehen. Die Stelle aber, die über das Gewohnte hinaus aufbricht, die jetzt »eine Stelle mehr« ist, weil

---

[6] Daß es sich um etwas Bestimmtes, Einmaliges handelt, wird auch von der für ein Gedicht eher ungewöhnlichen Vergangenheitsform unterstrichen.

an ihr etwas Entsetzendes geschah, etwas im wörtlichen Sinne Unheimliches, – diese Stelle ist herausgehoben oder besser ausgegrenzt, die Macht der Negativität, die an ihr plötzlich sichtbar wurde, macht sie zu einem Fremden, Außergewöhnlichen und Einzigartigen.

»Und er war anders.« Das ist sehr endgültig gesagt und hört sich nicht wie ein Hinweis auf einen bald wieder vorübergehenden Zustand an. Er war anders, und es scheint, daß er anders *blieb*, da er jetzt anders *war*. Es geht wohl kaum nur um die Beschreibung eines vorübergehenden Ereignisses, das die Erfahrung eines Brüchigwerdens des Alltäglichen bedeutet, eine Erfahrung, die bald von anderen, vielleicht gegenteiligen Erfahrungen abgelöst würde. Insofern betrifft die Erfahrung des Andersseins dann nicht mehr nur diese Brandstätte, dieses eine grausame Ereignis, sondern sie setzt aus der gewohnten Welt überhaupt bzw. aus deren Gewöhnlichkeit heraus, sie macht vertraut mit dem Nicht-vertrauten als solchem.

Die Erfahrung des Andersgewordenen betrifft zunächst das Vergangene. Seit das Haus nicht mehr ist, scheint es ihm, der darin groß geworden war, seltsam, »phantastischer als Pharao«[7]. Dieses »es«, das ihm schien, ist das Haus, das nicht mehr da ist, ja ausdrücklich, *seit* es nicht mehr da ist, das nichtseiende Haus. Aber zugleich kann es doch nur das Haus sein, wie es war – und in der Erinnerung ist –, als heiles, vertrautes, in die gewohnten Lebenszusammenhänge eingebundenes, seiendes Haus. Eben dieses ist jetzt seltsam, phantastisch und neu geworden. Damit aber ist »es« auch das Ganze des Seienden, in dem jenes seinen bekannten und abgesicherten Platz hatte.

Er war anders, er war, als käme er aus fernem Land. Alles um ihn herum kommt ihm nun seltsam vor, das vormals Ver-

---

[7] Ein merkwürdiger Vergleich übrigens, zu dessen Wahl Lautmalerei und Alliteration ebenso gewichtige Gründe gewesen sein mögen wie der spezifische Inhalt. Obgleich z. B. auch die Überlieferung der zu Mumien gewordenen Toten in eine fremde Zukunft hinein assoziiert werden könnte.

traute erscheint ihm erstaunlich. Wer aus einem fernen Land
kommt, der ist nicht nur für die Anderen seltsam und fremd,
dem ist auch seinerseits das hier Bekannte und Gewohnte ein
Unverständliches, der kennt nicht die Vereinbarungen und Ge-
setzmäßigkeiten, unter denen die Anderen leben. Das Netz
von Verständlichkeiten, das sie über die Dinge gelegt haben,
ist ihm fremd, die Bedeutung ihrer Worte, Gesten und Handlungen bleibt ihm verschlossen. Jedes Einzelne, das in ihrer
Welt seinen natürlichen und gewohnten Platz hat, tritt ihm
als ein Vereinzeltes gegenüber, mit einem unausgelegten Ei-
genleben und einer Eigensinnigkeit, zu denen er nur einen be-
schränkten Zugang hat. Er ist wie einer, der auf dem Kopf geht
und den Himmel als Abgrund unter sich hat.[8] Wie auch immer
er für sich selbst mit seiner neuen Situation umzugehen lernt,
den selbstverständlichen Umgang mit den Anderen hat er un-
weigerlich verloren.

Bleibt er – und das Andere und die Anderen ihm – anders? Zum Beispiel am nächsten Tag, in der nächsten Woche,
in einem anderen Jahr? Ist ein solches Anders-bleiben überhaupt denkbar? Zeigt nicht gerade auch die schon angeführte
Bestimmung des Anfangs der Philosophie als Erstaunen, was
aus der Erfahrung des Andersseins wird, wenn der Staunende
sich ihr zu stellen versucht? Wie der Anfang des Philosophierens im bisherigen Denken offenbar nicht als solcher festgehalten werden konnte, so kann scheinbar auch das Andere
nicht anders, nicht erstaunlich bleiben. Immer und natürlicher-
weise scheint das Andere und Erstaunliche dazu herauszufordern, daß es erklärt und begründet wird, also aufhört, unverständlich zu sein und zu erstaunen. Bedürfen wir nicht
notwendig, um leben zu können, eines Netzes von Verständ-

---

[8] Vgl. Celan, Der Meridian, Büchnerpreisrede 1964, 14. Celan spricht hier von
Büchners *Lenz* und fragt nach dem »Ort, wo das Fremde war«; »und als sich
unter Lenz der Himmel als Abgrund auftat, schien die Atemwende da zu sein«
(ebd. 21).

lichkeiten, von Verläßlichem und Begründetem? Wer aus einem fernen Land kommt, wird der nicht nach einiger Zeit ganz natürlich seine Scheu und sein Befremden verlieren, wird ihm das Andere nicht wie von selbst allmählich zum Vertrauten, wird das Eigentümliche nicht zum Eigenen, weil Angeeigneten?

Kann es also das An-ihm-selbst-Anderssein eines Anderen gar nicht geben, so wenig wie eine bleibende Erfahrung des Andersseins? Das Andere wäre dann jeweils bloß das je noch nicht Vertraute, ein unerklärlich Hereinbrechendes, Fremdes, das erst eingeholt werden muß – und auch prinzipiell integriert werden kann – in den Umkreis des schon Beschrittenen und Handhabbaren, in den umfassenden Bereich dessen, was »so« ist, jedenfalls entweder so oder so, nicht anders.

Und doch wird uns wohl – zum Glück – bei dieser Vorstellung gelingender Eindimensionalität ein gewisses Grauen befallen. Die bruchlose Positivität schließt das Nein und das Nichts von sich aus. Auch wo sie erst mit Mühen und Einsatz erkämpft wird, hält sie grundsätzlich daran fest, daß es nichts gibt, was wirklich in bleibendem Widerspruch zu ihr stehen könnte; was sie zuläßt, ist höchstens Negation, nicht Negativität. Verschiedenheit ja, auch Veränderung, – Anderssein nicht. Ein Heidehaus brennt ab, aber man findet eine Erklärung, man hilft beim Wiederaufbau, glücklicherweise sind die Hauslinden stehen geblieben, einiges Gerät läßt sich wiederverwenden, die Erinnerungen verblassen zum vertrauten Bestand, das Leben geht weiter.[9]

---

[9] Zumeist ist es das, was wir wollen. Einbrüche, Zerstörungen, Elend, damit müssen wir leben, es ist da, statistisch in Zahlen erfaßt, in Einzelschicksalen – vielleicht massenhaft – erlitten, aber gleichwohl – zumindest tendenziell – eingeordnet, erklärt, bewältigt. Selbst das weltweite Wissen, daß es jeden Augenblick mit der Gattung Mensch durch eigenes Verschulden vorbei sein könnte, fügt sich organisch-positiv in unser Weltbild ein.

Das scheint tröstlich zu sein. Aber dieser Trost ist eitel und trügerisch, eben weil er so etwas wie Negativität, Nichtsein und Andersheit nicht wirklich ernstzunehmen vermag, weil er sie vielmehr verdrängt und verstellt. Er negiert – oder, was im Grunde dasselbe ist, er integriert – die Erfahrungen von Nichthaftigkeit, Abwesenheit und Befremdlichkeit, von Brüchen, von Trennung und von Leere zugunsten der Positivität des Gewohnten und Vorhandenen. Jene Erfahrungen zuzulassen und in und mit ihnen zu leben, hieße dagegen, dem Anderssein Raum zu lassen, und damit auch sich selbst als einen Anderen zu wissen und anzunehmen.

»Und er war anders.« Wirklich anders und bei Anderem zu sein und d. h. auch zu bleiben, die Nichthaftigkeit des Unvertrauten festzuhalten bzw. sich ihr bleibend anzuvertrauen, das erfordert, daß der Umgang mit der Welt einen grundsätzlich anderen Charakter annimmt, daß das Verstehen und Begreifen, statt weiterhin ein Aneignen und Begründen zu sein, zu einem Anerkennen und Sicheinlassen wird. Dann hört das In-der-Welt-sein auf, ein identifizierendes Sichauskennen sein zu wollen, dann wird es vielmehr zu einem Fragen und Antworten, das sich etwas zeigen läßt, das hinblickt und zuhört. Dieses Anderssein hat immer und wesentlich ein Feld der Nichthaftigkeit um sich, es hat mit Zufällen, Vergänglichkeiten und Vergeblichkeiten zu tun, es findet sich in einem Raum der Bezüge *und* der Distanzen, der Nähen *und* der Fernen, des Gewohnten *und* des Erstaunlichen, des Ja *und* des Nein. Anders zu sein heißt jetzt, sich zu beziehen und gleichwohl die Abstände und Zwischenräume zu wahren, sich zu Sichtbarem und zu Verstehbarem ebenso zu verhalten wie zu Verborgenem und Rätselhaftem.

Anderssein als eine eigene Qualität ernstzunehmen, heißt also, der Nichthaftigkeit und dem Nichts ihren Raum zu lassen, den Raum der Nichthaftigkeit und des Nichts als einen solchen anzuerkennen. Was aber ist nun – trotz aller scheinbar offensichtlichen Absurdität dieser Frage – was ist nun dieses Nichts, dem allein sich ein bleibend Anderes, ein Anderes als solches verdanken könnte, da es als an ihm selbst Anderes kein seinshaft Gegründetes und Bestimmtes sein kann? Wie hängt das zusammen, das Andere und das Nichts?

Um dem Sachverhalt näherzukommen, erinnere ich an konkretere, spezifische Nichthaftigkeiten, an Nacht, Ferne, Geheimnis oder Tod. Nacht und Tag, Ferne und Nähe, Geheimnis und Kenntnis, Tod und Leben, – jeweils ist Eines nicht, wenn und was das Andere ist, und umgekehrt; und zugleich verweist ein jedes von ihnen auf das ihm Andere, ohne daß jedoch ein Gleichgewicht zwischen beiden Seiten bestehen würde. Der Tag, die Nähe, das Leben, – das ist jeweils das Eine, das »Positive«, das Vorrangige. Das Andere, anders ist die Nacht, ist die Ferne, das Geheimnis, der Tod. Sie sind nicht nichtseiend, nicht ungültig, nicht falsch. Gleichwohl sind sie – bei aller Verschiedenheit untereinander – alle irgendwie und in seltsamer Weise mit einem Nichtsein verbunden, einem Nichtsein, das allerdings bei jedem von ihnen einen anderen Charakter hat.

Verweilen wir ein wenig bei einem dieser Beispiele, bei der Nacht (und dem Nächtlichen). Die Helle und Wachheit, das Bewußtsein bestimmen den Tag, das geschäftig-tätige Dasein, aus dem unser Leben vor allem besteht. Die Klarheit und Genauigkeit des Planens und Ausführens fordern eine taghelle Aufmerksamkeit, die den Überblick behält und sich auf ihren Weitblick verlassen kann. Man teilt seinen Tag ein, um sein Tagwerk zu vollbringen. Die Eindrücke des Tages sind, auch wo sie sich überlagern, identifizierbar, bestimmbar. Ein jegliches ist gegenüber einem jeglichen Anderen abgegrenzt oder abgrenzbar, mehr oder weniger eindeutig bestimmbar. Auch am Tag greift Eines ins Andere, hängt Eines mit Anderem zusammen. Aber wir haben die Beziehungen des Tages geordnet, klassifiziert, gleichsam katalogisiert. Einem jeglichen wollen wir so seinen Ort bestimmen, seinen Grund zustellen. Der Tag mit seiner Helle scheint dem Licht der Vernunft unmittelbar entsprechend zu sein.

Die Nacht dagegen ist anders. Sie ist wie ein weiter Raum, in dem vieles Platz und seinen oftmals verborgenen Ort hat. Die Nacht – wo sie nicht als bloße Verlängerung des Tages fungiert – ist Raum der Stille und Raum des Dunkels. Geräusche und Düfte und Lichter sind in ihr merkwürdig vereinzelt und bezogen zugleich. Besonders die Geräusche. Kaum je am Tag vermögen sie so sehr den Raum selbst zum Schwingen und zu unsichtbarer Präsenz zu bringen wie in der Nacht, als Einzelne sowohl, wie wenn sie ihn ganz zu erfüllen scheinen, ihn und die Nacht selbst Laut werden lassen.[10] Stille und Dunkel bedeuten noch anderes als nicht-hören- und nicht-sehen-können. Darum ist es mehr als eine Metapher, wenn ich sie einen Raum nenne. In der dunklen und stillen Nacht wird wahrnehmbar, wie das Nichthafte um das Seiende herum ist, als ein weiter und offener Bereich, aus dem her es sich zeigen, sich gewissermaßen aus ihm her materialisieren kann, so wie es sich zugleich in ihn zurückzubergen, in ihn wegzutauchen vermag.[11]

Der nächtliche Raum des Dunkels und der Stille unterläuft die Substanzialisierungstendenz des Tages. Was sich in der Nacht wahrnehmen läßt, das sind vor allem Geräusche, Düfte, Lichter, Präsenzen, Bedrohliches, Schatten, Widerstände; und nicht, oder viel weniger, selbständig Vorliegendes, Für-sich-bestehendes. Damit hängt zusammen, daß das in der

---

[10] Der Gesang der Frösche oder der Zikaden in einer Sommernacht scheint von dieser selbst gar nicht mehr trennbar zu sein. Er scheint zu einer Einheit mit der Nacht verschmolzen, ähnlich wie und doch ganz anders als das Licht mit dem Tag.
[11] Vgl. Storm: »Vernehmlich werden die Stimmen, die über der Tiefe sind.« (Meeresstrand)

Nacht Gegenwärtige auch eher Zusammengehöriges, unter einander in Beziehungen Stehendes ist als Isoliert-Einzelnes. Genauer gesagt, scheint die Einzelheit in der Nacht eine wesentlich andere zu sein als am Tag. Das Einzelne des Tages, das einzelne Ding, mit dem man rechnet, das hergestellt, gebraucht, vermarktet wird, ist vornehmlich Exemplar, es ist Eines unter Vielen, hat seinen Platz in einer Ordnung – der Klassifikation, der Funktionalität, der Rationalität. Das Geheimnisvolle der Nacht, ihrer Stille und ihres Dunkels, erlaubt und schafft neue, unvorhersehbare Konstellationen, Beziehungen, Gespräche. Eines taucht auf, und eben darin tritt es in Beziehung zu Vorherigem und Kommendem, Hiesigem und Dortigem; aber so, daß die Beziehung, ihre Spannung und ihr Abstand selbst fühlbar werden. Anders gesagt: der Spielraum und die Zwischenräume des Erscheinens – die Leere und die Ferne und der nichthafte Raum als solcher – kommen selbst mit zum Tragen.

Alles ist anders in der Nacht, weil ihr Raum, der Raum ihrer Stille und ihres Dunkels, in dem, was in ihnen oder aus ihnen ist, mit zum Schwingen kommt. Dieser Raum ist der Raum einer Nichthaftigkeit, die das jeweils Seiende in sich trägt und aus sich entläßt. Der Laut schwingt in der Stille, das Licht zittert im Dunkel. Beide, der einzelne Laut und das einzelne Licht, sind – wenn auch auf je verschiedene Weise – von einem Raum der Nichthaftigkeit umgeben, sie entstehen, ergeben sich aus ihm heraus, sie erscheinen als Geschenk von Stille und Dunkelheit. Die Nacht selbst ist Schweigen und Finsternis, ist das Nichts, – und ist zugleich dasjenige, was im Dunkeln und in der Stille ist, das Nächtliche, der Nacht Zugehörige.

Der nichthafte Raum der Nacht ist zugleich der Raum der Ferne und der Weite. Am Tag sind wir ganz auf der Erde, hier treffen uns die Strahlen der Sonne, sowie Regen und Wind. In der Nacht dagegen scheint der Raum unseres Daseins grenzenlos erweitert. Die Sterne schimmern unendlich fern, und der schwärmende Geist »spannt weit seine Flügel aus«[12]. Unsere Gedanken und Träume ziehen zwar auch tagsüber mit den Wolken dahin; aber selbst wenn sie in die Ferne schweifen, schweifen sie zumeist über die Erde hin. Erst in der Nacht hört die Erde auf, die einzige Heimat zu sein, sie weitet und öffnet sich der Weite des Nichthaften. Gedanken und Träume verlieren die Schwere und Genauigkeit des Tages und des Alltäglichen.

Natürlich sind diese Unterscheidungen auch künstlich und übertrieben. Es geht jedoch nicht um exakte Bestimmungen als solche, sondern um das Aufzeigen von Tendenzen, besser von Schattierungen, Annäherungen. Das Ziel der Gegenüberstellungen ist das Gegenteil einer strikten Entgegensetzung, der Aufweis der Zusammengehörigkeit des Einen mit dem Anderen und die Erläuterung des Einen durch das Andere. Wie die Nacht, wie die nächtliche Stille und das nächtliche Dunkel alles Einzelne umfängt und in sich hält – ein bergendes Einbehalten und ein Hinaushalten ins Grenzenlose –, so ist überhaupt jedes Einzelne ein Anderes, insofern es in dem nichthaften Raum erfahren wird, der die Welt ist.[13]

Das Andere ist solches, das je und je vor und aus einem

---

[12] Vgl. Eichendorff, Mondnacht. Vgl. Auch Heidegger, Zur Erörtering der Gelassenheit, 72 f.

[13] Wenn Heidegger das Denken ein In-die-Nähe-kommen zum Fernen nennt, so zeigt diese Wendung in eine vergleichbare Richtung wie das, was ich von dem Anderssein der Nacht und des in ihr Erfahrbaren sagen möchte. Das Gedachte jenes von Heidegger gemeinten Denkens ist das Andere, das als Anderes fern bleibt, auch wenn wir ihm nahe kommen. So ist es Fernes und Nahes zugleich. Ihm nahe zu kommen, heißt, es *als Anderes* zu erfassen oder zu erfahren, sich von ihm etwas sagen zu lassen, mit ihm ins Gespräch zu kommen, es zu denken. Aber darin bleibt es fern und anders, weil gewissermaßen vor Vereinnahmung geschützt durch den Raum von Nichthaftigkeit – Heidegger würde sagen: Verborgenheit –, der es umgibt. Für das *Gedicht* läßt sich Celan, Der Meridian, vergleichen: »es ruft und holt sich, um bestehen zu können, unausgesetzt aus seinem Schonnichtmehr in sein Immernoch zurück.« »Jedes Ding, jeder Mensch

nichthaften Raum sichtbar und erfahrbar wird, so daß das Nichts um es her so etwas wie den dunklen Hintergrund abgibt, vor dem allein es sich abheben und in den es auch stets wieder zurückweichen kann; dieser nichthafte Raum gehört zu ihm hinzu, er ermöglicht allererst sein Selbstsein und bringt es in Konstellation zu Anderen.[14]

* * *

Mit Hegel ist die abendländische Tendenz zur Einheit des Unterschiedenen und zur Vermittlung des gegeneinander Anderen in eine Vollendung gelangt, die wie ein übermächtiger Strudel für das nichtidentische Einzelne nur noch die Alternative entweder des radikalen Verschlingens oder des ebenso radikalen Ausspeiens, d. h. des Ausgrenzens aus der absoluten Bewegung möglich erscheinen läßt. Ein Denken aber, das jenseits der Ausgrenzung durch das Identitätsdenken wiederum und noch zu denken unternimmt, dieses Denken muß – zumindest auch – ein Denken des Anderen sein. Solches Andere ist nicht bloß die Kontradiktion zum Einen und Identischen; als das an ihm selbst Andere hat es jeden Bezug zur Identität aufgekündigt, den Strudel hat es hinter sich gelassen, es ist außerhalb, – oder auch innerhalb, im unbewegten Zentrum, aber so, daß damit der geschlossene Raum des Identischseins selbst gesprengt ist.

Steht das Andere außerhalb des Bewegungsbereiches der

---

ist dem Gedicht, das auf das Andere zuhält, eine Gestalt dieses Anderen.« (A. a. O. 17 u. 18)

[14] Etwa so, wie ein einzelner Punkt, den ich auf ein Papier setze, mit seinem Erscheinen schon in ein Geflecht von Bezügen geraten ist, in dem er seine unterschiedlichen Entfernungen zu den Rändern und Ecken auf der Weiße des Papiers austrägt, und wie er, wenn ich ansetze, einen zweiten Punkt zu zeichnen, die Spannung einer Erwartung erzeugt, in der meine Setzung eine Antwort auslöst, usw., – etwa so erscheint das Andere vor dem Nichts und spannt sich hin zu Anderem.

absoluten Identität – die absolut ist, weil sie Identität der Identität und der Nichtidentität ist –, so stellt es sich der Tendenz nach auch außerhalb der im abendländischen Denken aufgerissenen und gezähmten Opposition von Sein und Nichtsein. Jenes Denken hatte gelernt, sich auch noch des Nichthaften, also des Endlichen und Zufälligen, des Unterschiedenen und sogar des Unwahren zu versichern, indem es dessen Endlichkeit, Zufälligkeit und Unterschiedenheit als so etwas wie einen defizienten Modus des notwendigen und identischen Seins auf den Begriff brachte. Gleichwohl ist es zunächst dieses »gezähmte« Nichtsein im Sein selbst, an dem wir den Schritt zum Nichthaften und Anderen hin beginnen können. Von der abendländischen Welt des Seins, der Positivität und Gegebenheit her gesehen, zeigt sich die Faktizität des Anderen zunächst an gewissen Einbruchstellen oder aufscheinenden Spuren des Nichts im Seienden. Wo sich Seiendes nicht bruchlos mit Seiendem zu decken vermag, wo sich etwas dem Maß und der Maßgabe des Seins entzieht und das Entsprechen aufkündigt, dem Denken des Seins von vorneherein fremd, ungreifbar bleibt, wo etwas als unsagbar und undenkbar erscheint, weil es sich nicht in das Versmaß des Seins übersetzen läßt, in den Brüchen, Lücken, Leerstellen, Schattenseiten des Seins also, da zeigt sich das Andere zunächst.

Es wird vornehmlich dort auffällig, wo etwas gewissermaßen seine massive Solidität und Fraglosigkeit einbüßt, wo eine vermeinte Wirklichkeit fadenscheinig und transparent wird, wo etwas versengt und verbogen, beschädigt ist, wo es erst anfängt oder dann vergeht, wo es ungenügend oder verwirrt, vielleicht auch häßlich ist. Oder auch da, wo sich ein Loch im Seienden auftut, ein dunkler Fleck zwischen oder vor hellen Räumen oder ein Aufblitzen im dunklen Raum, wo die Anwesenheit von Abwesenheit, wo Fehlen, Tod, Schmerz aufbricht und sich das gewohnte Verhältnis von Begrenzendem und Begrenztem umkehrt. Im Gedicht über die Brandstätte wird die seltsame Präsenz des Zerstörten und nicht mehr Anwesenden sichtbar und das Anderssein des durch solches Nichtmehrsein Affizierten, des Übriggebliebenen und Versehrten, sowie schließlich das Anderssein dessen, der die Nichthaftigkeit am eigenen Leibe erfährt.

Doch all dies sind nur Spuren, Anzeigen, Anlässe. In einer Welt des positiven, seinssicheren Gegenüber setzen sie Fragezeichen, in unserer geschichtlichen Situation der Krisis weisen sie auf Anderes hin, das der scheinbaren Verläßlichkeit des Identischen Einbruch tut. Unsere Frage aber tendiert über die genannten Weisen von Anderssein hinaus oder hinter sie zurück. Wir fragen nach dem Anderen, das an ihm selbst anders ist, nach dem Anderssein der Welt überhaupt. Die Phänomene der Brandstätte können da nur einen Anhalt geben.

Der Bruch und Einbruch der Welt des Gewohnten ist zugleich überall und nirgends. Insofern ist auch die Rede vom Bruch und vom Fehlen noch mißverständlich, weil sie immer noch vermeintliche Positivität und einbrechende Negativität gegeneinanderhält. Der Begriff des Anderen möchte demgegenüber gerade den Hiatus zwischen Sein und Nichtsein überbrücken, ohne ihn allerdings zu vermitteln, was nur vom Sein her möglich war. Der Begriff des Anderen entspringt, genauer gesagt, dem Hinfälligwerden jener Opposition. Für uns, d. h. heute, angesichts der vorherrschenden Macht des »Positiven«, können die Lücken und Brüche in dem Sinne als Zeichen von Andersheit gelesen werden, daß sie das Begegnende gewissermaßen als auftauchende Inseln, als Schwebendes und zufällig Zufallendes erscheinen lassen. Die Nacht, die Ferne, die Erfahrung des Todes – das können Anlässe oder Chancen sein, die Positivität verblassen und entschwinden, das Andere wirklich anders sein zu lassen.

Gehen wir von ihnen aus, aber über sie hinaus, so ist die Andersheit des Anderen dann nicht mehr bloßer Ausdruck der wechselseitigen Bestimmtheit alles Seienden, aber auch keine spezifische Qualität von Seiendem bestimmter Seinsart mehr, sondern die grundsätzliche Weise des Begegnens von was auch immer in unserer Welt. Um ihr gerecht zu werden, bedarf es eines Denkens und eines Sprechens, das nicht bloß über Anderes Anderes sagt, sondern das das Andere anders sagt, das mit seinem Sprechen etwas anderes will als bisher und das darum eher ein Erzählen, Evozieren und Erstaunlichmachen als ein Erklären, Behaupten und Begründen ist.

Etwas, ein jegliches, ist anders. Das Andere unterscheidet sich nicht nur in dieser oder jener Hinsicht von Anderem, ist nicht nur im Hinblick auf ein bestimmtes gemeinsames Maß – Farbe etwa oder Größe oder Alter oder Schönheit – anders. Es ist anders, weil mit ihm nichts ist, weil »sein Sach auf Nichts gestellt« ist, weil Seinsfülle und Identität keine Bekümmerung für es darstellen, weil es in erstaunlicher Weise aller umfassenden Begriffsbestimmung frei und ledig ist. Der Zwang, den zweitausend Jahre Hypostasierung von Sein und Wahrheit über es ausgeübt haben, ist dahingefallen. Es ist weder identisch noch nichtidentisch, sondern es ist es selbst, »es – anders«.

Es selbst, anders. Da sind sie nun wieder, das Eine und das Andere, doch als Qualifikationen des Selben, ohne dialektische Relationalität. Wenn der bisherige Weg Plausibilität für sich beanspruchen kann, dann mag er auch diese Wendung noch erlauben. Ich habe schon bei dem Blick auf die Nacht und das Nächtliche den Sachverhalt gestreift, daß die Stille und Dunkelheit der Nacht auch und gerade der Raum ist für das Beziehungsgeflecht, in dem die je Jeweiligen zueinander und untereinander stehen.

Das verschiedene Identische ist durch Bahnen der begrifflichen Neben-, Über- und Unterordnung gleichsam *apriori* miteinander verknüpft, ohne daß damit seine Isoliertheit, in bestimmtem Sinne sein bloßes Beispielsein aufgehoben wäre. Metaphysisch verstandenes unterschiedliches Seiendes hat in

Wahrheit nichts miteinander zu tun. Und es kann nichts miteinander zu tun haben, weil es für es keinen Raum der Bezughaftigkeit, der Wege zueinander, der Abstände voneinander, überhaupt des Einander gibt und geben kann. Es mag zwar Erstes oder Zweites in einem Wirkungsgefüge oder der ontologischen Dignität nach sein; aber im strengen, qualitativen Sinne kann es weder das Erste noch das Zweite von zweien sein, weil die Metaphysik den nichthaften Raum einer gemeinsamen Welt, in der zwei einander gelassen sein können, nicht kennt. Erst das nichthafte Andere vermag wirklich anders zu sein als das Andere.[15]

Das Andere ist anders als das Eine, nämlich als das Andere, das ihm so seinen eigenen Spiegel vorhält. Das Andere und das Andere sind einander anders und sind doch *jeweils* Andere. Was mit dem Anderssein an ihm selbst gemeint ist, ist eine Jeweiligkeit, die sich doch dem Anderen verdankt; das Andere ist Anderes durch das Andere, indem es anders ist als jenes, genauer, anders als ein jedes, weil es *so* ein Anderes ist *wie* jedes andere Andere. Daß das Andere durch das Andere anders ist, bedeutet ein gegenseitiges Sichzuspielen der Anderen, in dem doch ein jedes zugleich ganz allein und von sich aus sich dem Anderen zuneigt. Wenn wir es als an ihm selbst Anderes bezeichnen, so sprechen wir es in seiner erstaunlichen Eigenheit an, die es grundsätzlich ein Anderes, Fremdes, ein in jeder Nähe zugleich Fernes sein läßt. Doch das Besondere und Eigentümliche dieser Kennzeichnung von etwas als einem eigens Anderen ist, daß es damit nicht als Vereinzeltes und Isoliertes aufgefaßt wird. Statt daß wir es von allem Anderen abschnei-

---

[15] Der Tisch und der Schrank haben metaphysisch höchstens in dem Sinne »etwas miteinander zu tun«, daß es sich bei ihnen um zwei Arten von Möbeln handelt. Daß sie etwa zwei großmütterliche Erbstücke in einem fast vergessenen Abstellraum sind, betrifft sie *als diese Jeweiligen,* trifft ihren je eigenen und doch auch gemeinsamen Sinn, ist jedoch in begrifflicher Allgemeinheit nicht zu fassen.

den und es in ein beziehungsloses Gegenüber entlassen, gerät
es mit jenem in ein weites *Miteinander,* in einen nichthaften
Raum, in dem und durch den hindurch es ein Anderes *mit
einem Anderen* zu sein vermag.

Das Andere zu sein für jedes Andere meint nach allem
Gesagten sicher nicht den Sachverhalt, daß, etwa im plato-
nischen oder auch hegelschen Sinne, das Endliche und Bestimmte von jedem anderen Endlichen und Bestimmten verschieden ist, sondern daß zwischen ihm und jedem Anderen
Ferne und Nähe zugleich ist, daß, anders gesagt, überhaupt etwas zwischen ihnen ist, ein Nichthaftes zwar, das aber gleichwohl und als solches das Miteinander des »mit Anderen« erst
möglich macht. Im »ein Anderes als das Andere« liegt die Eigenheit sowohl wie der Bezug, der Abstand sowohl wie die Zugehörigkeit; das Auseinander und Zueinander implizieren das
eine Andere und das andere Andere, das Miteinander.

Odysseus und die Sirenen

Seit Homer sein Epos von der zehnjährigen Heimfahrt des *Odysseus* von Troja nach Ithaka erzählt hat, sind einzelne ihrer Episoden unzählige Male wiederholt und immer wieder und mit wechselndem Gehalt in eine neue Form gebracht worden. Dabei wurde der Held Odysseus häufig als eine Idealgestalt des Menschen der westlichen Kultur und Zivilisation begriffen, Odysseus erscheint als eine idealtypische Verkörperung der abendländischen *Vernunft.* Seine Abenteuer stehen dementsprechend als Beispiele für das, was sich deren Entfaltung und Selbsterhaltung in den Weg stellt.

Die folgende Betrachtung handelt von Odysseus' Vorbeifahrt an den *Sirenen*, dieser geschickten Verhinderung einer Begegnung, die die »Rückkehr zu Heimat und festem Besitz« (D.d.A. 53) in Gefahr gebracht hätte. Genauer frage ich nach dem, *was* sich da als Bedrohung abzeichnet, was in dieser Geschichte als dasjenige im Blick steht, was die odysseische Vernunft hätte aus der Bahn werfen können. In den Sirenen begegnen wir Odysseus' absoluten Gegenspielerinnen, sie repräsentieren das, was er nicht ist und nicht sein kann. Es geht mir in meinen Überlegungen darum, wie die Sirenengeschichte eben diesen Gegensatz erzählt, und zwar – einem, wie ich meine, verhängnisvollen Grundzug des abendländischen Denkweges entsprechend – »falsch« erzählt.

Die Sirenen stehen hier für all das, was der vernunftbestimmte Mensch der abendländischen Geschichte aus sich ausgrenzen muß. Diese dämonischen Mischwesen aus *Frau und Tier* (Vogel) bedeuten *Sinnlichkeit* und Glück und Verlan-

gen, sie sind Wesen der *Natur* wie zugleich auch des Überna-
türlichen, *Jenseitigen*, sie verheißen sowohl *Weisheit* wie *Tod*.
Indem die Sirenen all diese Momente gemeinsam repräsentieren, stellen sie den äußersten Gegensatz, ja die Negation dessen dar, wofür Odysseus als der zweckgerichtete, rationale, auf
vernünftige Erhaltung seines Selbst fixierte Mensch der
abendländischen Tradition steht und stehen will.

Zugleich aber handelt es sich damit um Momente, die dieser selbe Mensch doch auch in sich selbst findet. Sie gehören
einer Seite von ihm selbst zu, die dunkel und unheimlich, be-
gehrend und ungebärdig, unvorhersehbar fremd und eben darin verlockend und glückversprechend erscheint und von der er
gerade darum meint, er müsse sie unterdrücken, beherrschen
oder sogar leugnen. In der Sirenengeschichte treten somit zwei
»Seiten« auseinander, die für die westliche Tradition zwei miteinander streitende Prinzipien oder »Seelen« in der selben
Brust sind und die sich in den Begriffen »Vernunft« und
»Sinnlichkeit« zuammenfassen lassen.

Ich halte diese Geschichte darum für »falsch erzählt«,
weil mir scheint, daß jene beiden Seiten überhaupt erst durch
die Ausgrenzung des Einen durch das Andere und die Entgegensetzung beider zu dem werden, was sie in dieser Gegensätzlichkeit je selbst sind. Ich meine, daß in der Weise, wie die
Gestalt des Odysseus überliefert wurde – und d. h. in dem, wofür er uns steht, der selbsterhaltenden Vernunft – einseitig etwas zum Zuge gekommen ist, was erst *dadurch* seine Eigenheit
und Bestimmtheit erhalten hat, daß es sich einem Anderen,
»Unvernünftigen« entgegengesetzt und die Herrschaft über
jenes angetreten hat. Und genauso hat sich erst durch die sich
entfaltende Geschichte dieser Vorherrschaft als ihr Gegenbild
das herausgebildet, was das vernünftige Selbst in Frage stellt
und negiert und was in den Sirenen sein schillerndes und verführerisches Bild gewonnen hat.

Die Geschichte von Odysseus und den Sirenen hypostasiert zwei Momente, die im Grunde keine miteinander zusammenstimmenden Möglichkeiten des menschlichen Seins sind. Die Trennung und Entgegensetzung von Vernunft und Sinnlichkeit verfälscht beide. Was Adorno im Hinblick auf die »Trennung von Subjekt und Objekt« sagt, daß diese beiden – wenn »Spekulation über den Stand der Versöhnung erlaubt« wäre – weder in »ununterschiedener Einheit« noch in »feindlicher Antithetik«, vielmehr in einer »Kommunikation des Unterschiedenen« vorzustellen wären (Zu Subj. u. Obj., 743), gilt in gleicher Weise für Odysseus und die Sirenen. Darum befrage ich Homers Erzählung von der Gefahr, die die Sirenen für Odysseus bedeuten, im Hinblick auf die ihr zugrundeliegende Voraussetzung jener Trennung, die für das Selbstverständnis des abendländischen Menschen bis in unsere Tage tragend geworden ist.

* * *

Was wissen wir eigentlich über die Sirenen, an denen Odysseus vorbeifuhr? Die Aussagen des homerischen Epos darüber sind ziemlich spärlich und widersprüchlich. Sie finden sich in drei teilweise voneinander abweichenden Quellen: zum einen in der Warnung Kirkes, sodann dem Bericht des Odysseus von dieser Warnung und schließlich in der rückblickenden Erzählung des Odysseus am Hof des Alkinoos.

Kirke malt ein schauriges Bild: Die Sirenen sitzen auf einer Wiese, »von aufgehäuftem Gebeine modernder Menschen umringt und ausgetrockneten Häuten« (45 f.). Odysseus selbst dagegen nennt, als er dies an die Gefährten weitergibt, lediglich »ihre blumige Wiese« (159).[1] Hat er etwa durch-

---

[1] Ich zitiere die *Odyssee,* wenn es sich um den eigentlichen Bericht über das Sirenenabenteuer im XII. Buch handelt, lediglich mit der Angabe der Verszeile, anderenfalls nach Gesang (römische Ziffer) und Verszeile.

schaut, daß die Überzeichnung der warnenden Rede vor allem abschreckend wirken sollte? Oder hat sich in den Bericht die erst auf diesen folgende Erfahrung unmerklich eingeschlichen? Hat Odysseus tatsächlich eine blumige Wiese gesehen, – obgleich er von keinem *Sehen,* nur vom *Hören* erzählt?² Kündet sich in diesem »blumig« ein aus dem späteren Augenschein entstandener, unterschwelliger Zweifel an der Rechtmäßigkeit der kirkëischen Mahnung an?

In der rückschauenden Erzählung, die Odysseus dann von dem Erlebnis selbst gibt, berichtet er, daß in der Nähe der Insel der Sirenen der Wind plötzlich ruhte, – »von heiterer Bläue des Himmels / Glänzte die stille See; ein Himmlischer *[daimon]* senkte die Wasser.« (168 f.) Die Sirenen beginnen voller Anmut zu singen, als sie das Schiff erblicken; nachdem Odysseus vorbeigefahren ist, verklingt ihr Lied in der Ferne. Von dem, *was* sie sangen, erzählt Odysseus, daß sie zunächst ihn gepriesen und dann aufgefordert hätten, zu kommen und zuzuhören. Dabei wiesen sie auf die Unumgänglichkeit dieses Hörens hin: es war immer so, daß die Vorbeifahrenden gelauscht haben. Vor allem aber verhieß ihr Gesang, daß die, die auf ihn hörten, »vergnügt und weiser wie vormals« (188) weiterfuhren. Zugleich sangen sie von ihrer Allwissenheit, die die Kenntnis des Trojanischen Krieges sowie überhaupt alles einschloß, »was irgend geschieht auf der lebenschenkenden Erde« (191).

Die Unstimmigkeiten zwischen diesen verschiedenen Aussagen sind bemerkenswert. Sie betreffen nicht irgendwel-

---

² Interessanterweise kommt Odysseus in Sichtweite der Sirenen, nicht umgekehrt. Odysseus *hört,* – die Sirenen *sehen:* »Als wir jetzo so weit, wie die Stimme des Rufenden schallet, / Kamen im eilenden Lauf, da erblickten jene das nahe / Meerdurchgleitende Schiff und hoben den hellen Gesang an:« (181 ff.) Die Versuchung kommt durch das Hören, dem Odysseus ganz anders ausgeliefert ist als dem Sehen, das für die abendländische Vernunft paradigmatisch geworden ist. Für die Sirenen selbst gibt es vielleicht keinen Rangunterschied zwischen diesen beiden Sinnen.

che ausschmückenden Details, sondern die Wesensart der Sirenen. Ist der Ort, wo sie singen, eine blumige Wiese oder aber
eine Schädelstätte? Ist ihr Zauber ein heller, entzückender oder
aber ein dunkler, schauriger, verderbenbringender? Kehrt, wer
so töricht war, sich dem Zauber der Sirenen hinzugeben, tatsächlich nicht in den vertrauten Kreis der Familie heim, oder
stimmt es, daß, wer ihnen gelauscht, heiter und wissend da-
vonfahre?

Die Tradition hat, ebenso wie Odysseus, den Worten der
Kirke geglaubt, – so sehr, daß deren Widerspruch zum Selbst-
zeugnis der Sirenen zumeist ganz unbeachtet blieb. Sicher, es
ist anzunehmen, daß sie es gut mit Odysseus meinte. Wie man
einem Kind gegenüber die drohenden Gefahren vergrößert
und übertreibt, um es zur Vorsicht zu mahnen, so mag Kirke
im Hinblick auf die auch von den Göttern gewollte Heimkehr
des Odysseus Gutes mit ihm im Sinn gehabt haben, als sie mit
der zauberischen hellen Stimme der Sirenen die bleichenden
Knochen und die verwehrte Rückkehr zu Königshof und Familie verknüpfte. *Wahr* müssen ihre Aussagen aber darum nicht
sein. Schließlich ist sie selbst eine Zauberin: wer sich ihr naht,
wird zwar nicht zum Modern verdammt, doch in ein Tier ver-
wandelt.[3]

Andererseits muß ebensowenig stimmen, was die Sirenen
verheißen, weil die Verheißung möglicherweise nur das Mittel
der Lockung ist, ohne daß es in dieser ein wahrhaft Verheiße-
nes gäbe. Sie könnten ihn bewußt täuschen, ihn mit bloßen
Worten und leeren Versprechungen verzaubern wollen. Waren im Grunde nur sie selbst die Verheißung, sie selbst das,

---

[3] Kirkes Brudertochter ist Medea, die verderbenbringende Zauberin, Kirkes
Schwester Pasiphaë, die unselig Liebende, die den Minotauros gebären mußte,
– Tiermensch wie die Sirenen. Und endlich wird es, einer unbekannteren Überlieferung zufolge, Kirkes eigener, von Odysseus gezeugter Sohn sein, von dessen Hand dieser den Tod findet (nach K. Kerényi, Mythologie der Griechen II,
280).

was »heißes Verlangen« weckte, – allerdings: »weiter zu hören«? Was wir tatsächlich über diese Geschichte wissen können, ist, daß die Sirenen sangen und daß Odysseus bei diesem Gesang von heißem Verlangen ergriffen wurde. Daß jedoch die Vorkehrung bereits getroffen war, so daß das Verlangen unschädlich, weil unerfüllt blieb. Je mehr der »Dulder« verlangte, von dem Mast, an den er gebunden war, loszukommen, desto fester wurde er gebunden. Also steuerten sie an den Sirenen vorüber, – »und leiser, / Immer leiser, verhallte der Singenden Lied und Stimme« (197 f.). Die Verlockung und deren Überwindung sind auf Odysseus bezogen, im Hinblick auf ihn erzählt. Über seine Gegenspielerinnen »an ihnen selbst« erfahren wir nichts; der Text handelt von Odysseus und seiner Irrfahrt. Nur von ihm her erhalten alle anderen Figuren ihren Sinn. Wie also läßt sich das Verhältnis Odysseus/Sirenen näher kennzeichnen? Wie stellen sich die Sirenen aus seiner Perspektive dar?

Die Gefahren, die Odysseus zu bestehen hat, lassen sich in zwei Gruppen unterteilen (wenn man von gewöhnlichem Kampf absieht, z. B. gegen die Kikonen, VIII, 37 ff.). Die einen sind die grauenhaften, unmittelbar lebensbedrohenden, wie Polyphem oder Szylla und Charybdis oder auch die von Poseidon gesandten Stürme. Die anderen sind dagegen Gefahren, die gerade in ihrer Glückseligkeit bestehen: die Insel der Lotophagen, ein Jahr Liebe mit Kirke, sieben Jahre Liebe der Kalypso. Zu diesen zumindest potentiell glücklichen Abenteuern gehören auch die Sirenen mit ihrem zauberischen Gesang. Glück und Wissen, verhießen in berauschendem Gesang, bedeuten Gefahr, weil sie das Verlangen wecken, weiter zu hören, also dazubleiben, die Heimfahrt zu vergessen.

An der Heimkunft aber ist alles gelegen. Sie zu erreichen, heißt, »seine Seele zu retten« (I, 5). Hierfür erduldet Odysseus seine Leiden, die ihn berühmter gemacht haben als selbst die

155

den zehnjährigen Krieg beendende List vor Troja. Odysseus *ist* König von Ithaka, Herr seiner Knechte, Besitzer von Ländereien und angehäuften Reichtümern, Mann der Penelope, Vater von Telemachos. Um all dies, was er ist, zu bleiben bzw. wieder zu werden, um also sein Selbst zu erhalten, ist ihm kein Einsatz zu hoch. Daß dieses Selbst das allem Begegnenden gegenüber von vorneherein überlegene Gut ist, wird niemals in Frage gestellt.[4] Sogar die Wünsche der seiner Heimfahrt abgeneigten Götter – die Liebe von Kalypso und Kirke und der Zorn des beleidigten Poseidon – sind diesem Ziel gegenüber, der Erhaltung des vorgegebenen und immer wieder einzuholenden Selbst, machtlos.

Es ist dieser selbstverständliche Glaube an das zu erhaltende und zu bestätigende Selbst, was die Geschichte von der Irrfahrt des Odysseus als Gleichnis der Erfahrungsgeschichte des abendländischen Mannes – und damit, einem entscheidenden Grundzug eben dieser Geschichte entsprechend, des abendländischen Menschen überhaupt – erscheinen läßt. Die Bewunderung für den klugen und beherrschten Odysseus wie zugleich die mitleidige Verachtung gegenüber seiner von ihm selbst so gepriesenen Standhaftigkeit (vgl. z. B. IX, 33) gelten zu einem guten Teil unserer eigenen Geschichte, in der der westliche Mensch die Herrschaft über die Natur angetreten hat, indem er allem Fremden gegenüber sein eigenes Selbst aufgerichtet, erhalten und durchgesetzt hat. Für diese Selbsterhaltung hat er gelebt – und lebt er – mit Kämpfen und vorübergehenden Niederlagen, für sie hat er seine Klugheit eingesetzt und seine Stärke, seine List und zuweilen seine scheinbare Unterwerfung. Und er hat für sie bezahlt, – mit dem Verzicht auf Vergessen, auf Hingabe, auf Zeitlosigkeit und Gegenseitigkeit.

In den Bearbeitungen der Sirenengeschichte ist die Ein-

---

[4] »Süßer als Vaterland ist nichts auf Erden zu finden!« (IX, 28)

schätzung der Odysseusgestalt verhältnismäßig eindeutig und unproblematisch. Odysseus ist der kluge und selbstbeherrschte Mann, der weiß, was er will, und der diesem seinem Willen sein Tun und Lassen unterordnen kann. Interessanterweise wird dieses Bild im Verhältnis zur homerischen Vorlage zudem gewöhnlich in der Richtung überzeichnet, daß die von ihm angewandte List (das Verkleben der Ohren der Gefährten, das Sich-Binden an den Mast) als seine eigene Erfindung hingestellt wird. Daß er dabei nur dem dringenden Rat der Kirke folgte, wird unterschlagen, weil es die Anschauung von dem ganz und gar autarken, seiner eigenen Vernunft und technischen Intelligenz vertrauen könnenden Helden gefährden könnte.[5]

Gegenüber Odysseus' gebündeltem Willen zur Selbsterhaltung durch die Heimreise stellen die Sirenen eine Gefahr dar, die sich gerade aus der Negation jenes Willens definiert. Sie sind das schlechthin Andere gegenüber der auf Selbsterhaltung und deren Organisation und Regulierung bedachten Vernunft. Dieses »Andere« kann auf mannigfache Weise interpretiert werden. In der Tradition wird ihr »Verführerisches« je nach dem jeweils vorherrschenden Verständnis der Vernunft in je Unterschiedlichem gesehen. So stehen die Sirenen für erotische Sinnlichkeit wie für Sinnlichkeit überhaupt, für das Elementarische, Gefühlsmäßige, »Weibliche«, für Erde und Tier, Natur und Natürlichkeit, zugleich für das Ir-rationale und Übernatürliche, das Imaginäre und Jenseitige, Mythische und Dämonische, für Glück und Weisheit, für das Geheimnisvolle und Tödliche.

Jeweils verdankt sich die Konzeption der Sirenen im wesentlichen der Ausgrenzung durch das vernünftige Selbst; dar-

---

[5] Odysseus' Selbstbehauptung war zumeist keine *gegen* die Götter, sie ging vielmehr gewissermaßen mit ihnen. Stellen sie sich ihm in den Weg, so fügt er sich ihnen, – für eine gewisse Zeit (Kalypso, Kirke, Fahrt zum Hades). Allein im Sieg über Polyphem stellt er sich gegen einen Gott, Poseidon.

um meint sie zugleich das an ihm selbst Nicht-Einheitliche, Nicht-Selbe, das Andere im Sinne des sich Verändernden, nicht abschließend Definierbaren, des Mehrdeutigen, Offenen. Die Sirenen sind das, was sich dem einheitgebenden Blick der Vernunft, ihrer Ordnung und Gesetzmäßigkeit entzieht, das an ihm selbst Fremde, das Wilde, Bunte, Mannigfaltige. Demgegenüber und zugleich dem zuvor ist das Selbst, was es ist, durch Einbeziehung, Verarbeitung, Formierung, durch angleichende Subsumtion des zunächst als von ihm unterschieden Auftretenden unter seine vernünftige Herrschaft. Was sich solcher Unterordnung und Aneignung entzieht, dem verweigert es seinerseits sich und seine Anerkennung, das wird in ein unerkennbares und insofern irrelevantes Außen und Jenseits verwiesen, es zählt nicht.

Gleichwohl bedeuten die Sirenen für Odysseus eine Versuchung. Er sieht sie nicht einfach nicht, sondern er muß sich allererst vor ihnen schützen; die Ausschließung funktioniert nicht restlos. Gerade weil die Sirenen die Hypostasierung dessen sind, was das Selbst des Odysseus nicht ist, sind sie ihm so gefährlich wie Verlangen weckend, – gefährlich, *weil* Verlangen weckend. Daß das ihm Wesensfremde und Nichtidentische das Verlangen des Odysseus zu wecken vermag, sodaß er sich ausdrücklich auf seinen aufrechten Stand besinnen, seine Standhaftigkeit bewähren, ja sich mithilfe seiner Vernunft selbst binden und disziplinieren muß, zeigt, daß das Selbst als solches einseitig und so durch die »andere Seite« in Versuchung zu führen, zur Selbstnegierung zu reizen ist. Insofern macht es den eigenen Inhalt des Selbst mit aus, daß es sich gegen die Andersheit des Anderen abzugrenzen, daß es starr auf seiner Selbstheit zu beharren sucht. Odysseus ist nicht Odysseus ohne die Sirenen, – er bleibt nur so lange Odysseus, als die Sirenen auf der anderen Seite, drüben bzw. draußen, jenseits bleiben. Diese Spannung ist für ihn eine zweiseitige: die Sirenen sind ihm süß und schrecklich zugleich, sie locken ihn zur Hingabe und Verschmelzung und zwingen ihn eben dadurch zur Selbstbehauptung und Vorbeifahrt.

Was wäre aus Odysseus geworden, hätte er dem lockenden Singen der Sirenen nachgeben können? Jede Spekulation über diese Frage ist müßig. Denn eine Zusammenkunft, gar ein Gespräch zwischen beiden[6] wäre wesentlich unmöglich gewesen, weil beide Seiten allein gegeneinander, nie miteinander sind, was sie sind. Was sich gegenseitig negiert, kann sich nichts zu sagen haben, kann sich nicht begegnen. Der Sinn der sirenischen Versuchung liegt darin, daß ihr wesentlich *nicht* gefolgt werden kann.

Im Folgenden möchte ich verschiedene Gesichter der Sirenen, verschiedene Aspekte ihres Andersseins gegenüber der odysseïschen Vernunft für sich betrachten.[7] Was dabei fragwürdig werden sollte, ist nicht dieses Anderssein selbst, sondern dessen Abgetrenntsein gegenüber der Vernunft; sichtbar werden könnte eine andere, selbst anders-artige Vernunft, für die jede Nötigung zur Selbstbeherrschung und zur Herrschaft über das ihr Fremde hinfällig würde.

* * *

Ich beginne mit der äußerlich sichtbaren Gestalt der Sirenen. Sie sind *halb Frau, halb Vogel*.[8] Damit gehören sie in jenen umfangreichen Bereich von Mischwesen, die für die frühe mediterrane Welt so kennzeichnend sind. Was es ganz allgemein heißt, Tiere und Menschen in eine selbe Gestalt zusammen-

---

[6] Im Grunde gibt es eben gar keinen Raum »zwischen beiden«.

[7] Diese Unterscheidung unterschiedlicher Aspekte ändert nichts daran, daß die Sirenen ein in sich einheitliches Ganzes sind, das allerdings einzelne, sich ergänzende Spielarten aufweist.

[8] Bei Homer ist von ihrer Doppelgestalt nicht die Rede. In den Argonautica von Apollonios Rhodios (IV, 898 f.) lesen wir: »doch waren jetzt ihre Gestalten zu schauen / Teils als Vögel geformt und teils auch wieder als Jungfraun.«

zudenken, welches Verhältnis zum Tier sich darin anzeigt – wie etwa auch darin, daß Götter Tiergestalt annehmen,[9] zumal in der Liebe – kann hier nicht befragt und besprochen werden. Nur einige Bemerkungen seien eingefügt.

Unter den Mischwesen lassen sich grob drei Gruppen unterscheiden: diejenigen aus verschiedenen Tieren, wie Greifen und Chimären; die den Sirenen analogen Mensch-Tier-Gestalten; und schließlich die Gott-Menschen, Halbgötter und Heroen. Jeweils handelt es sich darum, daß eine einzelne Art und Eigenart überschritten wird zu einer neuen, zwei- oder mehrdeutigen Gestalt (die zuweilen, zumindest von uns aus gesehen, eine gewisse Tragik des Zusammengezwungenseins von nicht Zusammengehörigem aufweisen kann, wie es beim Minotauros der Fall zu sein scheint).

Die Mischwesen aus Tier und Mensch sind in der griechischen Mythologie gewöhnlich keine bloßen Fabelwesen, sondern fest umrissene, genealogisch oder stammesmäßig bestimmbare mythologische Gestalten. Die wichtigsten griechischen Tier-Mensch-Gestalten sind die Kentauren, die Sphinx und die Sirenen. Alle drei Arten zeichnen sich – auch – durch *Weisheit* aus, die Sphinx, die das Rätsel, das dem Menschen der Mensch ist, aufgibt, Chiron, der weise und milde Erzieher und Arzt, die Sirenen, die Vergnügen und Weisheit verheißen. Entstammt dieses besondere Wissen gerade der Verbindung von Mensch – Menschen*kopf* – und Tier? Jedenfalls sind die Tiermenschen keineswegs immer – wie allerdings z. B. die Kentauren, die gegen die Lapithen kämpften – durch besondere Wildheit oder sogar »Bestialität« gekennzeichnet, das Tierelement kann vielmehr auch eine gewisse Hintergründigkeit und Rätselhaftigkeit, eine Dimension der Weite und Mehr-

---

[9] In den »Dialoghi con Leucò« läßt Cesare Pavese Circe erklären, inwiefern das Tier den Unsterblichen näher und irgendwie verwandter ist als der vernünftige und tapfere Mensch. (145)

deutigkeit bedeuten: ihr Gefragtes, Gesprochenes, Gesungenes scheint anderswoher zu kommen, weither.

Die Sirenen singen auf einer *Insel,* und zwar einer ganz besonderen Insel: keine Rede von Klippen und Strudeln, also von Gefahr des Schiffbruchs, aber auch nicht von Strand und Hafen: Windstille, spiegelnde See, Heiterkeit und Milde. Zauberhaft ja, aber es ist nicht der tückische Zauber des Mittagsglast, keine Stille, in deren Schoß die Gefahren lauern. Und ebensowenig ein in die Wasserwege einbezogener Halt, kein Ankerplatz, kein freundlicher oder feindlicher Hafen. Eher eine Fata Morgana der See, ein Traum, aus Meer geboren. So ist der Ort der Sirenen in betonter Weise Insel, enthoben der unheimlichen Weite des Meeres; das verzaubernde Sein dieser geflügelten Sängerinnen hat selbst etwas von einer Inselhaftigkeit.[10]

Von der Insel her tönt und ruft es. Der Klang muß so berückend gewesen sein, daß sich alle Sinne in einen einzigen, in das Hören und Lauschen versammelten. Odysseus kam in Sichtweite der Sirenen, aber, wie gesagt, er scheint sie nicht gesehen zu haben, – hat er vor lauter Hören nicht auf das Sehen geachtet? Was da über das Meer her zu ihm kam, war etwas durchaus Berückend-Verwirrendes, Tier- und Menschenstimme zugleich, süßer Gesang und doch voller Wissen.

Zum einen sind die Sirenen *Vögel.* Doch das Tiersein tritt dem Odysseus nicht als solches entgegen, diese Vögel sind zugleich *Frauen.* Indem die Sirenen Frauen und Tiere zugleich sind, scheinen sie nah und fern zugleich zu sein, sind sie auf eine Insel der Verantwortungsfreiheit entrückt, eine Insel der Schuld- und Deutungslosigkeit, die in unheimlicher Weise erreichbar ist und doch zugleich ganz und gar unerreichbar. Für

---

[10] Jener Inselhaftigkeit vergleichbar, die sich für den Zivilisationsmüden schon und noch zur Zeit von Gauguin in den Südseeinseln und ihren braunen Frauen verkörperte.

den Menschenmann Odysseus bedeutet, daß die Sirenen Vogel*frauen* sind, eine äußerste Ausgrenzung. Die eine Seite des
Menschseins selbst, das Frausein, wird vermittlungslos nach
außen verwiesen.[11] Der Mensch, der sich als *das* Selbst begreift, identifiziert sich wesenhaft durch und d.h. gegen ein
Anderes;[12] er entsteht als ein solcher, indem er das Andere, es
(sie) aus sich ausschließend, entstehen läßt. Indem das Frausein den Charakter sirenischer Gefahr gewinnt, konstituiert
sich der männlich-vernünftige Charakter des Odysseus.

Inselhaftigkeit, Frausein und Tiersein bedeuten gegenüber dem vorbeifahrenden männlich-vernünftigen Selbst das
ganz Andere, Rätselhafte, Unzugängliche, das, was aus sich
heraus, in sich ruhend, ist, was es ist, und was als dieses zugleich ferne und nahe Fremde lockt, nämlich in das Aufgeben
des bewußt Eigenen, Begrenzten und Verständigen. Die Sirenen wecken das Verlangen nach Hingabe, Versinken, Vergessen, nach Aufhebung und Rückgängigmachung der Eingrenzung des Selbst, die die Ausgrenzung des Geheimnisvollen
und Offenen ist.

Wenn auch bei Homer die Art und Weise des Verlangens,
das die Sirenen wecken, nicht näher expliziert wird, ist es doch

---

[11] Die Ausgegrenzte wird als biologisch und geistig Unterlegene angesehen.
Aber das hindert nicht, die Unverstandene und Rätselhafte zugleich zu bewun-
dern und zu erhöhen. Die Musen des Dichters sind Frauen, die Allegorie der
Philosophie ist, wie die Göttin des Parmenides, weiblich. Dante hat in Beatrice
all das verkörpert gesehen, was ihm groß und verehrungswürdig am Mensch-
sein erschien. Daß auch diese Sublimierung eine Form von Ausgrenzung ist,
dürfte einsichtig sein.
[12] Vgl. Simone de Beauvoir, Das andere Geschlecht, 76: »Wir haben schon gesagt, daß der Mensch sich niemals denkt, ohne das *Andere* zu denken; er begreift die Welt unter dem Zeichen der Dualität ... Es folgt aber ganz natürlich,
daß die Frau, da sie von dem Manne, der sich als das Selbst setzt, verschieden ist,
in die Kategorie des Anderen eingereiht wird«. Und: »In dem Maße, wie man
die Frau als das absolute Andere, d.h. – ungeachtet ihrer magischen Kräfte – das
Unwesentliche betrachtet, ist es ganz unmöglich, sie als ein anderes Subjekt
anzusehen.« (77)

in der Tradierung der Geschichte fast immer als *sinnliches* Verlangen verstanden worden.[13] Odysseus wird von »heißem Verlangen« ergriffen, weiter zu hören. Es scheint, daß es bei diesem Weiter-hören-wollen nicht allein um den Inhalt des Gesanges ging. Zuvor hieß es, daß die Sirenen »voll Anmut« (192) sangen, es ist von »süßen Stimmen« (159), »hellem Gesang« (44 und 183) die Rede. Doch es war nicht allein schön, ihnen zuzuhören: weiterhören, lauschen, hieß ineins, »mit törichtem Herzen hinanfahren« (41), also der physischen Anziehung erliegen. Odysseus winkt seinen Gefährten, ihn loszubinden. Er bedeutet ihnen nicht etwa nur, den Kurs zu wechseln oder die Ruder ruhen zu lassen, damit er einfach zuhören kann. Er hätte sich wohl, wie jener Butes aus der Schar der Argonauten, ins Meer gestürzt, um der Versuchung der Sirenen ganz leibhaftig nachzugeben, wenn man ihn nur losgebunden hätte. Das heiße Verlangen bedeutet ein unmittelbares Angezogenwerden, Sehnsucht nach Berührung, schließlich Verschmelzung.

Ohne Vorkehrung wäre der den Ruf der Sirenen Vernehmende wie ein von jenen gestimmtes Instrument. Er verfällt ihrem Sein, er verliert sich selbst, sein Vermögen, von sich aus zu wollen und sein Leben zu bestimmen. Es ist wohl nicht Liebe, was die Sirenen wecken. Hätte sonst gerade Aphrodite selbst den Butes gerettet? Den Sirenen zu verfallen, heißt nicht, nach etwas Bestimmtem zu verlangen, ein Geliebtes zu wollen, es geht nicht so sehr auf ein wie auch immer geartetes

---

[13] Anders die idealisierende Ansicht von Ernst Buschor. Er sieht in den Sirenen »im Lichtmeer des Weltenraums oder im Zwielicht des Hades« beheimatete »Musen des Jenseits«, deren sich »auch der Volksglaube in Sage und Märchendichtung bemächtigt« hat. Odysseus »hört die himmlische Musik, ohne das Paradies zu betreten.« (Musen des Jenseits, 7) Vgl. auch Hugo Rahner in etwas anderer Richtung: »Die Sirenen sind aber seit den Urzeiten auch die vom göttlichen Wissen erfüllten Wesen.« (Griechische Mythen in christlicher Deutung, 448)

Haben, eher wohl auf ein Gehabtwerden. Die Gefahr für Odysseus besteht darin, nicht mehr Odysseus sein zu können, nicht mehr nach vorne zu schauen, nicht mehr weiter, zum Ziel zu wollen. Es ist nicht eigentlich Passivität, was sich ihm da gegenüber seiner gewohnten Aktivität des Von-sich-aus und Nach-vorne als Verlockung anbietet. Passivität, das *laisser faire*, die Trägheit oder das *dolce far niente* wären für ihn vermutlich keine Versuchung gewesen. Das Verlangen scheint vielmehr auf die aktive Aufgabe der Aktivität zu gehen, auf ein Glück und ein Wissen, die Vergessen bedeuten, weil sie Distanzlosigkeit besagen, Aufgehen in dem Anderen, Verschwimmen der eigenen Grenzen.

Sinnlichkeit ist hier sowohl im Sinne des rezeptiven Vermögens der fünf (oder wie viel auch immer) Sinne, des sinnlich Wahrnehmbaren wie im Sinne der sexuellen Sinnlichkeit zu verstehen. Es scheint zunächst, als könnten die fünf Sinne als solche für Odysseus, der so viel schon gesehen, gehört, erfahren hat, kaum etwas Verführerisches an sich gehabt haben. Hören, Sehen, Fühlen können jedoch in zwei grundsätzlich verschiedenen Weisen genommen werden. In einem Fall stehen sie im Dienste des Selbst, sie sind seine Werkzeuge, Organe; mit ihrer Hilfe erforscht es seine Umwelt, macht sie sich zu eigen. Im anderen Fall – und so verhält es sich hier wohl mit dem, was die Sirenen zu Versucherinnen macht, – stellen sie gegenüber dem Selbst das ganz Andere dar; zu sehen heißt dann etwa, sich den Formen, Farben, Perspektiven zu überlassen, also z. B. die Augen sprechen zu lassen. Die sinnliche Wahrnehmung ist dann kein Instrument zur vom rationalen Selbst geleisteten Erfassung der Welt und ihrer Gegenstände, sondern ein Weg, auf dem der sich seinen Sinnen Überlassende aus seiner gewohnten Welt hinausgeführt wird in eine Dimension, in der seine üblichen Zugangsweisen, seine Kategorien und Interpretationen versagen, hinfällig werden. Er kann nicht von sich aus eine Position einnehmen und Urteile fällen, vielmehr wird er hineingezogen in das Sprechen eines »Draußen«, das ihn selbst, sein Auf-sich-beharren, immer schon widerlegt oder zumindest in eine Fragwürdigkeit überführt hat.

Die Sinne und die sinnliche sexuelle Anziehung haben hier in Bezug auf Odysseus die gleiche Funktion: das Negieren des selbstherrlichen Subjekts, das Herüberführen in ein Fremdes, Geheimnisvolles, Erstaunliches. Daß sie verführerisch sind, besagt zugleich, daß das Selbst ihnen nicht nur zufällig verfallen kann, wenn es in ihren Wirkungsbereich gerät, sondern daß es ihnen gegenüber irgendwie anfällig und empfänglich ist, daß eine Sehnsucht nach ihnen es ergreifen kann. Offenbar ist die selbsterhaltende Vernunft als solche bedroht von etwas, dem gegenüber sie sich zu erhalten sucht, das aber seine Bedrohlichkeit eben daher hat, daß etwas in ihr selbst zu jenem hindrängt. »Und immer ins Ungebundene gehet eine Sehnsucht«, sagt Hölderlin (Mnemosyne). Die Bindung, der Halt, die Disziplin der Selbsterhaltung sind jeweils ein Sich-wehren gegen etwas, gegen das sich das Selbst »im Grunde« – vor seinem Selbstsein – gar nicht wehren möchte.

Gegen das Verlangen gibt es darum kein Mittel, weil dem Ruf im Hörenden selbst etwas entspricht, das ihn sein Selbstsein vergessen machen könnte. Die Sinne und Gefühle sind trotz ihrer Fremdheit die seinen. Sie sprechen von etwas in ihm, an das sein Selbst-Bewußtsein nicht heranreicht und das er gleichwohl fürchtet, weil jenes Selbst auf Beständigkeit, Gewißheit und Verläßlichkeit aus ist. Etwas, das ihn zu einem Sehen verführen will, auf das er sich nicht verlassen kann und darum nicht einlassen will, zu einem Hören, das anderswoher kommt und ihn anderswohin entrückt, und zu einem Fühlen, das ihn für ein Anderes, Unbekanntes öffnet, – und die doch nur ein Sehen und Hören und Fühlen mit den eigenen Augen und Ohren und dem eigenen Herzen sein könnten.

Nicht als kämpften in Odysseus einfach zwei gegensätzliche Kräfte, zwei Seelenvermögen um die Macht und Vorherrschaft. Odysseus *ist* Vernunft. Er ist nicht zweierlei. Dennoch verhält er sich zwei-deutig. Genauer, er setzt, indem er zum Selbst wird, das seinem Selbstseinwollen gegenüber Andere als ein Fremdes aus sich heraus, auf das er sich gleichwohl, es ausschließend, auch bezieht: er hört den Gesang der Sirenen. In der Gegenüberstellung von Odysseus und den Sirenen, von selbsterhaltender Vernunft und Verlangen weckender Sinnlichkeit, wird nicht einfach ein ganzes Mensch-sein auseinandergeteilt in zwei ursprüngliche Hälften, die sich nun so lange getrennt und feindlich gegenüberstünden, bis ihre Versöhnung sie wieder in eine Harmonie miteinander gebracht hätte. Diese beiden Hälften »gibt es« nicht, und insofern nannte ich die Geschichte falsch erzählt. Insofern sich die auf sich selbst bedachte Vernunft geschichtlich herauskristallisiert aus einem Ganzen menschlicher Möglichkeiten, schießt am Gegenpol zur Vernunft all das zu einer wenngleich losen Einheit zusammen, was für sie fremd, unzugänglich, »unvernünftig« ist. Dem Odysseus entstehen die Sirenen. Sie sind das, was er negiert, um er selbst zu sein. Sie sind die Sinne und die Sinnlichkeit, die seine sind und die er zugleich nicht haben und nicht sein kann, weil er er selbst ist.

Übrigens: wenn es stimmen sollte, daß, wie eine Überlieferung erzählt, die Sirenen sich von ihren Felsen herab ins Meer gestürzt haben, als ihr singender Ruf ohne Erfüllung blieb und Odysseus ihnen entging, – was in ihnen war es dann, was da so ganz in den Sog des Vorbeifahrenden geriet, daß es sie aus dem eigenen Sein hinausstürzte? Die Sirenen selbst kennen, so scheint mir, kein Sehnen. In der Entgegensetzung von Vernunft und Sinnlichkeit liegt die *Verlockung* ganz auf der einen Seite. Nicht aus Verzweiflung und nicht aus Enttäuschung, vielmehr aus der Unmöglichkeit heraus, weiter das zu sein, was sie sind, nämlich Verlockende, Verzaubernde, stürzen sich die Sirenen ins Meer. Verheißen und die Verheißung Erfüllen, – das läßt sich wohl nicht einfach auseinanderreißen, durch dessen Trennung werden sie dann selbst zerrissen. Der angebliche Tod der Sirenen könnte allerdings auch geradezu als Ausdruck dessen verstanden werden, daß die Erzählung als solche von etwas »Falschem« berichtet. Die zielstrebige Vernunft des Odysseus läßt jenseits seiner Ichgrenzen die lokkende Insel des Andersseins entstehen, die sich, insofern sie »draußen« ist, allein diesem Ausgrenzen des Selbst verdankt. Damit aber wird das Anderssein auch schon wieder zerstört: Als Anderssein verträgt es wesentlich keine, und sei es auch ausschließende Identifizierung.

* * *

Daß die Sirenen *Natur* sind, besagt, daß sie in den allumfassenden Lebenszusammenhang des Werdens und Vergehens auf der Erde und unter dem Himmel hineingehören, – als ein Teil, der wie jeder andere diesen Zusammenhang mit ausmacht. Wohl auf Grund der »dämonisch«-schicksalhaften Seite der Sirenen zögern wir zwar, ihnen einfach ein »natürliches Leben« zuzusprechen. Wir wissen, daß sie unsterblich, wenn auch nicht notwendig endlos sind, wir können uns keinen Wechsel ihres Seins nach Tag und Nacht, Jugend und Alter, Glück und Kummer denken.[14] Es wäre z. B. – wie schon gesagt – sicher falsch zu behaupten, sie verspürten eine Sehnsucht oder ein Verlangen nach den Schiffern, die sie durch ihren Gesang anlocken; ihnen fehlt die Bedürftigkeit. Dennoch, d. h. auch ohne daß ihnen ein *Leben* im eigentlichen Sinne zuzuschreiben wäre, gehören sie in den lebendigen Naturzusammenhang, sind sie ein Stück Natur wie der Fels, auf dem sie sitzen, wie das Meer, das diesen Felsen umspült.

---

[14] Insofern unterscheiden sie sich von den homerischen Göttern, von denen wir hören und uns vorstellen können, daß sie sich zum Tafeln niederlassen, Besuche abstatten, der Ruhe pflegen, miteinander das Lager besteigen und daß sie zürnen und lieben und eifersüchtig sind.

Natur ist das, was »von selbst« ist. »Von Natur aus«, *physei*, ist bei Aristoteles diejenige Bewegung – und alles Naturhafte ist ihm Bewegtes –, die keines Anstoßes anderswoher bedarf, um als diese Bewegung zu sein. Die Natur kehrt ewig zu sich zurück, da nur ihr Schon-sein ihr jeweiliges Noch-nicht-sein hervorbringen kann. Was der Natur somit fehlt, wäre, dieser Konzeption von Natur entsprechend, höchstens die Möglichkeit des Aufbruchs zu neuen Ufern. Auch noch der äußerste Wandel – das Meer wechselt von spiegelnd verschlafener Glätte zum stürmischen Aufgewühltsein, Zyklon und Erdbeben zerstören bzw. verändern ganze Landschaften mit ihren natürlichen Gegebenheiten – bleibt gehalten in dem großen Spiel des in sich beharrenden, sich aus sich heraus entwickelnden Naturganzen.

Horkheimer und Adorno sind in ihrer »Dialektik der Aufklärung« ausführlich auf die Sirenengeschichte des Homer eingegangen. Sie verstehen da *Natur* als schicksalhafte, mythische Gesetzmäßigkeit. Die Sirenen sind Vollstreckerinnen eines Verhängnisses, das im Ausgeliefertsein des noch nicht zum Selbst gewordenen Menschen an die Naturmächte besteht. Odysseus stellt sich den Naturgewalten des übermächtigen, vielfältigen Schicksals entgegen, die ihn »aus der Bahn seiner Logik herausziehen« wollen (D.d.A., 53). Mir scheint allerdings, daß die Autoren das Zusammentreffen von Odysseus und Sirenen damit – auch wenn sie eine Reihe wichtiger Momente herausheben – allzu einseitig sehen. Es erhält den mythischen Charakter eines elementaren Gegenüber, – weil die interpretierenden Betrachter ihrerseits trotz aller Skepsis und Kritik lediglich als *Aufklärer* sprechen und damit, genauso gläubig wie Odysseus, einseitig dem Leitstern der Vernunft folgen. Nichts von Blumen, von hellem und holdem Gesang, von Weisheit und Vergnügen: keine Spur eines Lächelns.

Aber die Natur, aus der Odysseus immer schon aufgebrochen ist und gegen die er sich infolgedessen ständig wendet, ist nicht nur wilde Gewalt, sondern gerade auch Lächeln. Odysseus kann das vielleicht vor lauter Selbstbeherrschung nicht sehen, – aber Horkheimer und Adorno sehen es auch nicht. »Natur kennt nicht eigentlich Genuß: sie bringt es nicht weiter als zur Stillung des Bedürfnisses.« (D.d.A., 112). Nach dieser Auffassung kommt dem Menschen (Odysseus) in der Natur nichts entgegen, das für ihn schön und glücklichmachend wird, – gibt es Genuß, so ist es der Mensch, der die Natur gleichsam dazu zwingt, ihm Gegenstand des Genusses zu werden.

Die Sirenen stehen jedoch – im Gegensatz etwa zu Polyphem – dafür, daß die Natur, die dem aus ihr sich entfernenden Selbst als ein Gegenüber entstand, keineswegs nur bedrohende Gewalt ist, die zu der Alternative der »Unterwerfung unter Natur oder der Natur unter das Selbst« (D.d.A., 38) herausfordern würde, sondern daß sie Gespielin sein könnte, Schwester, Geliebte, – in anderer Richtung gesagt: wissendes Lächeln und lächelnde Weisheit. Das Vergnügen und das Wissen, das die Sirenen versprechen, sind unter dem Aspekt der Natur das Glück der Mitwisserschaft an deren Walten, Entstehen, Lebenlassen und Vergehen, die Einkehr also in die kreisende Bewegung des natürlichen Gebens und Nehmens. Diese Natur ist dann zwar Schicksal, aber nicht im Sinne der bedrohlichen gegenüberstehenden Macht, sondern als das jeweils Zukommende, als die jeweilige Antwort der Natur in dem Gespräch, das der Mensch immer schon eingegangen ist, seit er auf der Welt und d. h. zugleich in der Natur und selbst Natur ist. Sie ist in einem das ganz Andere und das schlechthin Nahe, weil selbst auch der Bereich, in dem die Auseinandersetzung mit jenem ganz Anderen stattfindet.

Für Odysseus' Verstand gehören die Sirenen zu einer Natur, die lockendes Rätsel und drohendes Schicksal nur noch zu sein *scheint*, weil er sich ihr überlegen fühlen, gegen sie sich schützen kann. »Doch willst du selber sie hören«, sagt Kirke, – und kein Zweifel, daß Odysseus *will*. »Mir erlaubt sie allein,

169

den Gesang zu hören«, berichtet er den Gefährten, bevor sie sich der Sireneninsel nähern. Warum *will* Odysseus hören, warum nimmt er die Ausnahmeerlaubnis wahr, noch bevor er tatsächlich von Verlangen ergriffen wird? Können wir sagen, daß Odysseus sich der Herausforderung des Schicksals stellen, daß er das Risiko des Scheiterns auf sich nehmen will? Sicher nicht. Sein Hören birgt ja keinerlei Gefahr, die rettende Vorkehrung ist getroffen und gegen mögliche Wechselfälle abgesichert. Odysseus läßt die Sirenen nicht zum Schicksal werden, er trägt vielmehr sein Geschick allein in sich selbst, bestimmt es selbst. Was ihm da noch begegnen kann, bleibt von vorneherein so weit weg, ist ihm so fern, daß er gefahrlos der Neugier des Beobachtens und Zur-Kenntnis-Nehmens nachgeben kann. Wie ein Tourist will er den Zauber des Exotischen bloß konsumieren. Und vermutlich gehört es zum »vollen Genuß« dieses Konsums, daß er dann wirklich von heißem Verlangen ergriffen wird; der Schauder des Fremden läßt ihn tatsächlich erbeben und drängt ihn, der Verzauberung nachzugeben, sich loszulassen. Doch, wie gesagt, die Vorkehrung war getroffen ...

So bleibt der Zauber gebannt, er vermag nicht an Odysseus heranzukommen. Er hat sich an den Mast wie an seine eigene Männlichkeit, Mannhaftigkeit, seinen aufrechten Stand gebunden, ein Nachgeben kommt nicht in Frage. Damit aber auch keine Auseinandersetzung, kein Gespräch, keine Gegenseitigkeit. Die singend lockenden Naturkräfte werden zwar gehört, aber nicht als eine eigene sprechende Möglichkeit zugelassen.

Woran die menschliche Rationalität nicht herankommt, das bezeichnet sie als unvernünftig. Damit aber erscheint es nicht mehr allein als andersartig und fremd, sondern als grundsätzlich unterlegen. Denn was unvernünftig ist, das ist nicht einfach ›anders als vernünftig‹, sondern defizient gegenüber dem Vernünftigen. Der Vorwurf der Irrationalität meint

einen Mangel an Realität bzw. an Realitätsbewußtsein und an
Bewußtheit überhaupt. Odysseus wird sich, obgleich er im
Vorbeifahren zu heißem Verlangen nach den Sirenen verführt
wird, ihnen dennoch unendlich überlegen vorkommen, – so
überlegen, daß er ihnen eben darum entkommt: sie werden
Luft für ihn; oder, wie Kafka das sieht: »die Sirenen ver-
schwanden förmlich vor seiner Entschlossenheit, und gerade
als er ihnen am nächsten war, wußte er nichts mehr von
ihnen.« (Das Schweigen der Sirenen, 300).

Der Hochmut des weißen Mannes gegenüber allem, was
nicht seine Art der Rationalität und die dieser entsprechenden
Weltauffassungen teilt, betrifft auch und gerade dasjenige
Moment des ihm Anderen und Fremden, das er als jenseitig
erfährt. Die Geister und Wesen anzuerkennen, ist ihm »pri-
mitiver Animismus und Fetischismus«, von deren Dämonen-
furcht seinesgleichen zu befreien er sich berufen fühlt. Odysseus hat zwar die Sirenen tatsächlich gehört, er hat sie nicht
ins Reich der Fabeln und Schiffermärchen oder des Aberglau-
bens verwiesen. Aber indem sie als das Verzaubernde und
darum zu Meidende ihm entgegengesetzt werden, ist mit seiner gelingenden Vorbeifahrt ein früher Schritt zu der Nicht-
anerkennung und Mißachtung dessen getan, was sie verkör-
pern.

Nicht als ginge es mir um eine Rehabilitation der Realität
von Sirenen und anderen Dämonen. Es gilt nur zu sehen, wie
auch noch das Geheimnis und die prinzipielle Offenheit des
Unzugänglichen und rational Unsäglichen in der Konfronta-
tion mit dem vernünftigen Selbsterhaltungsgeist des Odysseus die Etikette des Unbestimmbaren, Nichtanzuerkennen-
den erhält. Indem ich die Sirenengeschichte gegen den
odysséischen Strich lese, will ich auch noch die Abtrennung
eines Jenseits vom Diesseits des von der Vernunft erleuchteten
Tages zurücknehmen. Das Nächtliche, Dunkle, Schattenhafte,
das in Angst und Vorahnung sich Meldende, das Geheimnis-

volle und Wunderbare, alles das, was sich auf keinen Grund mehr stellen läßt, dessen Notwendigkeit und Allgemeinheit nicht mehr eingesehen werden kann, all das gehört gleichwohl in den Raum, in dem sich Menschen aufhalten, all das ist gleichwohl menschenmöglich. Geburt und Tod, Verlangen und Schmerz, Glück und Verzweiflung haben die vernünftige Eingrenzung des Menschenwesens immer schon in Frage gestellt. Die Grenzen von Männlichem und Weiblichem, von Mensch und Natur, von Sein und Nichts sind fließend, die Grenze von Diesseits und Jenseits existiert nicht. Das Eine und das Andere sind Andere.

* * *

Odysseus richtet sein Tun und Lassen nach dem vorgewußten Ziel der Heimkunft; weil an diesem Ziel ausgerichtet, ist sein Handeln stets *vernünftig*, in kluger Weise der Situation angepaßt und den Göttern gefügig. Demgegenüber scheinen die Sirenen für ein Sich-überlassen an das Verlangen nach *Glück* und seine Erfüllung zu sprechen. Wissen und Bewußtsein auf der einen Seite, Glück und Selbstvergessen auf der anderen erscheinen als die beiden Pole, die der Geschichte ihren Sinn und ihre Spannung verleihen. Doch verheißen die Sirenen Vergnügen *und Weisheit*, ein Glück, das Wissen, ein Wissen, das Glück bedeutet. Zweifellos ist *dieses Wissen* von anderer Art als der listige Verstand, der Odysseus an dem, was er für eine Gefahr halten muß, vorbeizuführen vermag. Und vermutlich ist dann auch das ihm verschwisterte Glück verschieden von dem, als was es zunächst erscheint, – auch wenn wir noch davon absehen, daß beide, Wissen und Glück, auf geheimnisvolle Weise mit jenem Dritten, für das die Sirenen am Ende auch stehen, mit dem *Tod* zusammengehören.

Darin, daß Odysseus an der Insel der Sirenen vorbeifährt, zeigt sich die Scheidung einer Weise des Wissens von einer anderen. Diese Differenz bleibt für eine lange, bis zu uns hin reichende Geschichte bestehen. Odysseus' eigenes und das ihm von den Sirenen angebotene »andere« Wissen unterscheiden sich *nicht* – jedenfalls nicht in erster Linie – in ihrem Inhalt, im »Material« des Gewußten. Das Wissen der Sirenen erstreckt sich auf »alles, was irgend geschieht auf der lebenschenkenden Erde« (191). Sie künden also keine besonderen Geheimnisse, lösen keine Welträtsel, weissagen nichts grundsätzlich Verborgenes. Sie sagen vielmehr, wie es ist, sie singen Geschichten von dem, was sich zugetragen hat und was geschehen kann oder wird, – von der Erde, von den Menschen, den Göttern. Vielleicht reicht ihr Blick dabei zuweilen weiter und auch tiefer als der des gewohnten Sehens und Begreifens, dennoch aber geht er auf den selben Inhalt, sagt er »dasselbe«, – und doch nicht dasselbe auf dieselbe Weise. Er weiß *anders*, und eben darum und allein darin dann doch auch *anderes*.

Odysseus *weiß*, was er tun und lassen muß, um sein Ziel, die Heimkehr nach Ithaka, zu erreichen. Das Wesentliche dabei ist, die jeweils auftauchenden Bedürfnisse und Wünsche jenem einen Ziel und d. h. dem zu diesem hinführenden und von den Göttern gewiesenen Weg unterzuordnen. Während seine Gefährten ihrem jeweiligen Verlangen nachgeben, den mit Winden gefüllten Schlauch des Aiolos öffnen, die Sonnenrinder schlachten, im Wein schwelgen, statt zu fliehen usw., weiß Odysseus, daß ihn nur die peinliche Befolgung der Ratschläge der Götter und die Ausrichtung allen Tuns auf das zu erreichende Ziel zu einem guten Ende helfen wird, – weswegen schließlich auch er allein, beladen mit Schätzen, nach Ithaka zurückkommt. Sein Wissen betrifft die Mittel und Wege, die Listen und Vorkehrungen, die ihm nützlich sein können. In diesem Sinne können wir es ein »technisches« Wissen nennen. Auch das Verhältnis zu den Gefahren und Abenteuern ist darum ein technisch-instrumentelles; sie sind lediglich eben-soviele Etappen auf dem Weg nach Hause.[15]

Das »andere« Wissen, die mit Glück verschwisterte Weisheit, die die Sirenen dem Odysseus schenken wollen, ist widersprüchlich, weil nicht an die Regeln der Logik gebunden, ungeordnet, weil nicht auf ein eindeutiges Ziel ausgerichtet, zufällig und einzeln, weil unter keine begründend-begründete Allgemeinheit subsumierbar, zugleich subjektiv und rauschhaft, weil keiner exakten Objektivität verpflichtet. Das rationale, zielgebundene Wissen ist das »männliche« Wissen. Das hintergründige und in gewissem Sinne grenzenlose Wissen, das den Sirenen eigentümlich ist, wird dagegen den Frauen zugeschrieben, den Hexen und Zauberinnen, dunklen Mächten, die dem Gefühl, dem Erdhaften und Nächtigen zugeneigt und verwandt sind. Ihm zeigen sich die Gegenstände mit Hinsichten, die der rechnenden und planenden Rationalität nicht zugänglich sind, die uneinholbar den Charakter des Fremden und Andersartigen haben und darum für bloß natur- und schicksalhaft, dem Un- und Vorbewußten zugehörig gelten.

Das an Logik und Objektivität orientierte Wissen des Odysseus ist *gebundenes* Wissen: es bindet sich an sein vorgegebenes und vorgefaßtes Ziel und schränkt sich ein auf das ihm Mögliche. Das Wissen der Sirenen dagegen ist *bindungs- und grenzenlos,* – eben darum ist die Fesselung an den Mast das einzige Mittel für den Hörenden, dem lockenden Klang zu entkommen. Dieser Fesselung entspricht die Beschränkung auf einen wohl definierten Wissensbereich. Die Bindung, der aufrechte Stand sind eine Eingrenzung gegen das Undefinierbare, Unbegehbare, Namenlose. Noch einmal: »Und immer / Ins Ungebundene gehet eine Sehnsucht«. Diese Sehnsucht

---

[15] Odysseus zog – wenn wir das allgemein-griechische Kriegsziel der Rückgewinnung von Helena einmal beiseitelassen – weder aus, das Glück zu suchen, noch, das Fürchten zu lernen: er zog aus, zurückzukehren.

geht jedoch in die Irre. »Ungebundenes aber / Hasset Gott«. (Hölderlin, Der Einzige)[16] Das Ungebundene sehnt sich fort aus dem Hier und Jetzt, es öffnet sich, reicht hinaus aus dem Bereich des definierten Lebens, grenzt an den Tod. Odysseus schaut konzentriert nach vorn, er bindet sich an und durch sein Wissen, er erkennt die Gefahr, weil er wachsam ist und eingedenk der Bestimmung seines eigenen Weges. Er übernimmt das Wissen der Kirke als für ihn selbst gültig; von daher ist ihm das fremde und verlockende Wissen der Sirenen eine bloße Hinderung und Versuchung. Die Bindung bedeutet für ihn im Grunde keine Fesselung mehr, sondern Halt und Hilfe. Die Beschränktheit seines Wissens gegenüber der Schrankenlosigkeit der alles schauenden und durchschauenden Weisheit der lockenden Sängerinnen wird uminterpretiert zur »weisen Beschränkung«. Es ist diese Beschränkung auf das (angeblich allein) Menschenmögliche, was das technische Heimkehrwissen und seinen instrumentellen Erfindungs- reichtum ermöglicht. Der »göttliche Dulder« ist zugleich der »erfindungsreiche Odysseus«. »Und sein erfindungsreicher Verstand war in steter Bewegung« (XIII, 255). Athena selbst bewundert ihn, wenn auch leicht spottend: »Geist erfordert das und Verschlagenheit, dich an Erfindung / Jeglicher Art zu besiegen, und käm auch einer der Götter! / Überlistiger Schalk voll unergründlicher Ränke« (XIII, 291).

Die vernünftige Bindung an den Weg der Heimkehr setzt (und diffamiert damit) das dem Odysseus Unzugängliche, weil seine Identität in Frage Stellende, als den Bereich des bloßen Draußen und Jenseits, sie nennt dessen Weisheit das *Irrationa- le*. Sie verachtet Schrankenlosigkeit und Ungebundenheit; das

---

[16] Vgl. ebenfalls Hölderlin: »es bedarf aber / Der Kühlung auch / Daß ungebun- den zu Todten / Nicht übergehe der brennende Busen« (Ister, Lesart). Und: »Wo aber allzusehr sich / Das Ungebundene zum Tode sehnet / Himmlisches ein- schläft, und die Treue Gottes, / Das Verständige fehlt.« (Griechenland, 2. Fas- sung)

Wissen, dem diese zugehören, verweist sie in das Reich von Offenbarung oder Weissagung sowie des magischen und auch des rauschhaften Wissens. Stellen wir jedoch die vorgängige Trennung und Entgegensetzung des rationalen Wissens des Odysseus und des sirenischen, des sogenannten »irrationalen« Wissens in Frage, so gehen wir von einem andersartigen Wissen aus, innerhalb dessen die Logik des Aristoteles wie das Sehen der Kassandra, der Tag des Bewußtseins wie die Nacht des seherischen Rausches nur einzelne Wege darstellen, die sich zwar im Gehen unterscheiden, weil die Landschaft, durch die sie führen, je eine andere ist, die aber zugleich auch teilhaben aneinander.

Vielleicht führt dieses Bild von der Landschaft und ihren Wegen hier in der Tat ein wenig weiter. Dabei ist nicht an Straßen zu denken, die funktional eine Gegend durchschneiden, um die schnelle und bequeme Bewegung von einem Ort zum anderen zu ermöglichen, sondern an Wege und Pfade, die sich gewissermaßen aus der Landschaft selbst ergeben, indem sie sich deren unterschiedlichen Gegebenheiten anpassen, diesen selbst nachgehen und sie nachzeichnen, ebene und hügelige, kahle und bewaldete, trockene und feuchte Gegenden.

Wir haben im Deutschen den Ausdruck »wissen um ...«. Damit meinen wir eine Einsicht, die ihr Eingesehenes nicht gegenständlich sich gegenüber hat, sondern die sich ihm gewissermaßen überläßt, auf es *eingeht* und nun in jedem Schritt zu ihm hin zugleich schon von ihm her kommt, von ihm her spricht. Was heißt es z. B., von »wissenden Augen zu reden? Wir bezeichnen damit keine solchen, die nur etwas Bestimmtes im Blick haben und fixieren, die konzentriert auf dieses oder jenes hinsehen. Eher solche, die »viel gesehen«, Gutes und Schlimmes erfahren haben. Sie haben gelernt, auch durch die Dinge hindurchzusehen, in ihnen wie in einem Spiegel auch Entferntes, Anderes zu lesen. Diese Augen vermögen in gewissem Sinne vor ihrem Wissen und Gewußten selbst zurückzutreten: die Blindheit der Sänger bezeugt die Weisheit dieses anderen »Sehens«. Die Weisen sehen, wie Don Juan bei Castaneda sagt, »den Weg mit Herz«. Etwas auf diese Weise zu wissen, heißt, bei den Dingen zu sein, mitten unter ihnen, nicht über ihnen oder ihnen gegenüber. Das Gegenübersein ist dann vielmehr nur ein Sonderfall, eine extreme Modifikation des Mit-den-Dingen-, des In-der-Welt-seins. Eine Wegkehre, ein erhöhter Aussichtspunkt können einen Überblick gewähren, der sich aus dem übrigen Gehen und seiner Einfügung in die Gegebenheiten des Weges heraushebt.

Für Odysseus bedeutet dieser selbst-verständliche Weg des Sich-Überlassens an die Ansprüche des Gegebenen und der Auseinandersetzung mit der jeweiligen Situation und den Möglichkeiten, die sie nahelegt oder verwehrt, darum eine *Bedrohung*, weil er dem Von-sich-aus des Entwerfens und Formens widerspricht, das sich die Erde untertan zu machen gewillt ist und eben darin die eigentliche Bestimmung des Menschen als des vernünftigen Lebewesens sieht. Die Herrschergeste dessen, der ein fremdes Land in Besitz zu nehmen im Begriff ist, allein, weil es da ist, vor ihm liegt, ihn zur Vereinnahmung herauszufordern scheint, diese dem abendländischen Menschen so gewohnte Geste nicht nur fremden Ländern und Völkern, sondern überhaupt allem Neuen gegenüber, fühlt sich verunsichert, wenn da etwas auftritt, das mit seinem Gesang zum reinen Hören und Kommen, zum an ihm selbst glückhaften Sehen ruft, zu einem Tun, das nicht primär auf Zwecke gerichtet ist, einem Verstehen, das weder relevant noch produktiv sein will (und vielleicht gerade darum beides in gewandelter Weise sein kann). Die Verunsicherung führt zum Widerstand und zur Verharmlosung, sie gibt dem Ruf zur *möglichen Begegnung* den fatalen Beigeschmack der Versuchung, das in ihm beschlossene unbändige Glück sinkt zur vernunftlosen Lust herab, sein um alles wissendes Sehen wird als bloßer Zauber mißverstanden oder auch als »göttliches Wissen« idealisiert.

* * *

Die Sirenen sind – das ist wohl ihre verbreitetste Bestimmung in der griechischen Mythologie – Dämonen oder Geister des *Todes*. Wesen, die, in welcher Weise auch immer, als gestorbene Seelen, als urtümliche Todesgöttinnen, dem Reich des Todes angehören. Sie klagen vor und auf Grabstelen, sie locken oder geleiten in den Tod, sie tragen Gestorbene in den Hades. Glück und Tod scheinen einander entgegengesetzt zu sein. Das Glück, worin auch immer es im Einzelnen gesehen werden mag, impliziert ein Gefühl der Einstimmigkeit, ein Ergriffenhaben und vielleicht Umgriffensein, etwas Gerundetes, Positives. Der Tod erscheint dagegen als Bruch, Zerrissenheit, als Trennung und Negation. Die Sirenen versprechen Glück, sie erwecken somit das Verlangen nach Lust und Erfüllung, – und bedeuten stattdessen – so heißt es – Tod und Verderben. Ihr Ort kann scheinbar nur *entweder* durch die Heiterkeit blumiger Wiesen *oder* durch die Düsternis bleichender Knochen gekennzeichnet werden.

Allerdings *muß* ihre Bedeutung nicht – wie es für uns heute naheliegen würde – einen Zug des Düsteren, Beängstigenden und Grauenerregenden erhalten. Wir brauchen nur an die Kreter oder die Etrusker zu denken, um auf das heitere, ja spielerische, oftmals der Liebe verschwisterte Moment des Todes verwiesen zu werden.[17] Die Sirenen vermögen sehr wohl Liebes- und Todesdämonen in einem zu sein.[18] In jedem Fall

---

[17] Man denke an die erotischen Szenen auf Grabgemälden in Tarquinia oder an die italisch beeinflußten Darstellungen von Gelagen auf Sarkophagen in Paestum.

[18] Im Zusammenhang einer Untersuchung der Figur der Kalypso schreibt H. Güntert: »Todesdämonen rauben also nach alter Vorstellung nicht nur ge-

haben sie einen jenseitigen, göttlichen Charakter, wenn sie auch nicht dem Reich der Olympier angehören.

Die homerische Erzählung läßt auch den Tod, den die Sirenen angeblich bedeuten, in einer Unbestimmtheit: Pflegen sie den ihnen verfallenen Schiffer selbst zu töten, zerschellt er, der auf den Gesang lauschend der Gefahr nicht achtet, an den Klippen, oder kommt er, verhungernd und verdurstend, auf der öden und unwirtlichen Insel um? Wie dem auch sei, der Tod gehört jedenfalls mit in jenes Gesamtgewebe, das die Sirenen als das ausgeschlossene Gegenbild zur Rationalität des Odysseus darstellen. In diesem Gewebe steht der Tod in geheimnisvoller Beziehung zum Glück wie zur Weisheit und zu fast allen anderen Grundzügen der Sirenen. Zugleich repräsentiert er am entschiedensten das sie alle bestimmende Moment der negativen Ausgrenzung und Ausschließung.[19]

Ließe sich nicht geradezu sagen, daß es der als Herausforderung verstandene Tod ist, der den Menschen dazu getrieben hat, sich an seine Vernunft zu binden und alles ihm Begegnende von ihr her zu messen und zu beherrschen? Steht nicht das Erschrecken vor der eigenen Endlichkeit am Anfang der Suche nach einem menschenmöglichen Vermögen der Übersteigung des bloß Menschenmöglichen? Die Wahrheit des Parmenides, die die absolut apriorische Identität von Vernunft und Sein im-

---

waltsam Menschen, sondern sie verlocken mit allen möglichen Mitteln Sterbliche in ihr Reich. Dabei wird in gewisser Hinsicht *Sterben und Tod als Vermählung und Ehe mit einer Todesgottheit* gedacht. … hier liegt der Grund für die Berührung von der Todesgöttin mit der Liebesgöttin, von der Verwandtschaft der ›verhüllenden‹ Todesdämonin mit der entrückenden, liebreizenden Fee. Jeder Tote vermählt sich mit der Todesgöttin.« (Kalypso, Bedeutungsgeschichtliche Untersuchungen auf dem Gebiet der indogermanischen Sprachen, 1919)

[19] Jean Baudrillard spricht von einer »Ausschließung, die allen anderen vorhergeht, radikaler … als die der Wahnsinnigen, der Kinder und niederen Rassen, eine Ausschließung, die ihnen allen vorhergeht und ihnen als Modell dient, und die an der Basis selbst der ›Rationalität‹ unserer Kultur steht: das ist die Ausschließung der Toten und des Todes.« (Der Tod tanzt aus der Reihe, 9)

pliziert, setzt sich ausdrücklich und thematisch der Meinung und dem alltäglichen Leben der *Sterblichen* entgegen. Sterblich zu sein, heißt zum einen und vor allem, wesentlich ein Ende zu haben, nicht nur einmal nicht gewesen zu sein, sondern auch notwendig einmal nicht mehr zu sein. Es heißt aber zum anderen auch, mit Endlichem, Begrenztem, sich Veränderndem zu tun zu haben; der Raum ist nicht auszugehen, die Zeit nicht zu durchstehen. Insofern ist für den Menschen die Natur, die ihn überall und zu jeder Zeit zu umfangen scheint, dennoch ständiger Anstoß zur Erfahrung von *Endlichkeit*. Indem er in jedem Umgang mit Naturhaftem in mannigfaltiger Hinsicht Grenzen und Begrenztheiten begegnet, sieht er sich ständig der Wirklichkeit von Sterblichkeit und Tod konfrontiert.

Unbegrenzt erscheint demgegenüber allein die *Vernunft* und das Vernünftige. Sie überspannt Räume und übergreift Zeiten. Sie schaut qualitative Differenzen in ein Eines zusammen, indem sie sie ihm ein- und unterordnet. Soweit und solange der Mensch sich seiner Vernunft anzuvertrauen vermag, verliert er in gewissem Sinne seine Endlichkeit, verblaßt sein Tod. Schmerz und Leid, Beschränkung und Trennung, Hinfälligkeit und Unbeständigkeit können der Vernunft als solcher nichts anhaben und verschwinden (potentiell) vor ihrer Macht.

Verhält es sich also gerade umgekehrt, als wie ich es im Vorigen aufgezeichnet hatte? Stehen die Sirenen, indem sie den Tod bringen, für naturhafte Begrenzung, für Endlichkeit und qualitative Mannigfaltigkeit, während Odysseus auf Grund seiner vorausschauenden Vernünftigkeit eine ungebundene Freiheit verkörpert, die sich über Naturschranken hinwegzusetzen vermag? In diese Richtung geht in der Tat die christliche Deutung der Sirenengeschichte in der Patristik und im frühen Mittelalter, wo Odysseus den aufrechten Christen verkörpert, der mit Hilfe seiner gottesfürchtigen Weisheit die hinfällige Welt und ihre Verlockungen zu besiegen vermag.[20] Ist Odysseus in Wahrheit der die Grenzen überwindende Sieger?

Oder ist diese Auslegung dann doch wieder dem Odysseus und der ihn verherrlichenden Sirenengeschichte, letztlich dem Selbstverständnis des abendländischen Menschen auf den Leim gegangen? Sicher, von Odysseus, von der Vernunft selbst her gesehen, bedeuten die Sirenen, bedeuten ihre Naturhaftigkeit, ihre Sinnlichkeit, ihr Glück den Tod, und bedeutet dieser Tod das Negative schlechthin. Ist die Vernunft das Vermögen der Einheit, so ist alles Mannigfaltige, Bunte, Vielschichtige, alles Begrenzte, Unterbrochene, Sprunghafte, alles sich Wandelnde und zur Verwandlung Drängende für diese Vernunft eine Herausforderung und Bedrohung, der sie mit Einverleibung und Unterwerfung oder Ausgrenzung begegnen muß.

Wenn Odysseus zu Heimat und festem Besitz zurückkehren muß, wenn er sein Selbst – Herr und König zu sein – erhalten muß, wenn Odysseus Odysseus sein und bleiben muß, dann *muß* das ganz Andere und Fremde für ihn notwendig draußen bleiben, als Versuchung, Verlockung und Gefahr. Macht es Sinn, die Identität des Odysseus in Frage zu stellen? Läßt sich hinter die Entgegensetzung von Leben und Tod, von Geist und Natur zurückfragen? Wenn der Tod Tod bleibt und das Leben Leben, wenn die Natur Natur bleibt und der Geist Geist, dann müssen sie sich in ausschließender Entgegensetzung gegenüberstehen, dann muß Odysseus seine Identität zu erhalten suchen und den vernünftigen Weg nach Hause wählen.

---

[20] Hugo Rahner zitiert Honorius Augustodunensis (Speculum Ecclesiae, Homilie auf Septuagesima, PL 172, 857 A): »Ulisses [= Odysseus] aber bedeutet den Weisen. Ohne Gefahr segelt er an den Sirenen vorüber: das will sagen, das Christenvolk, das wahrhaft weise ist, gleitet im Schiff der Kirche sicher über die Wogen dieser Welt. Denn es bindet sich durch die Gottesfurcht an den Mastbaum des Schiffes, das ist an das Kreuz Christi. Und so entkommt es ohne Harm jeder Gefahr. Siegend fährt es ein in die Freuden der Heiligen.« (Griechische Mythen in christlicher Deutung, 448)

Am Ende hängt somit alles an dieser Identität. Die angeblich selbstverständlichen, fundamentalen Entgegensetzungen beruhen auf dem Prinzip der Identität, und d. h. auch auf der Beziehung des Selbst allein auf sich selbst, unter Ausschließung (oder Einvernahme) des Andersartigen und Fremden. Insofern ist sie im eigentlichen Sinne Bezugslosigkeit, ja Negation auch nur der Möglichkeit von Beziehung, – wenn Beziehungen aufzunehmen heißt, sich auf Fremdes und Erstaunliches als solches einzulassen. Die nicht primär vom Selbst und seiner Erhaltung her verstandene Welt ist grundsätzlich eine nichthafte Welt, in dem Sinne, wie zuvor von der Endlichkeit der als vielfältig und begrenzt erfahrenen Welt der Sterblichen die Rede war. Eines ist *nicht* das Andere, es ist anders als das Andere, wird anders als jenes, zwischen ihnen ist nichts Übergeordnetes, Gleichschaltendes, das sie verbände. Weder ist das Eine selbst übergreifend (die Vernunft), noch sind die Unterschiedenen subsumierbar unter eine Einheit, die jedem von ihnen seinen logischen und realen Platz zuwiese. Da hat jedes sein Ende an ihm selbst, an dem Grad seiner Intensität, an seinem jeweiligen Ort und seiner Weile.

Und dieses Ende ist dann immer auch zugleich der Anfang von Anderem, die Möglichkeit zu Brücke und Übergang, zu Gespräch und Wechselwirkung wie zu deren Unterbrechung und Verweigerung. Eines fügt sich zum Anderen und löst sich wieder, schmiegt sich an und setzt sich entgegen, bildet einen Zusammenklang und hebt sich ab. Gerade weil ein jedes sich in seinen Grenzen, seiner Endlichkeit und Nichtigkeit hat und anerkennt, ist es zugleich offen für die Auseinandersetzung mit Anderem, das ihm zustimmt oder es in Frage stellt und zurückweist. Es braucht sich nicht zu beherrschen, um Konflikte mit der Realität zu vermeiden oder zu mildern. Denn ein jedes ist von vornherein nicht nur bei sich und auf sich bedacht, es ist kein Punkt, sondern ein Weg, kein strategischer Aussichtsplatz, sondern eine weite Landschaft.

Und der Tod? Das wurde im Grunde schon gesagt. Ich meine, daß die Konzeption einer Welt der Auseinandersetzung, der Jeweiligkeit und der Beziehungen nur eine Welt der Endlichkeit sein kann, also eine Welt auch der Wirklichkeit des Todes, des eigenen und des Todes von allem anderen. Die Sucht nach Unsterblichkeit und Ständigkeit führt aus ihr heraus bzw. reißt sie auseinander in eine Seite der klugen und selbstgewissen Identität und eine Seite der scheinhaften, zauberischen Vergänglichkeit. Das Wissen um Tod und Sterblichkeit dagegen ist zugleich Wissen um Glück und Schmerz des Augenblicks, um die kostbare Besonderheit jeden Ortes, um die bunte Mannigfaltigkeit der zwischen ihnen spielenden Bezüge.

Gibt es da Sirenen? Nein, wenn Sirenen für die Versuchung einer verderbenbringenden Lust und eines das den Menschen Zugemessene überschreitenden Wissens stehen. Ja, wenn in ihnen das sich darbietende Glück des fremden Hier und Jetzt gemeint ist. In ihrem Gesang lassen sie die Kostbarkeit des Jeweiligen aufklingen, das die freie Möglichkeit der Auseinandersetzung oder der Verweigerung in sich birgt. Diese Sirenen stünden nicht auf irgendeiner anderen Seite, sondern wären – auch wir selbst, etwas in uns, das nicht unterdrückt und zum Schweigen gebracht werden müßte, das vielmehr einen Ton darstellte in dem Zusammenklang, der wir selbst sind und der die Welt ist.

Zur Gegensätzlichkeit von Wasser-Erfahrungen

Wasser – du selber bist das Leben!

Das Wasser ist ein seltsam widersprüchliches Element. Wasser gibt Leben und Tod, es begegnet in Dürre und Überschwemmung, im leise dahinplätschernden Rinnsal und im unendlich anrollenden Ozean, es ist Quelle sowohl wie Mündung. In reißenden Wasserfällen stürzt es in Abgründe, in japanischen Gärten führt es zu Stille und Meditation. Unfruchtbares Land kann es bewässern und fruchtbares Land wegschwemmen. Wasser ist unbeschreibbar und gestaltlos, – und es hat seine eigene Sprache und seine eigene Form. Es spiegelt den Himmel, die Wolken und die Gestirne, und es verbirgt sich, unsichtbar, in den Tiefen der Erde. Wasser scheint das Alltäglichste zu sein und ist zugleich etwas überaus Kostbares. Sinnlich läßt sich das Wasser ganz gegensätzlich spüren: man kann sich verbrennen am Dampf wie erfrieren im Eis. Laotse schrieb: »Auf der ganzen Welt gibt es nichts Weicheres und Schwächeres als das Wasser. Und doch in der Art, wie es dem Harten zusetzt, kommt nichts ihm gleich.« (Tao-te-king, 78). Es schmiegt sich der Berührung an und perlt von ihr ab. Es murmelt leise oder braust mit gewaltigem Getöse. Sein Glanz kann uns blenden, oder unser Blick kann sich auf seiner weiten Fläche ausruhen.

Im Folgenden werde ich mich in vier Abschnitten ein paar Schritte weit auf einige *Gegensätzlichkeiten* des Wassers einlassen, damit auch auf verschiedenartige Weisen, wie Sein und Nichtsein, Leben und Tod sich im Wasser begegnen. Meine Überlegungen lassen sich sowohl von eigenen wie von literarischen und mythologischen Wasser-Erfahrungen leiten. Zunächst will ich den Widersprüchen im Verhältnis von *Wüste und Wasser* nachgehen. Dabei komme ich auch auf die verborgenen *Brunnen* zu sprechen. Oftmals sind es aber auch die *Quellen*, in denen Bezüge von Sein und Nichts, Leben und Tod sinnfällig werden. Als Orte des Ursprungs sind sie *Anfang* und Ausgang dessen, was in Bächen und Flüssen das Land belebt und schließlich nach kürzerem oder längerem Lauf ins Meer mündet und dort sein *Ende* findet, – um irgendwann, verdunstend und sich zu Regenwolken verdichtend, neu zu einem lebenspendenden Anfang zu werden.

In vielen Mythen und Märchen wird das Wasser als ein Uranfängliches gesehen; doch häufig erscheint es auch als die Dimension des *Todes,* der Todesgefahr und des Reichs der Toten. Tod und Leben, Nichts und Sein berühren sich in ihm; so kann das Wasser auch sowohl Bild wie Realität des Vergänglichen und Vorübergehenden, Verfließenden sein.

* * *

Wasser – du selber bist das Leben! Dieser Satz entstammt Saint-Exupérys Buch »Terre des Hommes«, im Deutschen »Wind, Sand und Sterne«; genauer heißt es dort (mit einigen Auslassungen): »Wasser, du hast weder Geschmack, noch Farbe, noch Aroma. Man kann dich nicht beschreiben. Man schmeckt dich, ohne dich zu kennen. Es ist nicht so, daß man dich zum Leben braucht: du selber bist das Leben! … / Du bist der köstlichste Besitz dieser Erde. Du bist auch der empfindsamste, der rein dem Leib der Erde entquillt. Vor einer Quelle magnesiumhaltigen Wassers kann man verdursten. An einem Salzsee kann man verschmachten. … / Du bist eine leicht gekränkte Gottheit! / Aber du schenkst uns ein unbeschreiblich einfaches und großes Glück.« (202 f.)

Saint-Exupéry beschreibt in dem Kapitel »Durst«, wie er

auf einem Langstreckenflug eine Notlandung in der Sahara machen muß, was ihn dazu bringt, »bis zum Herzen der Wüste vorzudringen«. (149) Kurz vor dem endgültigen Verdursten, als er nichts mehr fühlt »als Dürre des Herzens« (199), findet ihn ein Beduine. Dem Verdurstenden erscheint dieser Beduine als der Mensch schlechthin, »mit dem Antlitz aller Menschen«. (203). Das Geschenk des Wassers ist buchstäblich Geschenk des Lebens, – »ein unbeschreiblich einfaches und großes Glück«.

Das Wasser begegnet hier als Rettung vor dem Tod des Verdurstens, somit als äußerster Gegensatz zur Wüste, als ihre Gegenmacht, als sinnliche Quelle des Lebens in einer Dimension der Dürre und Leere, die radikales Ausgesetztsein und äußerste Verlassenheit bedeutet. In der Geste, mit der der Beduine dem Verdurstenden das Gefäß mit Wasser reicht, liegt viel mehr als nur die bloße Gabe; dieses dargereichte Wasser ist nicht nur Wasser, sondern die Zuwendung des Einen zum Anderen, durch die das Leben selbst zu einem geschenkten, einem wieder geschenkten wird. Zugleich ist aber bei dieser Gabe des Seins doch auch die Möglichkeit ihrer Negation bewußt, sie könnte eine Täuschung, das Wasser könnte auch vergiftet oder salzig sein. Es bedarf wohl eines Vertrauens, eines empfänglichen Herzens, das dem reinen Hervorquellen des Wassers aus dem »Leib der Erde« entspricht. Dann bedeutet dieses Reichen des Wassers in der fast schon zu *Nichts* gewordenen Wüsten-Welt einen wunderbaren Akt, durch den erneut ein *Alles*, nämlich die Rückkehr zur Menschenwelt möglich wird.

Wasser und Wüste stellen in dieser kleinen Geschichte einen äußersten Gegensatz dar. Allerdings gibt es auch ein Neben- und Miteinander von Wasser und Wüste, z. B. in den Oasen, in den Wasserlöchern und Brunnen, sowie in vereinzelt auftretenden, gewaltigen Regengüssen. In den ausgedehnten Wüsten des nordamerikanischen Kontinents spielt das Wasser eine viel größere Rolle, als man sich das in unseren wüstenfernen Gegenden gemeinhin vorstellt; für uns hat sich mit »Wüste« lange Zeit vornehmlich das Bild der Sahara verbunden.

Auf meiner letztjährigen Reise durch die verschiedenen Wüsten Nordamerikas habe ich mich mit meinem Autozelt sehr oft am Wasser aufgehalten – an größeren und kleineren, immer klaren Wüstenflüssen und an riesigen Wüstenseen –, fast ebenso oft wie in ganz trockenen Gebieten. Selbst in diesen war das Wasser immer gegenwärtig, sei es in den Entstehungsgeschichten, die die Landschaft in ihren Schichtungen und Ablagerungen erzählte, sei es in den Spuren vergangener und der Ahnung künftiger Regenmassen.

Craig Childs beschreibt in dem Buch »Der Wasserkartograf« seine vielfältigen Versuche, den Spuren von Wasser in den Wüstengebieten des Südwestens des Kontinents zu folgen. Er verzeichnet Wasserlöcher, Quellen und Wüstenbäche, beschreibt Fluten und Überschwemmungen. Und er erläutert die erstaunliche Tatsache, daß »ein durch Abwesenheit des Wassers definierter Ort – die Wüste – durch Anwesenheit des Wassers gestaltet« wird (183). Es ist das Wasser, das die Canyons und Arroyos, die großen Täler und schmalen Schluchten in einer langen, wandlungsreichen Geschichte in ihren Boden gegraben und so die Wüste modelliert hat. Übrigens läßt sich die Zusammengehörigkeit von Wüste und Wasser in sinnlicher Evidenz auch in den *Dünen* erspüren, diesen Wellen aus Wind und Sand, die manchen Meeresküsten und Wüsten gemeinsam sind.

In der Zusammengehörigkeit von Wüste und Wasser bezeugt sich u. a. das gegensätzliche Verhältnis von Sein und Nichts, von Leben und Tod. In kürzester Zeit strömen in den nordamerikanischen Wüsten ungeheure Regenmassen auf die Erde. Craig Childs erinnert sich an eine Wanderung durch einen Canyon in Utah:»Die beiden häufigsten Todesarten in der Wüste sind Verdursten – und Ertrinken. Die Stelle hier vibrierte von diesem Gegensatz, dieser Spannung zwischen der Notwendigkeit, Wasser zu finden, und der Notwendigkeit, es zu fliehen. Die Fluten kommen ohne die geringste Vorwarnung, zur heißesten Jahreszeit, wenn das Letzte, an das ein Mensch denken würde, ein Zuviel an Wasser wäre. Und plötzlich gibt es nur noch Wasser, nichts als Wasser. Es schimmert und steigt, es verschlingt und gibt und versiegt wieder – spurlos.« (10)

Zugleich ist die Verbindung zwischen Wasser und Wüste auch noch eine tiefere, geheimnisvollere als die, die sich in der zwiefältigen Möglichkeit von Austrocknen und Überschwemmen zeigt. In meinem Wasser-Buch habe ich den Satz eines Papago-Jungen zitiert, der auf die Frage nach dem Geschmack der Wüste antwortete:»Die Wüste schmeckt wie Regen.« (Gary Paul Nabhan, The Desert Smells like Rain, 5) Das ist nur zu einem geringen Teil als unbewußte rhetorische Antiphrase zu verstehen, als der Versuch, den Regen von seinem Gegenteil her zu bestimmen. Es besteht vielmehr tatsächlich ein geheimes Band zwischen beiden, das Wasser gehört auf eine zumeist unsichtbar bleibende Weise zur Wüste und umgekehrt. Und dies nicht obgleich, sondern gerade weil beide in der äußersten Spannung zueinander stehen. Auch die kurze Periode des gedrängten und intensiven Wachsens und Blühens nach dem Regenguß ist eine Erscheinungweise der Wüste selbst, jedoch eine Weise, die die längste Zeit über als ihre Fehlform oder als so etwas wie ein nach innen gerichteter Schatten in ihr schläft und wartet.

Sie erinnern sich vielleicht an den Satz aus dem »Kleinen Prinzen«:»Es macht die Wüste schön‹, sagte der kleine Prinz, ›daß sie irgendwo einen Brunnen birgt.‹« Diesen Brunnen, der in der Tiefe der Wüste wartet, muß man nicht sehen, vielleicht gibt es ihn sogar nur in der Imagination, aber er gehört zu dem, was Wüste ist; als Versprechen macht er ihr Geheimnis mit aus. Sie ist dann nicht einfach einsame Leere und unfruchtbares Nichts, sondern Leere, aus der sich etwas ergibt,

Nichts *für* etwas, ein Raum, der etwas entspringen läßt. In »Wind, Sand und Sterne« bringt Exupéry eine verwandte Erfahrung zur Sprache. Er sagt von der Wüste: »Das aber ist sie: wir haben einen ganzen Tag Durst gelitten und plötzlich spüren wir zum allerersten Male, daß die Wasser des altbekannten Brunnens ständig fließen. Eine Frau kann ein ganzes Haus verzaubern; ein ferner Brunnen wirkt weit, weit, so weit wie die Liebe.« (109 f.)

Die Bedeutung, die der Regen und überhaupt das Wissen um das Wasser – und sei es in verborgenen oder fernen Brunnen – für die Erfahrung der Wüste hat, macht insofern noch ein anderes Moment deutlich als der dem Durstenden geschenkte Trank und die Gefahr des plötzlichen Übermaßes. *Daß es Wasser gibt*, ermöglicht, so könnte man etwas überspitzt sagen, überhaupt erst die Wirklichkeit der Wüste. Vielleicht läßt sich diese erstaunliche Präsenz des Wassers in dem, was Wüsten sind, am ehesten durch Entsprechungen nahebringen. Man könnte etwa sagen, daß es sich mit dem Bezug des Wassers zur Wüste oder allgemeiner zur Trockenheit analog verhält wie mit der Präsenz des Mondes in einer finsteren Neumondnacht oder wie mit der Vorstellung von Glück in der Erfahrung des Leidens oder auch wie mit dem Wissen um Zusammensein in der als Erfüllung gelebten Einsamkeit. Childs notiert im Hinblick auf Regenfluten in der Wüste: »Wasser verhält sich hier zu Trockenheit wie Licht zu Dunkelheit.« (185) Jeweils rufen sich die beiden Seiten der genannten Verhältnisse wie die äußersten Ausschläge eines Pendels, sie gehören zusammen gerade in ihrem Auseinandergehaltensein und umgekehrt. Das Wasser ist dann gleichsam die andere Seite der Wüste, ihre Kehrseite, ohne die sie nicht ist, was sie ist, obgleich und gerade weil es sie zugleich doch auch negiert.

* * *

Die Brunnen in der Wüste werden zumeist von verborgenen *Quellen* gespeist, die an anderen Stellen aber auch ganz unversehens, zuweilen kaum, d. h. nur durch eine leichte Feuchtigkeit des Sandes merkbar, an die Oberfläche sickern. Doch dieses unscheinbare Hervortreten bezeugt auf seine eigene Art wiederum auch die Gegensätzlichkeit. Ein klarer, leise murmelnder Quell mit weich-grünem Gras und Moos unter ein paar Fächerpalmen hat in einem Wüstencanyon seinen Charakter des Geheimnisvollen gerade dadurch, daß sich rundherum die fahle Wüste, Sand und Felsen ausbreiten. Daß die verzweifelten Flüchtlinge aus Mexiko ihr rettendes Wasser und den Schatten der Palmen gerade noch erreichen können – oder nicht.

Auch in einer ganz anderen Richtung zeigt sich die den Quellen eigentümliche Gegensätzlichkeit, – und damit verlasse ich den Bezugsbereich der Wüste. Die Quelle ist, so könnte man sagen, der *Ursprung* schlechthin. Indem sie aus der Tiefe ans Tageslicht dringt, nimmt nicht nur etwas seinen Lauf, sondern es *fängt an, beginnt.* So ist die Quelle das Bild für das reine Anfangen, das z. B. Hegel intensiv beschäftigt hat, als er zeigen mußte, wie denn das Absolute, das er als grundsätzlich nichts außer sich voraussetzende Bewegung verstand, überhaupt in diese Bewegung hineinkommen könne. Die geniale Lösung, die er für diese einzigartige, an sich paradoxe Aufgabe gefunden hat, braucht uns jetzt nicht zu interessieren. Ich will hier nur auf das Problem selbst verweisen, auf das im übrigen auch schon Aristoteles gegen Ende des ersten Buches seiner Physikvorlesung eine Antwort gegeben hatte. Der reine Anfang, das *fieri ex nihilo,* Werden aus Nichts, ist eine der spekulativ spannendsten Fragestellungen der Philosophie. Sie kann uns, wenn wir ehrlich genug sind, zu der demütigen oder bescheidenen Einsicht bringen, daß dem logischen und begründbaren Wissen und Erkennen des Menschen unüberschreitbare Grenzen gesetzt sind. *Zugleich aber auch* zu dem zuversicht-

lichen Vertrauen, daß sich dementsprechend das Denken, auch
das philosophische Denken, nicht im rationalen Erörtern und
Deduzieren zu erschöpfen braucht.

Die Quelle ist ein Bild für das Problem des Anfangens,
eben weil sie ein unvermitteltes Hervortreten ist, mit Hölderlins Rhein-Hymne gesagt, ein »Reinentsprungenes«. Ihr Hervorquellen läßt sich nicht über ihr bloßes Hervortreten hinaus
zurückverfolgen. Natürlich wissen wir rational, daß die Wasser, die sich zu ihr und in ihr sammeln, ins Erdreich eingedrun-
genes Regenwasser sind oder dem Grundwasserreservoir ent-
stammen. Sicherlich kann man auch im Einzelfall begründen,
warum sie auf Grund z. B. der Bodenbeschaffenheit oder der
angesammelten Quantität oder der Fließ- oder Druckintensi-
tät des Wassers gerade an dieser Stelle dazu kommen, hervor-
zuquellen. Aber dieses, das Hervorquellen, bleibt als solches
doch unvermittelt, plötzlich und geheimnisvoll, Hölderlin
nennt es »ein Rätsel« (Rheinhymne).

Die Quelle ist Ur-sprung. Sie quillt hervor aus einem
dunklen Urgrund oder Ungrund; so ist sie Übergang vom
Nichtsein ins Sein. Aus der Unsichtbarkeit tritt sie hervor ins
Sichtbare. In dem unfixierbaren Augenblick ihres Entsprin-
gens fängt – um es scheinbar tautologisch zu sagen – das allererst an, *was* da anfängt, das Fließen der Quelle, des Bachs, des
Flusses. Die Quelle ist ein reines Ergebnis, d. h. ein solches, das
sich lediglich aus sich und in sich selbst, in ihrem Geben selbst
ergibt. In meinem Wasser-Buch habe ich das mit dem Satz aus-
gedrückt: »Vor der Quelle ist keine Quelle, so wie es kein Anfangen vor dem Anfang gibt.« (87)

Der Bezug von Sein und Nichtsein, für den das hervor-
sprudelnde Quellwasser hier das Bild sein soll, ist somit von
anderer Art, als es uns zuvor im Bezug zwischen Wüste und
Wasser begegnet war. Das liegt zum einen daran, daß es sich
dort um eine reale Differenz und Opposition handelte, während sich hier die symbolische Dimension in den Vordergrund

drängt. Zwar hat auch sie ihre reale Basis; die Quelle markiert ja in der Tat eine Schwelle zwischen der Unsichtbarkeit und der Sichtbarkeit, zwischen dem Nichtdasein und dem Dasein des Wassers auf der Erde. Nur weil sie selbst Ursprung und Anfang ist, kann sie auch als *Bild* für ein Anfangen aus dem Nichts heraus dienen. Gleichwohl gewinnt in der Thematik des *Quellwassers* das bildhafte, metaphorische Moment gewöhnlich eine zentrale Bedeutung.

Ein weiterer Unterschied zum Gegensatzverhältnis von Sein und Nichtsein bei Wasser und Wüste besteht darin, daß es sich beim Hervorquellen in ausgezeichnetem Sinne um eine unumkehrbare *Zeit*dimension jenes Verhältnisses handelt, wie ja auch das Verhältnis von Leben und Tod, zumindest solange wir dabei an den eigenen Tod denken, primär als ein zeitliches Verhältnis des Vorher-Dann erfahren wird. »Was dann nach jener Stunde / sein wird, wenn dies geschah, / weiß niemand, keine Kunde / kam je von da,«, so beginnt ein Gedicht von Gottfried Benn (Aus Fernen, aus Reichen). Die Schwelle zwischen Nichtsein und Sein liegt bei der Quelle im Aufbrechen aus der finsteren Erdtiefe hinaus und hinauf ins Licht. Das Nichts liegt *vor* dem Hervorsprudeln, das Leben quillt seiner Bewegung zu, seiner Fülle. Die Quelle mag darum auch an unser je eigenes Hervordrängen aus dem Nichts im Vorgang unserer Geburt erinnern, – der im übrigen ja auch ein Herauskommen aus dem Wasser war.

Das vertikale Verhältnis des Ursprungs der Quelle in der Tiefe der Erde zu ihrem Hervortreten an die Erdoberfläche und ans Sonnenlicht läßt sich spekulativ in einer umgekehrten Entsprechung zu dem horizontalen Verhältnis des fließenden Wassers zu seinem schließlichen Münden ins Meer sehen, daß ja in gewissem Sinne sein Vergehen, sein Eingehen ins Nichts des großen Ganzen ist. Wie das Entspringen aus der Erde ein ganz unterschiedliches sein kann, fast unbemerkt und sporadisch, geheimnisvoll und behutsam, aber auch kraftvoll, in gefaßten Brunnen und kunstreichen Quellanlagen, so gibt es auch sehr unterschiedliche Mündungen. Mächtige, breite wie die Mündung, die Goethe in »Mahomets Gesang« am Ende in diese jubelnden Worte faßt: »Und so trägt er seine Brüder, / Seine Schätze, seine Kinder / Dem erwartenden Erzeuger / Freudebrausend an das Herz.« Oder sumpfige, allmähliche, versickernde, – aber auch künstlich begradigte, kanalisierte. Die Techniker in Nordamerika haben zuweilen die mächtigen Flüsse so stark ihrem ursprünglichen Lauf entfremdet und so viel Wasser zur Bewässerung, zur Energielieferung und vor allem zur Trinkwasserversorgung abgezweigt, daß jene nicht einmal mehr den Ozean zu erreichen vermögen und vorher versiegen. Das hat natürlich vor allem für die dort lebenden Menschen eine verheerende Bedeutung; es stellt aber auch in absurder Weise in Frage, was ein Fluß oder Strom an ihm selbst ist, nämlich der Weg von der Quelle zur Mündung, wie ihn etwa Goethe und Hölderlin dichten. Ebenso kennt man inzwischen die verhängnisvollen Folgen von Kanalisierung und Denaturierung. Auch dies gehört zur widersprüchlichen Eigenart des Wassers, daß es die Spannung zwischen Knappheit und Überschwemmung nicht nur von sich aus austrägt, sondern daß ihm dieser Gegensatz auch vom Menschen angetan werden kann, wenn ihm sein natürliches Fließen genommen wird.

Letztlich allerdings endet das Wasser doch immer wieder im Wasser, ob es nun kläglich versickert oder mächtig flutend ins Meer strömt. Sein *Enden* ist insofern zugleich auch *kein Eingehen ins Nichts.* Auch wenn die Quelle zur Mündung strebt, auch wenn der Fluß versiegt und sich scheinbar im Erdreich verliert, immer verdunstet doch das Wasser schließlich vom Boden und steigt wieder zum Himmel und den Wolken hinauf. Die unendliche und unerschöpflich scheinende Weite des Meeres – auf das ich hier kaum zu sprechen komme – gibt seine Wasser, unmerklich und übermächtig zugleich, in der

Verdunstung an den Himmel zurück, von dem es einmal heruntergeregnet ist und einmal wieder hinunterregnen wird. Von dieser Rückkehr her gesehen ist das *Hervorquellen* dann allerdings auch *kein reines Anfangen*. Es bleibt aufgehoben in ein endloses In-Bewegung-sein zwischen Anfang und Ende, Ende und Anfang. In der gegensätzlichen Einheit des in sich zurückkehrenden Wassers sind Anfangen und Enden, Oben und Unten ineinanderverschlungen, wie es Geburt und Tod, Leben und Sterben sind.

* * *

Der tiefe Bezug der Wüste zum Wasser ist ein zwiespältiger; Anwesenheit oder Abwesenheit von Wasser können in der Wüste beide sowohl *Leben* wie *Tod* bedeuten. Daß sie einen Brunnen, eine Oase birgt, oder daß Wolken sich zu Regen verdichten, kann Rettung vor dem Tod des Verdurstens bringen und es kann die Wüste in eine bunt blühende Landschaft verwandeln; wenn sich das Wasser aber in alles mit sich reißenden Sturzfluten ergießt, so bedeutet das häufig äußerste Lebensgefahr. In der Einbildungskraft der Menschen, in ihren Geschichten und ihrem überkommenen Wissen hat das Wasser immer diese Doppelgestalt des Lebenschenkenden und des Todbringenden gehabt. Und so werden auch *Leben und Tod* beide in den mythischen und literarischen Überlieferungen oftmals mit dem Wasser in Verbindung gebracht. Es erscheint immer wieder sowohl als Bild des Lebens wie als Bild des Todes. Ein Fragment von Heraklit fußt auf der Zusammengehörigkeit von Leben (oder »Seele«) und Tod mit Wasser und Erde; es lautet: »Für die Seelen ist es Tod, zu Wasser zu werden, für das Wasser Tod, zur Erde zu werden. Aus der Erde wird Wasser, aus Wasser Seele.« (Frg. 87)

Das wie auch immer im Einzelnen vorgestellte Land des Todes und der Toten befindet sich in zahlreichen alten wie neueren Erzählungen jenseits eines großen Stromes oder eines Ozeans. »Um die sonnige Insel des Lebens wogt Tag und Nacht der ewige Meergesang des Todes«, sagt ein Aphorismus von Rabindranath Tagore (Verirrte Vögel, 73). Der griechische Okeanos umfließt die Erdscheibe und markiert so die äußerste Grenze des Lebens. In einem Hain schwarzer Pappeln liegt an seinem Ufer der Eingang zum Tartaros, zu dem man gelangt, wenn man in Charons Nachen den Totenfluß, den Styx, überquert. Die irdischen Eingänge zur Unterwelt wurden bei dunklen Quellen im Felsgestein gesehen, wo dann auch, wie im Nekromanteion im nordgriechischen Epirus, berühmte Totenorakel angesiedelt sein konnten.

Verschiedentlich wurden die Toten in einem Boot oder auf einem Baumstamm auf einem Fluß oder See oder im Meer »ausgesetzt«. Oft wird das Reich der Toten auf einer entfernten Insel angesiedelt, zu der die Toten reisen. Das umgekehrte Bild, daß also die Insel als der Bereich des Lebens gesehen wird, um den herum sich das Meer des Todes erstreckt, sagt letztlich ähnliches. Wie Erde und Wasser oder Land und See, so definieren sich auch Leben und Tod wechselseitig.

Wie am Ende, im Tod, so steht das Wasser oftmals auch am Anfang, z. B. als *Urquell* oder auch nur als Teich, aus dem der Klapperstorch die Kinder bringt oder brachte. Insbesondere aber wird das Wasser am Anfang von allem gesehen. Der Okeanos ist nicht nur der Ort des Übergangs zum Totenreich, sondern, wie Homer es besingt, sowohl der, dem »alle Ström' und alle Fluten des Meeres, alle Quellen der Erd' und sprudelnde Brunnen entfließen«, wie er überhaupt »allen Geburt verliehn [hat] und Erzeugung«. (Ilias, 21, 196 f. und 14, 246) In vielen Geschichten von der Weltentstehung scheint sich überall auf der Erde ein Wissen davon ergeben oder gebildet zu haben, daß der Erdball einstmals, bevor die Kontinente entstanden, von Wasser bedeckt war. In einer japanischen Weltentstehungslehre heißt es, daß zuerst der Himmel wurde und dann die Erde, diese Erde aber schwamm, worin ja ein Zuvor-schon-Bestehen des Wassers impliziert ist. Im indischen Rig-veda lesen wir über den »Uranfang«: »Weder ein Etwas war damals, noch auch ein Nichts war das Weltall, / Nicht bestand der Luftraum, noch war der Himmel darüber. / Wo war der Hüter der Welt? Was war ihr Inhalt und welches / Ihre Um-hüllung? Was war die Meerflut, die grundlose tiefe? ... Dun-kelheit war im Beginne in Dunkelheit gänzlich versunken. / Nebelhaft nur, ein Wassergewoge war damals das Ganze; / Als lebendiger Keim von dem toten Gewoge umfangen, / Ließ sich das Eine gebären von feurigem Drange getrieben.« (Lyrik des Ostens, 149)

Die biblische Erzählung vom zweiten Schöpfungstag sieht es etwas anders. Doch ist da ebenfalls impliziert, daß die wüste und leere und finstere Erde des Weltenanfangs aus Wasser be-stand. Nach der Erschaffung des Lichts am ersten Tag, die Gott erlaubte, zu *sehen*, daß das Erreichte »gut« war, wurde das Fir-mament geschaffen, das das untere von dem oberen Wasser trennte. Der dritte Tag begann dann damit, daß sich das untere Wasser an besonderen Orten sammelte, so daß die trockene Erde neben dem Meer entstand, – daß man das Trockne *sehen* konnte, heißt es übrigens, unbekümmert um die Logik der Ab-folge. Allegorisch wird später das untere Wasser oftmals als das böse, sündhafte Wasser der Begierden und der »Welt« ver-standen, das obere Wasser ist zugleich das Gnadenwasser.

In der biblischen Geschichte wie in vielen Sagen anderer Kulturkreise zeugt dann vor allem die Erzählung von der Sint-flut von der in sich widersprüchlichen Macht und Kraft des Wassers: die über die Erde hereinbrechende Flut verschlingt alles Leben, aber für Noah und seinen Hausstand ist sie doch zugleich der Ausgangspunkt für einen neuen Bund, ein neu geschenktes Leben. Auch in der christlichen Taufe begegnet dieses Motiv des Untertauchens und Vergehens eines alten und des Neuanfangs eines verwandelten Lebens.

Ein japanisches Gedicht aus dem 8. Jahrhundert (von Sami Mansei, Trad. Japan. Poetry, 51) lautet so:

Unser Leben in dieser Welt –
Es ist wie ein Boot,
das bei Tagesanbruch hinausfährt
und keine Spur zurückläßt.

Das Wasser ist Ursprung und Ende ineins. Das Hinausfahren des Bootes und sein spurloses Verschwinden sind nicht durch die Spanne eines sich in der Zeit vollendenden Lebens auseinandergehalten, sondern das Leben ist als solches in den Tod gleichsam hineingegeben. Der Aufbruch in den Tag und ins Leben ist selbst der Eingang ins Nirgendwo und ins Spurlose, – ein Boot, das aufs Wasser hinausfährt.»Mitten wir im Leben sind / von dem Tod umfangen«, heißt es in einem Kirchenlied von Martin Luther.

Das Zugleich von Lebenserhaltung und Lebensbedrohung erscheint im Wissen der Völker auch in der Gestalt von Anziehung oder Verlockung auf der einen und Furcht oder Grauen auf der anderen Seite. An den verschiedensten Orten und zu den verschiedensten Zeiten entstanden Erzählungen von Wasserwesen, die den Menschen zugleich betören und zerstören können, die Melusinen, Nixen, Undinen usw. Ich erinnere hier nur näher an die Sirenen, von denen u. a. Homer in der Odyssee berichtet (vgl. in diesem Band»Odysseus und die Sirenen«).

Letztlich bleibt es übrigens unentscheidbar, worin genau ihre Gefahr für den heimfahrenden Odysseus bestanden hat. Die vielleicht beabsichtigte Widersprüchlichkeit der Erzählung von ihnen mag durchaus von Bedeutung sein und mit der tiefen Widersprüchlichkeit des Verhältnisses des Menschen zum Wasser zusammenstimmen. Es ist zwar klar, daß die Sirenen sich, wie die meisten Gestalten und Gewalten, denen Odysseus auf seiner Reise zwischen Troja und Ithaka begegnete, eben dieser Heimfahrt zu seinem Königshof, zu Penelope und Telemachos in den Weg stellten. Taten sie es aber dadurch, daß sie nach seinem Leben trachteten, wie Kirke mahnte, die die Sireneninsel als einen Ort voller schauriger Gebeine »modernder Menschen« beschrieb: »Welcher mit törichtem Herzen hinanfährt und der Sirenen / Stimme lauscht, dem wird zu Hause nimmer die Gattin / und unmündige Kinder mit freudigem Gruße begegnen«? Oder bestand die Gefahr vielmehr umgekehrt in einer übermenschlichen Seligkeit, in ihrem süßen Gesang, der Odysseus ein »Vergnügen« und vor allem ein »Wissen« versprach, das ihm Kirke und die Götter vielleicht nicht zukommen lassen wollten?

* * *

Odysseus ist bekanntlich klug genug, dem Rat der Kirke zu folgen und die von ihr empfohlenen Mittel anzuwenden, die zwar, wie Kafka schreibt, »unzulängliche, ja kindische« waren, gleichwohl aber zur Rettung dienten. (Das Schweigen der Sirenen, 300) So entkommt er der Gefahr und dem Sog des Wassers, der in den lieblich singenden Sirenen Gestalt angenommen hatte. Doch die Fahrt auf dem bzw. über das Wasser bleibt immer eine gefährdete. Sogar dem Schiff der Toten droht noch die Gefahr des Kenterns. Sich dem schwankenden Schiffsboden anzuvertrauen, hieß seit je, dem Tod ins Auge zu schauen. Dabei können die Gefahren, die in Seenot bringen, von sehr unterschiedlicher Art sein, – ich erinnere an Benns ironische Bemerkung, daß »der Einbaum U-Booten nicht ausgesetzt ist, höchstens Krokodilschnauzen«. (Der Ptolemäer, Der Glasbläser, 213)

Von ganz anderer Art als der Tod im Wasser, der durch die Stürme oder das Leckschlagen droht, ist das bewußt gewählte Ins-Wasser-gehen. Ophelia und all die anderen bekannten und unbekannten Unglücklichen oder in Schande Geratenen suchen das Ende ihrer Qual, indem sie sich dem bergenden Element des Wassers anheimgeben. In seiner Unbestimmtheit und seinem Auflösungsversprechen scheint das Wasser fast einen Sog auf diejenigen auszuüben, denen das Leben keine Sicherheit und keinen Halt mehr zu geben vermag. Woyzeck irrt nach seinem Mord an Marie in den Teich hinaus. Leute kommen vorbei:»Es ist das Wasser, es ruft: schon lang ist niemand ertrunken. Fort! es ist nicht gut, es zu hören! / Uu! jetzt wieder! – wie ein Mensch, der stirbt! / Es ist unheimlich! So dunstig, allenthalben Nebel, Grau, und das Summen der Käfer wie gesprungene Glocken.«

Brechts Gedicht »Vom ertrunkenen Mädchen« führe ich ganz an:

1 Als sie ertrunken war und hinunterschwamm
Von den Bächen in die größeren Flüsse
Schien der Opal des Himmels sehr wundersam
Als ob er die Leiche begütigen müßte.

2 Tang und Pflanzen hielten sich an ihr ein
So daß sie langsam viel schwerer ward
Kühl die Fische schwammen an ihrem Bein
Pflanzen und Tiere beschwerten noch ihre letzte Fahrt.

3 Und der Himmel ward abends dunkel wie Rauch
Und hielt nachts mit den Sternen das Licht in der Schwebe.
Aber früh war es hell, daß es auch
Noch für sie Morgen und Abend gebe.

4 Als ihr bleicher Leib im Wasser verfaulet war,
Geschah es (sehr langsam), daß Gott sie allmählich vergaß,
Erst ihr Gesicht, dann die Hände und ganz zuletzt erst ihr Haar.
Dann ward sie Aas in Flüssen mit vielem Aas.

Es wird zwar nicht gesagt, aber es ist zu vermuten, daß das ertrunkene Mädchen selbst seinen Tod gesucht hat. Das Wasser, in das es gewissermaßen einkehrt, hat etwas Tröstliches an sich. Das Flußwasser, in dem der bleiche Leib schwimmt und allmählich zergeht, ist fast als ein eigener Lebensraum verstanden, in dem Ort und Zeit, Farbe und Schwere und Kühle, Helligkeit und Dunkel ihre eigene Qualität haben; in diese Natur kann sich das ertrunkene Mädchen ganz langsam auflösen und gewissermaßen in sie zurückkehren, weil das Wasser in seinem stillen und veränderlichen Fließen eine Natur oder Welt ist, die es, ohne viel Aufhebens davon zu machen, in sich aufnimmt. Fast könnte man sagen, daß sein Leben seine eigene Erfüllung in diesem Wassertod gefunden hat. Rimbaud dichtet einmal: »Sur l'onde calme et noire où dorment les étoiles / La blanche Ophélia flotte comme un grand lys«. »Auf der stillen, schwarzen Welle, wo die Sterne schlafen, schwimmt die weiße Ophelia dahin wie eine große Lilie.« (Ophélie, VI)

Marguerite Duras sagt in einem Interview über die Frau, die sich in ihrem Film »India-Song« den Tod gibt, indem sie ins Wasser geht: »ich weiß nicht, ob es ein Selbstmord ist. Sie vereinigt sich wie ein Meer ... sie vereinigt sich mit dem indischen Meer, wie mit einer Art Mutter-Meer.« (Die Orte der Marguerite Duras, 80) Besonders schön erzählt Fouqué das Einswerden der ins Wasser versterbenden *Undine*: »Und über den Rand der Barke schwand sie hinaus. Stieg sie hinüber in die Flut, verströmte sie darin, man wusst' es nicht, es war wie beides und wie keins. Bald aber war sie in die Donau ganz verronnen; nur flüsterten noch kleine Wellchen schluchzend um den Kahn«. (Undine, 64)

Im »Manyoshu«, der ältesten japanischen Gedichtsammlung, wird das Sterben zuweilen als das Eingehen in Wolken oder in Nebel angesprochen. Wolken und Nebel sind dem Element der Luft verschwisterte Seinsweisen des Wassers, in denen die Festigkeit und Substanzialität der Erde gänzlich aufgehoben ist. Das Verlassen des irdischen Lebens ist wie ein Verschweben in die flüssig-luftige Dimension, eine Rückkehr und Auflösung in die fließend-vergehende und doch zugleich bleibend-dauernde Natur. Hier wird noch einmal deutlich, worauf es mir auch bei dem zwiespältigen Verhältnis von Wasser und Wüste ankam. Es handelt sich dabei nicht nur in dem Sinne um eine Widersprüchlichkeit, daß das Wasser sowohl das Eine wie daneben auch das Andere, sowohl das Lebenerzeugende und -erhaltende wie das Lebenzerstörende als Charakterzug an sich trägt. Vielmehr *ist* es sowohl das Eine wie das Andere, und zwar *beides ineins*.

In gewissem Sinne als Steigerung des genannten Bildes eines Verschwebens ins Flüssige können wir vielleicht das Phänomen der Spiegelung und des Sich-spiegelns im Wasser ansehen. Der Bezug zwischen Sein und Nichts ist hier ein solcher von Sein und Schein. Daß die Wasseroberfläche das Reale in Bildern spiegelt, die sich allein durch ihre Irrealität von jenem zu unterscheiden scheinen, macht es zu einem Ort, in dem Sein und Schein ineins fallen, – zumindest so lange, wie die Spiegelfläche ungetrübt bleibt; der sichtbare Schein zergeht, wenn das bewegte Wasser ihn gewissermaßen in sich zurücknimmt. Ein Zen-Koân lautet: »Wenn ich das Wasser schöpfe, ist der Mond in meiner Hand.« Der Mond, dieses geheimnisvolle ferne Etwas, zu dem nicht nur die Liebenden voller Sehnsucht und Bewunderung hinaufschauen und der, wie Goethe sagt, Busch und Tal mit Silberglanz füllt, dieser ferne Mond findet einen – sehr vergänglichen – Ort in der hohlen Hand, die am Brunnen oder der Quelle Wasser geschöpft hat.

Zum Schluß noch ein letzter Hinweis zur inneren Gegensätzlichkeit des Wassers: In Japan war – und ist es unter Zen-Meistern vielleicht heute noch – Sitte, daß der Weise, wenn er seinen Tod herannahen fühlte, ein letztes Gedicht schrieb oder diktierte. Oftmals sind diese sogenannten Todesgedichte gewissermaßen als Lebens-Gedichte zu verstehen. Es entspricht der Einfachheit der Lebens- und Todesauffassung des Zen, daß nicht etwa eine kluge Sentenz formuliert, sondern daß ein Zustand ins Bild gefaßt wird, der die Einerleiheit von Leben und Sterben bzw. die Zusammengehörigkeit beider sichtbar macht.

Um diese Gleich-Gültigkeit zu evozieren, eignen sich u. a. Momente des vielgesichtigen Wassers. Seine innere Gegensätzlichkeit wird nicht geleugnet, sondern auf eigene Weise unterstrichen. Ich zitiere zum Abschluß vier dieser Todes-Haiku:

Wintereis
schmilzt zu klarem Wasser –
klar ist mein Herz. (Hyakka, 1779)

Der fließende Strom
ist kühl – am Boden
Kieselsteine. (Chiboku, 1740)

Wenn du bei Tagesanbruch
das Wasser betrachtest,
kannst du den Klang des Lotus hören. (Kyokusai, 1874)

Die Oberfläche
des Wassers
spiegelt viele Dinge. (Masumi Kato, 1825)

Das Zweisein

Les amants merveilleux, l'extase dans les yeux,
marchaient comme s'ils portaient en eux
un tresor fabuleux, presque miraculeux,
cette immense fortune d'deux. (Edith Piaf)

»Entzücken in den Augen, gingen die wunderbaren Liebenden, als trügen sie in sich einen
märchenhaften, fast zauberhaften Schatz: dieses unausmeßbare Glück, zwei zu sein.«

Ungemessen und ohne Maß, über alles Meßbare hinaus ist das
Glück, zwei zu sein, sich – und d. h. hier unmittelbar: sich und
den Anderen – als zwei zu erfahren. Einer und ein Anderer:
zwei. Nicht ein Drittes aus beiden, nicht zu zweit ein Eines,
vielmehr zwei: Eines und – daneben, mit ihm, auch – noch Eines, ein Anderes.

Da ist Einer, ein Einzelner, Besonderer, ein Ausblick und
ein Brennpunkt, ein Dieser zu dieser Zeit und an diesem Ort.
Und da ist ein Anderer, gerade so Einer wie jener. Sie sind zu
gleicher Zeit, zwischen dem Ort des Einen und dem des Anderen und um sie herum ist ein selber Raum: sie sind zwei, sind
miteinander, sind miteinander Andere füreinander. Der eine
Eine und der andere Eine sind je und zugleich der Zweite, in
der älteren Sprache ›der Andere‹.[1]

---

[1] Das Grimm'sche Wörterbuch (Bd. 1, 307) zitiert hierzu ein Hochzeitsgedicht:
»dein ander leben kommt itzt auf dich zugegangen, / entrück ihm nicht den
mund, entzeuch ihm nicht die wangen.«

Der Eine und der Andere sind jeder bei sich, an ihnen selbst sind sie sie selbst. Doch zugleich sind sie ganz außer sich, bei und mit dem Anderen und auf ihn zu, – sie sagen Ja und sagen Du, hören Ja und hören Du. Das Zweisein ist das Zugleich von Beisichsein und Außersichsein als Beim-Anderensein, es ist die gegenläufige Spannung des Zueinanderseins, die beide Pole in sich mit einschließt. Es ist Ansichhalten und Sich-zu einander-verhalten ineins.

Das ungemessene Glück, zwei zu sein, ist Glück aus dem Zweisein heraus, es ist da und nur da für den Einen und den Anderen, insofern sie sagen können: ich bin der Eine von zweien, ich bin einer, für den Du Du bist, ich bin einer, der für Dich Du ist. Es ist insofern ihr gemeinsamer Schatz, etwas, das ihnen gemeinsam zugehört, als etwas gemeinsam zu Hütendes und zu Verbergendes. Es grenzt sie ab gegen die Übrigen, in der Weise, daß es einen jähen Raum um sie schafft, einen Raum, der dehnbar ist, ihren Regungen und Bewegungen anheimgegeben, und zugleich, als ihr gemeinsamer Raum, stark und bergend, ein Versprechen von Zuversicht. Ihr Glück ist der Raum ihres Ja-Sagens zueinander.

Zueinander, füreinander, miteinander, – der Eine und der Andere spielen sich einander durch einen Raum hindurch zu, der ihnen ihr Anderer-sein als Einander-sein gibt. Die Erfahrung des Zweiseins unterscheidet sich vom ›Wir‹, in dem zwei zu Einem geworden sind bzw. es für Augenblicke werden; im so verstandenen Wir sehen beide gemeinsam, wie mit einem Blick, sie fühlen gemeinsam, wie mit einer Seele. Zwei zu sein aber heißt etwas anderes, als zu Einem zu werden. ›Einander‹ – dies zeigt ein Verhältnis an, und damit wiederum diese beiden, schon genannten Momente: der Eine und der Andere verhalten in ihrem Gang, halten an sich, sind Andere, – und sie halten auf einander zu, nehmen sich bei der Hand, verhalten sich zueinander. Das ›Einander‹ ist so die Verschränkung der Anderen als Anderer ineinander.

Brecht hat in seinem Lied über die Kraniche das Miteinandersein besungen: »Daß so der Kranich mit der Wolke teile / Den schönen Himmel, den sie kurz befliegen (...) Daß also keines länger hier verweile (...) Und keines andres sehe als das Wiegen / Des andern in dem Wind, den beide spüren / Die jetzt im Fluge beieinander liegen (...) So mag der Wind sie in das Nichts entführen / Wenn sie nur nicht vergehen und sich bleiben« (Aufstieg und Fall der Stadt Mahagonny, 535 f.) Das Verschränkungsverhältnis des Zweiseins ist eine Bewegung. Zwischen dem Einen und dem Anderen ist ein Spannungsfeld, das sie zugleich umgibt; es geschieht etwas zwischen ihnen, das sich mit ihnen begibt und für sie ergibt. Zwei zu sein, – das ist sowohl etwas, was außerhalb ihrer besteht, wie es doch zugleich nichts ist als sie beide, die aufeinander zugehen. Alles, was mit ihnen geschieht, geschieht zwischen ihnen, zieht sie herein, läßt Eines dem Anderen als ein Eigenes zugeeignet sein.

Im Verhältnis ihrer Verschränkung bleibt Einer der Andere des Anderen. Jeder ist an seinem eigenen Ort, ein Ausgang und ein Ende, ein Eigenes. Doch zugleich sind sein Ort, sein Eigenes, seine Besonderheit je ein Geteiltes. Der Eine teilt seine Welt mit dem Anderen, wie man einen Raum, vielleicht eine Ansicht teilt (»Daß so der Kranich mit der Wolke teile! Den schönen Himmel, den sie kurz befliegen«). Er gibt ihm Teil an seiner eigenen Sache, läßt ihn mitreden und einsprechen. In seinem Eigenen geht der Eine auf den Zweiten zu, derart, daß er ihn bei sich ankommen läßt. Durch die Mit-Teilung öffnet sich der Raum des Einen wie der des Anderen, weil sie sich verschränken, überkreuzen, aneinander verändern. Die Perspektiven und Bahnen ihrer Landschaften verrücken einander. Der geteilte Raum, der ein in sich gedoppelter Raum ist, erhält den Charakter des Unausgemachten, Spielerischen, Offenbleibenden, er gerät in die Schwebe.

Der geteilte Raum des Zweiseins ist ein Raum des Sprechens und Hörens. Indem der Eine und der Andere als sie selbst sind, in ihrem Eigenen, treten sie, insofern sie zwei sind, zugleich hinaus in die Sichtbarkeit und Hörbarkeit der offenen Landschaft – im Ansprechen, Sich-aussprechen, im einfachen Sich-sagen wie im Aufhorchen, Eingehen, Annehmen. Ihr Sich-einlassen auf das Zweisein ist ein gegenseitiges – und sei es auch verschwiegenes – Lautwerden. Das Lautwerden als Eintreten in die Dimension des Sprechens und Hörens ist das ursprüngliche Aufnehmen bzw. Übernehmen des Verhältnisses, das Sich-einlassen auf die Zweiheit.

Das ursprünglich Verlautende im Zweisein ist das »Du«. Du sagen heißt, von einem Anderen zu einem anderen Anderen hinüber sprechen. Indem sie Du zueinander sagen, weiß das Eine sich aus dem Bezug zum Anderen und von diesem her selbst als ein Anderes. Sich selbst als Anderen erfassen, meint, auf sich selbst allererst, von einem Anderen her, zukommen, meint aus dem und in dem Wechselspiel von Sich-sehen-lassen, Gesehen-werden und Sehen in einem Feld unvertrauter Vertrautheit seinen Aufenthalt nehmen, aus dem Zweisein heraus der Eine sein. Indem sie zwei sind, nehmen der Eine und der Andere je die Sicht des Anderen mit auf in die eigene; sie sehen dasselbe, wohl wissend und übernehmend, daß es zugleich nicht dasselbe ist. Sie sehen somit von zwei Seiten zugleich, weil sie in einem gemeinsamen Raum sehen; ihr Sehen entschränkt sich, weil sie und damit ihr Sehen ineinander verschränkt sind.

Der Eine und der Andere sprechen zueinander in der Weise eines wörtlich verstandenen Kom-promisses, d. h. des sich gegenseitig ein Sprechen und Hören Versprechens, derart, daß sie ihr Sprechen wie ihr Sehen füreinander aufschließen. Sie reden jeder mit der Zunge des Anderen, um das Eigene zu sagen, und mit der eigenen Zunge, um die Sache des Anderen zu vertreten. Ihr Kompromiß ist der gegenseitige Einspruch ineinander, ein zwiefältig gemeinsames Sprechen, das weit davon entfernt ist, sich auf ein (vernünftiges) Eines, das über oder jenseits ihrer wäre, geeinigt zu haben. Ihr Sprechen bleibt strittig und zweideutig, wie ihr Raum, wie ihr Zwei-sein, wie ihr Glück zweideutig ist. Sie vermögen es, in beiden Deutungen spielerisch beieinander zu sein, als Andere Eines zu sehen, mit Einem umzugehen.

Das Glück des Wechselspiels im gemeinsamen Raum des Zweiseins hat einen entschiedenen Augenblickscharakter. Das Zweisein währt eine Zeit lang, die Zeit einer gemeinsamen Weile. Der Eine und der Andere gehen ein Stück Weges zusammen, durch die Zeit, durch den Raum, nebeneinander oder aufeinander zu. Daß sie zwei sind, daß sie miteinander sind, heißt, daß sie jedes für sich in ein Gemeinsames eingetreten sind, in dem sie vom Verscheinen bedroht bleiben, aufblitzend-verglimmend, gerade indem sie hinausgehalten sind in den Bezug zum Anderen hin. Der Eine wie der Andere mögen vor ihrer Begegnung da gewesen sein, sie waren und sie sind auch in anderen Verhältnissen, zuweilen auch in jenen ganz hingegeben und ganz zurückgehalten. Auch ihr Zweisein ist wie sie selbst ein endliches, und Endlichkeit heißt eben auch dies: radikale Jeweiligkeit und jeweilige Ausschließlichkeit im Verhältnis, ausschließendes Sich-einlassen auf die Besonderheit des je einzelnen Bezugs.

Die ausgezeichnete Zeitlichkeit des Zweiseins hebt es aus dem gewöhnlichen Zeitfluß heraus, bedeutet ein eigentümliches Weilen und Währen, das den Charakter des Glückhaften und des Glückenden und damit des Augenblickshaften hat, in dem eine – sei es kürzere, sei es längere – Erstreckung sich gleichsam in einen Punkt zusammennimmt, sich als ein Einshaftes ineinanderspiegelt. Auch das Märchenhafte, das »fast Zauberhafte«, das dem Schatz des Zweiseins zugehört, unterstreicht seine Jeweiligkeit und Augenblicklichkeit. Ein Märchen erzählt eine Begebenheit, die zu einer Verschränkung von Besonderheiten führt, so daß aus ihnen eine einzigartige Konstellation zusammenschießt, die wie in einem Bild gesammelte Situation einer Wunderwelt, die ihre Auflösung, das Entwirrtwerden des Knotens, das Lösen ihres Zaubers zugleich notwendig schon in sich birgt. Ein Zauber, der unbegrenzt währte, wäre kein Zauber, wäre undenkbar; von seinem Eintreten an ist er auf sein Ende hin angelegt. Ein Wunder begibt sich irgendwann. Der wunderbare Augenblick des Zweiseins bedeutet Aufnahme und Abbruch, Zueinanderhalten und Auseinanderhalten ineins.

Zwei zu sein meint ein endliches Sich-aufeinander-einlassen, die wollend übernommene Entscheidung, eine andere Besonderheit zu der eigenen und in die eigene Besonderheit zu- und einzulassen. Das Zwei-sein ist die in sich gedoppelte Bewegung des Aufeinander-zugehens. Beide Bewegungen erfüllen sich gegenseitig in sich; in ihrer gegenseitigen Offenheit bilden sie trotz der Wahrung des jeweiligen Andersseins ein Rundes. Die sich die Hand reichen, stellen sich aus dem Zeitfluß heraus, versammeln ihn auf ihren Augenblick (»Solange kann sie nichts berühren«). Das »Solange« des Ja ist der Augen-Blick, in dem das Einanderzugetansein geschieht. Das Eine ist dem Anderen zu-, hinzugetan, so sind sie nicht Eines und dann noch Eines, sondern zwei. Doch ist eben dies, das Hinzutun oder auch das Zugetansein, eine momenthafte Bewegung, ein Ereignishaftes, etwas, das geschieht, solange es geschieht.

Mit der Betonung der Augenblickshaftigkeit soll keine Dauer abgewehrt, keine andere, geringere Dauer behauptet werden. Der Augen-Blick braucht (verbraucht) keine Zeit, so wenig wie der Abschied eine Zeit nur beendet oder das Wiedersehen eine Zeit nur beginnt. Das Glück des Zweiseins ist unausmeßbar, d. h. auch, durch keine Zeitspanne abzählbar oder wiederzugeben. Die Zeit des Zweiseins ist eine andere Zeit, Zeit des Andersseins.

»Unter den Strohsandalen endet der Weg, den er einst kam. / Kein Vogel singt. Rote Blumen blühen in herrlicher Wirre.«(Der Ochs und sein Hirte, Zen-Geschichte aus dem alten China, 46) Aber vielleicht ist es so, daß der Weg nur in der Begegnung enden kann, in dem Blick, der der des Anderen ist? In dem ich nicht mich finde, sondern ihn, – und der doch, da er mir begegnet, da er sich mir erwidert, mich, mein Auf-ihn-Zublicken aufhält und hält, wie ich ihn halte und aufhalte? Indem er auf mich stößt, wie ich auf ihn, enden – augen-blick-lich – unsere Wege. Und zugleich: »plötzlich: gegen dir über, werd ich im Auge geboren.«(Rilke, Vorfrühling) Vielleicht auch in meinem eigenen?

Schließt das Zweisein als Einandersein das Anderssein ein, so bin ich – wie Du – Anderer, Dir Anderer und mir Anderer. Der Eine und der Andere sind der Andere und der Eine, für den Anderen wie für sich. Das heißt, in der Erfahrung des Zweiseins entfaltet sich nicht allein der Zwischenraum zwischen mir und Dir, vielmehr auch der zwischen mir und mir. Trete ich aus mir heraus, indem ich zu Dir hin bin? Werde ich selbst zwei? Bin ich mir selbst Grenze, Enden und Anfangen? Wie kann das Eigene fremd und anders werden? Das Fremde zugeeignet?

Das Ja-Sagen ist zugleich ein Ja-Fragen. Die Frage nährt sich aus dem Nein und Nicht, das der Eine wie der Andere als je sich selbst Andere auch sich selbst sind. Sie fragt den Anderen nach dem eigenen Sein. Wenn Ja-Sagen An- und Übernehmen besagt, so ist das Ja-Fragen ein Versuchen, Erbitten, Anbieten von Annahme. Eines solchen Angenommenwerdens und Annehmens aber ist das Eine als das Andere bedürftig, weil es sich selbst anders geworden ist, es ist offengelegt, nicht mehr geschützt durch die Sicherheit des Selbst, das zu einem schwebenden Grund geworden ist. Als Andere sagen der Eine und der Andere Nein zu sich selbst als Kriterium für Sicherheit, Gewißheit und Dauer. Nicht, als seien sie Andere nur im

209

Zwei-sein. Aber das »unausmeßbare Glück, zwei zu sein«, ist eine besondere Weise, sich ins Anderssein ausgesetzt zu erfahren.

Zitierte Literatur

(soweit nicht unmittelbar identifizierbar)

Theodor W. Adorno, Minima Moralia (M.M.), Reflexionen aus dem beschädigten Leben, GS 4, Frankf./M. 1971
– Negative Dialektik (N.D.), GS 6, Frankf./M. 1970
– Zu Subjekt und Objekt, in: Stichworte, GS 10,2, Frankf./M. 1977
Theodor W. Adorno und Max Horkheimer, Dialektik der Aufklärung. Philosophische Fragmente (D.d.A.), Frankf./M. 1969
Gaston Bachelard, Poetik des Raumes, München 1960
Charles Baudelaire, Oeuvres Complètes, Paris 1951
Jean Baudrillard, Der Tod tanzt aus der Reihe, Berlin 1979
Simone de Beauvoir, Das andere Geschlecht, Reinbek bei Hamburg 1968
Gottfried Benn, Der Ptolemäer, Der Glasbläser, in: Prosa und Autobiographie In der Fassung der Erstdrucke, Frankfurt/M. 1984
Bertolt Brecht, Gesammelte Werke 2, Stücke 2, Frankfurt/Main 1967
Georg Büchner, Sämtliche Werke und Briefe, Hamburg 1969
Ernst Buschor, Die Musen des Jenseits, München 1944
Paul Celan, Der Meridian, Rede anläßlich der Verleihung des Georg-Büchner-Preises 1960, Frankf./M. 1961
Craig Childs, Der Wasserkartograf, München 2004
Der Ochs und sein Hirte, Zen-Geschichte aus dem alten China, Pfullingen 1958
Deutsches Wörterbuch v. Jacob u. Wilhelm Grimm, Leipzig 1854 ff.
Marguerite Duras und Michelle Porte, Die Orte der Marguerite Duras, Frankf./M. 1982
Hermann Güntert, Kalypso: Bedeutungsgeschichtliche Untersuchungen auf dem Gebiet der indogermanischen Sprachen, Halle 1919
Ute Guzzoni, Wasser. Das Meer und die Brunnen, die Flüsse und der Regen, Berlin 2005
Gerhard Hard, Die »Landschaft« der Sprache und die »Landschaft« der Geographen, Bonn 1970
– Zu den Landschaftsbegriffen der Geographie, in: »Landschaft« als interdisziplinäres Forschungsproblem, München 1977

Zitierte Literatur

Georg Friedrich Wilhelm Hegel, Wissenschaft der Logik, Leipzig 1951
Martin Heidegger, Bauen Wohnen Denken (BWD), in: Vorträge und
Aufsätze, GA 41, Frankf./M. 1984
– Die Frage nach dem Ding, in: Vorträge und Aufsätze
– Der Satz vom Grund, Tübingen 1957
– Der europäische Nihilismus, in: Nietzsche II, Pfullingen 1961
– Zur Erörterung der Gelassenheit, in: Gelassenheit, Pfullingen 1959
– Winke, in: Aus der Erfahrung des Denkens, GA 13, Frankf./M.
1983
– Hebel – der Hausfreund, Pfullingen 1957
Friedrich Hölderlin, Gedichte nach 1800, Lesarten und Erläuterungen,
Sämtliche Werke 2,2, Stuttg. 1951
– Hyperion, Sämtl. Werke 3, Stuttg. 1957
Homers Ilias, übers. v. Johann Heinrich Voss, Stuttgart o. J.
Homers Odyssee, übers. v. Johann Heinrich Voss, Stuttgart o. J.
Franz Kafka, Sämtliche Erzählungen, Frankf./M. 1961
Karl Kerényi, Die Mythologie der Griechen II, München 1960
Laotse, Taoteking. Das Buch des Alten vom Sinn und Leben, übers. v.
Richard Wilhelm, Düsseldorf und Köln 1957
Lyrik des Ostens. Gedichte der Völker Asiens vom Nahen bis zum Fernen
Osten, Wiesbaden 2004
Gary Paul Nabhan, The Desert Smells like Rain, San Francisco 1982
Friedrich Nietzsche, Briefwechsel, Kritische Gesamtausgabe, Berlin und
New York, 1975 ff.
Cesare Pavese, Dialoghi con Leucò, Turin 1947
Rainer Piepmeier, Das Ende der ästhetischen Kategorie »Landschaft«, in:
Westfälische Forschungen, Bd. 30, München 1980
Hugo Rahner, Griechische Mythen in christlicher Deutung, Zürich 1957
Antoine de Saint-Exupéry, Der kleine Prinz, übers. v. Grete u. Josef Leit-
geb, Düsseldorf 1992
– Wind, Sand und Sterne, Düsseldorf 1948
Richard Sennett, Civitas. Die Großstadt und die Kultur des Unterschieds,
Frankf./M. 1991
Peter Sloterdijk, Weltfremdheit, Frankf./M. 1993
Rabindranath Tagore, Verirrte Vögel, Freiburg i. Br., o. J.
Traditional Japanese Poetry, transl. with an Introduction by Steven D.
Carter, Stanford 1991